関係性の発達臨床

子どもの〈問い〉の育ち

山上雅子／古田直樹／松尾友久
[編著]

ミネルヴァ書房

目　次

序　章　子どもの〈問い〉から教えられること………古田直樹…1
1　「一人暮らし？」……1
2　「自分とは，いったい何者なのか？」……2
3　「お母さんは子どものときに，友だちがいた？」……4
4　〈問い〉を育てる関係性……4

第Ⅰ部　他者への気づきと〈問い〉の始まり

第1章　安心を得るための〈問い〉
――周囲を巻き込むＳ君の二人一役ことば
………………………………………………佐野優美・古田直樹…9
1　はじめに……9
2　Ｓ君の生育歴……10
3　発達検査を通して見たＳ君……13
4　Ｓ君の定型的なやりとり……16
5　人を巻き込んだ繰り返しからコミュニケーションへ……22
6　まとめと考察……23
　コメント　安心感を得るための〈問い〉に応える意味（古田直樹）……25

第2章　志向性を持つ他者の登場と〈問い〉
――自閉傾向のある子どもたちの自我のはじまり：
〈能動―受動〉のやりとりから見る………北野享子…27
1　はじめに……27
2　「追いかけっこ」のエピソード……28

3 「お返事」のエピソード……35
   4 〈能動─受動〉の契機を含んだやりとりの流れ……39
   5 まとめと考察……41
   コメント "仕掛け"を作ることと〈問い〉の発展（古田直樹）……43

第3章　一元的ことばから対話的関係へ
　　　　──ことば遊びが広がっていったI君とのプレイセラピー
　　　　………………………………………………………立花尚美…45

   1 はじめに……45
   2 プレイセラピーまでの経過……46
   3 第1期：導入期……47
   4 第2期：分離不安とセラピストとの関係の発展……48
   5 第3期：見立てとことば遊びの出現……50
   6 第4期：いたずらと再現遊び……52
   7 第5期：ことば遊びの広がり……53
   8 第6期：再現遊びの広がり……56
   9 第7期：終結……57
   10 まとめと考察……58
   コメント　発達の土台を埋める支援（古田直樹）……61

第Ⅰ部のまとめと考察──他者との出会いと〈問い〉の始まり　…古田直樹…63

   1．人と共有できる基盤……63
   2．共有から対話へ……66
   3．自己の対象化と対話的な関係性……68

目　次

第Ⅱ部　〈問い〉の育ちを考える——新たな関係の始まり

第4章　応答的な他者に対する〈不確実性への問い〉
　　　　——自閉症スペクトラム障害児Y君へのコミュニケーション援助
　　　　………………………………………………松尾友久… 75

1　はじめに…… 75
2　プロフィール…… 76
3　初回面接時におけるY君のコミュニケーション課題…… 77
4　第1期：応答的コミュニケーションとコミュニケーションの成功体験…… 78
5　第2期：自発的なコミュニケーションと共同性…… 82
6　第3期：共同性から対話形成へ…… 85
7　まとめと考察…… 91
　コメント　対話が深まるということ（古田直樹）…… 91

第5章　自己への〈問い〉，他者への〈問い〉
　　　　——他者理解と自己の成り立ち：自閉症スペクトラム障害
　　　　児H君の2年間の療育経過 ………………松尾友久… 97

1　はじめに…… 97
2　ケース概要と個別療育までの経過…… 98
3　第1期：対話の形成へ…… 99
4　第2期：〈問い〉の始まり…… 103
5　第3期：自己の確立と時間の中での存在…… 107
6　まとめと考察…… 112
　コメント　空間の共有から時間の共有へ（古田直樹）…… 114

第Ⅱ部のまとめと考察
　　　　——自閉症スペクトラム障害児の〈問い〉が育つとは ……松尾友久… 119

1．対話の前提としての共同性……119
2．主体的な表現としての語りが時間を超えるとき……121
3．〈問い〉の育ち――推論行為と〈問い〉のコミュニケーション……124
4．個別療育の重要性……127

第Ⅲ部　ネグレクトを受けた子らの〈問い〉

第6章　身体が発する〈問い〉
　　　　――人と人とのつながりの「ここちよさ」を目指して
　　　　　　　　　　　　　　　　　　　　　　　　……峯　優子…131

1　はじめに……131
2　子どもたちの様子と職員の思い……132
3　『ふれあいたいそう』の試み……134
4　事例①：鉄の足のC君……138
5　事例②：ひとりっこD君……140
6　C君とD君と『ふれあいたいそう』……142
7　まとめと考察……144

　コメント　身体が発する〈問い〉（古田直樹）……145

第7章　自分の育ちへの〈問い〉
　　　　――ネグレクトを理由に施設入所した幼児への発達支援の取り組み
　　　　　　　　　　　　　　　　　　　　　　　　……立花尚美…147

1　はじめに……147
2　生育歴と主訴……148
3　療育教室としての方針……149
4　筆者が引き継ぐまでの療育経過……149
5　第1期：試し（新しい関係の構築）……151

- 6 第2期：日常生活の再現（体験の語り）……151
- 7 第3期：治療と食事（ケアの繰り返し）……152
- 8 第4期：自己像と役割遊びの出現……154
- 9 第5期：居場所の模索と自己効力感の高まり……155
- 10 第6期：怒りの対象……156
- 11 まとめと考察……157

　コメント　思いに動かされた〈問い〉（古田直樹）……163

第8章　心の受け皿としての他者と「私」
——N子ちゃんにとっての「家」「母」「自己」
……………………………………古田直樹・本　明子…165

- 1 はじめに……165
- 2 プロフィール……166
- 3 第1期：〈問い〉の始まり……167
- 4 第2期：〈居場所としての家〉の確立……170
- 5 第3期：「母」を〈問う〉ことと〈赤ちゃんの自己〉……171
- 6 第4期：自己形成……175
- 7 まとめと考察……177

　コメント　心の受け皿と〈問い〉（古田直樹）……181

第Ⅲ部のまとめと考察——〈交替やりとり遊び〉と〈問い〉……古田直樹…183

- 1．〈交替やりとり遊び〉の重要性……183
- 2．〈内なる課題〉に基づいた〈問い〉……185
- 3．〈特定の他者〉の重要性……188

終　章　発達臨床における「関係性」の視点の復権

………………………………………………………山上雅子… 193

1 発達の視点——「心の理論」障害説と共同注意…… 193
2 共同注意の認知的側面と関係的側面…… 197
3 象徴機能…… 202
4 関係性と意味形成…… 206
5 K君の意味世界…… 209
6 関係性の視点からの発達支援…… 213
7 適応スキルと自己の空洞化——Fさんの問い…… 217
8 友達が欲しい——40代で診断が下りたNさんの〈問い〉…… 219
9 虐待的環境の中で育つ子どもの発達障害…… 223
10 おわりに——「発達」の原動力としての「関係性」…… 225

序　章
子どもの〈問い〉から教えられること

古 田 直 樹

1　「一人暮らし？」

　親からのネグレクトにより，児童養護施設で生活していた小学校高学年の男の子と，プレイルームで出会っていたことがありました。エネルギーが高く，施設職員とともに外に出かける機会も大切ではないかということで，養護施設内でのセラピーではなく，当時私が勤めていた児童相談所に定期的に通って来ていました。とても楽しみに来所してくれていましたが，私の年齢も気遣ってくれてか，終始エネルギッシュに遊ぶわけではなく，ただ残りの15分ほどだけは，お互いにボクシング・グローブをはめて殴り合うということだけが，決まりごとのようになっていました。体格の良い子でしたので，まともにパンチをもらわないように，真剣に防御したり，ステップで逃げる必要がありましたが，あるとき，ふと打つ手を止めて，「一人暮らし？」と聞いてきたことがありました。とっさのことで，どのように応えようか迷ったものの，「ううん」と否定だけしました。それ以上のことを問いかけてくることはなかったのですが，そこから明らかにパンチが重たくなったことを覚えています。

　私は，しばしばこのときの〈問い〉のことを思い返します。そして，子どもから発せられた〈問い〉の的確さと深さに圧倒される思いがします。おそらく彼はあのとき，いつも対等になって遊んでいるようであっても，なぜか私の背後に家族の存在を感じたのだと思います。そして，家族と離れて暮らさざるを得ない自分というものもあらためて見つめたのではないかという気がします。本当に短く発せられた一言であっても，それは，私という他者に向けられるの

と同時に，自分自身にも向けられた〈問い〉であったのだろうと想像します。

2　「自分とは，いったい何者なのか？」

　ところで，児童相談所の心理司の主な業務は，子どもの心理アセスメントです。そこでは，子どもに向けて多くの〈問い〉を投げかけ，それらに子どもがどう対処するかを観察することによって，その子どもを理解しようとします。しかし，稀に何らかの理由でこちらからの〈問い〉に応えてくれない子どもに出会ったときに，あらためて，反対に子どもが切実な〈問い〉を抱えているということを感じさせられることもあります。

　その男の子は，まだ就学前でしたが，非常に落ち着きがなく，母親の手に負えないということで，すでに離婚していた父親のところに預けられました。しかし父親もその子をじっとさせるためには，暴力をふるったり紐で縛ったりせざるを得ないということで，それを見かねた近隣からの通報で児童相談所の一時保護所にやって来ました。一時保護所でも，稀に見る暴れようだったようで，とても心理検査は無理だろうと思われていたのですが，ともかく私が会ってみることになりました。WISC-IIIという知能検査を用意したのですが，やはり素直には応じてくれませんでした。けれども，応じてくれた一部の動作性の課題からは，平均的な能力を持っているのではないかということがうかがえました。やがて席を立って棚の上にのぼってしまい，「楽しいときには手をたたこう」と歌をうたい始めました。彼の現状を思うと，決して楽しいと思える状況ではないだろうにと思いつつ，せめて人物画を描いてもらえないだろうかと誘ってみました。すると彼は，「人は描けないけど，歌なら書ける」と言って机に戻って来てくれました。いったい何を始めるのかと思っていると，先程の歌詞を書こうとします。しかし，就学前なので，当然知らない文字もあって，そこから私が書いて見せたのを写すといった共同作業ができるようになりました。そして，「たのしいとき」まで描いたときに，ぱっと顔をあげ，「『とき』は，新幹線の名前やで」と言いました。おそらくこのとき彼は，文字というものが

音声を書きとめるだけのものではなく，多様な意味を表現し得るものでもあることを発見したのだと思います。そこから，一緒に五十音表を書きながら，形が似ている文字を仲間として見つけだすという遊びをしました。次に彼は，自分の名前を書きたいと言います。どのように書くのかと尋ねると，「きむら　おおた　かずき（仮名）」と書くと言いました。それは，両親の離婚によって，2つの姓を名乗った時期があったからでした。そしてそれを眺めていた彼は，再び顔を上げて，「僕の名前は仲間や！」と宣言しました。それは，「き」で始まって「き」で終わっているからということでした。

　検査には応じてくれませんでしたが，晴れ晴れとした表情で一時保護所に戻った彼は，それ以降，皆が驚くほど落ち着いて生活するようになったということでした。私が後になって気付かされたのは，彼が一番の関心事として抱いていた〈問い〉は，"自分とは，いったい何者なのか？"という，自己の存在にかかわる，実に重大なものであったのだろうということです。そのときの彼は，母親からも父親からも見放されたような状態で，何も持たずに見知らぬ一時保護所に連れて来られ，これから自分が，どこでどうやって暮らすのか，皆目見当がつかなかったことでしょう。そんな彼が，唯一携えていたものが，自分の"名前"でした。そして，その名前が"仲間"なのだという彼なりの意味づけができたときに，何らかの安心感を得られたのだと思います。

　彼がそれほど重大な〈問い〉を抱えていたことに，私は全く気付けなかったのですから，当然私がその〈問い〉に答えられたわけではありません。偶然，彼が自分で答えを見つけるのに立ち会ったということなのでしょう。そしてこともあろうに私は，そのような重大な〈問い〉を抱えている彼に対して，知能検査の課題として，「にわとりの子どもを何と言いますか？」といった，彼の生存とはまったくかかわりのないような〈問い〉を投げかけて答えてもらおうとしていたのです。

3 「お母さんは子どものときに，友だちがいた？」

　もう一人，例をあげます。その子は，3歳児健診で知的発達の遅れと対人関係のとりにくさを指摘されて療育に通うようになった男の子です。何らかの発達障害があることが疑われ，弟の出産のために療育を中断している間に，母親が気づかない間に文字を覚えてしまったことを，かえって母親が問題視し，療育を再開することとなりました。

　母親は，この子に何が大切かということを実によく考え，色々と工夫をこらして育てていかれました。その中でも，とくに大きかったのは，毎晩母親がこの子の立場に立って，一日の出来事を物語として語って聞かせるという取り組みではなかったかと思います。6歳になっても，まだ自分が何かを演じたり，人形を自分に見立てて遊ぶということは難しかったのですが，本人が幼かった頃の写真を見せたり，本人が生まれる前の結婚式の写真を見せたりもする中で，次第に自分にも母親にも歴史というものがあるのだということが理解できるようになっていったようです。そして，幼稚園以外の場所で幼稚園の子どもと遊ぶことで，相手との関係がより育つだろうと考えて，友だちに家に遊びに来てもらうようにし始めた6歳4カ月のときに，「お母さんは子どものときに，友だちがいた？」「どんな遊びをしていたの？」という〈問い〉を発するようになりました。この子は，見立て遊びには関心が向かわず，自分だけの力では，自身を振り返るということが難しかったのですが，母親のかかわりによって，今友だちと遊ぼうとしている自分を見つめるようになり，さらには母親の過去にも関心を寄せられるようになったことで，この〈問い〉を発することができたのだと思います。

4 〈問い〉を育てる関係性

　これらの例からも分かるように，子どもからの〈問い〉は，実に貴重で意味

深いものであることがあります。私たちが心理検査などを用いたアセスメントによって捉えることができるのは、子どもが投げかけられた〈問い〉に対して、受け身的な立場で発揮した認知能力の一部や、反応の傾向でしかありません。それに対して、子どもからの〈問い〉は、子どもの主体から発せられたものであり、その子が今、何を知りたいと思っているかということから、それぞれの子どもを理解していくことにつながります。

　ここにあげた3つの〈問い〉の例は、他者に向けてというよりも、自己に向けて問うという側面が大きいと言えますが、子どもからの〈問い〉は、最初から自己に向けられているわけではなく、通常は暮らしをともにする〈問い〉の聞き手や受け手との密接な関係性の中で育っていくものだと思います。しかし、これから本書で取り上げていく事例のように、発達につまずきのある子どもたちの中には、他者理解の弱さなどのゆえに、他者に〈問う〉という関係性自体が成り立ちにくいことがあります。そのような子どもらが、社会に適応していけるように行動変容をうながすソーシャルスキル・トレーニングや認知行動療法などがありますが、そこでは、誰とどのような関係を築くかという他者性は排除されています。しかし、難しいことではあっても、彼らに対して継続的なかかわりを持つ中で関係性を築き、他者として出会う契機を見つけていくことによって、この3つ目の例のように、やがて彼らが他者に向けて〈問い〉を発していけるように育てることは不可能とは言えないのです。

　また、先の2つの事例のように、〈問い〉を発したくても、ネグレクト的な環境にあるなど、その受け手との間に対話的な関係が成り立ちにくい中で育ち始める子どもたちがいます。しかし、養護的な支援の中で、対話の受け手として継続的・応答的にかかわる中で、子どもの中にある自己形成を目指す力を土台として、釈然としないまま抱えられていたものを、〈問い〉として育てていくことが可能です。その〈問い〉は、多くの場合、ここにあげたように自己の存在について問うこととなりますが、それに対してともに答えを見いだしていくことが、ネグレクトを受けた被虐待児への臨床的アプローチで求められることと言えるでしょう。

私たちは長年，京都発達臨床研究会で，事例検討を中心として発達臨床について学んできました。そして，年10回の例会の中から事例を選び，ミネルヴァ書房の季刊誌『発達』に「人との関係に問題をもつ子どもたち」と題して連載してきました。本書で紹介する事例は，いずれもそこに掲載されたものです。今回は，その中から，あらためて子どもから主体的に発せられる〈問い〉の育ちにかかわる事例を選び，考察を加えました。そして，発達障害をもつ子どもや，ネグレクト状況で育った子どもらへの関係性を重視した発達臨床的アプローチによって見えてくるものを通して，"私"の成り立ちについての理解と支援の在り方について，私たちの考えを提示したいと思います。

　子どもの発達支援は，当然のことながら子どもを理解することから始まります。しかし，発達という現象について，未だ明らかにされていないことが多々あります。

　ですから，すでに開発された支援の技法に頼るだけではなく，子どもを理解するために，子どもの〈問い〉に注目し，耳を傾け続けることが大切なのだと私たちは考えています。

第Ⅰ部
他者への気づきと〈問い〉の始まり

子どもが〈問い〉を発することができるようになるには，まず自分の志向性を他者から受け止めてもらうことと，他者からの志向性を受け止めるということが大切になります。発達障害のある子の育ちは，そのことが，いかに重要なことかということを教えてくれているように思います。

第1章

安心を得るための〈問い〉
―― 周囲を巻き込むS君の二人一役ことば ――

佐野優美・古田直樹

> S君は，生後4カ月で点頭てんかんの発作を起こし，生後10カ月には「レノックス・ガストー症候群」と診断されました。発作はおさまったものの，障害がのこったS君は，7歳3カ月になってようやく有意味語を話すようになります。そしてやがて，「バスのろな！」といったような問いかけの形をしたことばをよく話すようになりますが，それは，返答を求めるというよりも，言ったことを同じように反復してもらうことを求めることばでした。

1　はじめに

　筆者の一人（佐野）は障害児学童を通じてS君と出会いました。S君が小学5年生になる年の春休みのことです。その当時のS君はとにかく確認作業が多く，初めて出会ったときから，「バスのろな！」「電車のろな！」と何度も連呼されました。S君がバスや電車が好きなことはあらかじめ聞いていましたが，乗車前から，乗車中，降車するまで，どこへ行っても始終「バス！」「電車！」を繰り返します。さらには目的地に着いても「バス！」「電車！」と，まるで「障害児学童」＝「バス，電車」であるかのようでした。
　しばらくして，よく気をつけて見ていると，S君が「バスのろな！」と言ったとき，私たちが「うん！」ではなく，S君の言う通りに「バスのろな！」と繰り返せば，連呼の回数が減って，笑顔になることに気づきました。やがて私たちも，S君の言ったことを反復して答えるようになりました。そうしていれ

ばS君もつねに笑顔でいられます。その笑顔の共有を求めて，彼のことばを反復することが，私たちとS君とのコミュニケーションのかたちとなったのです。そのときから，最初に感じていた違和感も消えていました。

　最近では，「バス」「電車」以外に活動の場所や内容について聞くことも増え，これによって一日の予定を確認できるようにもなっています。またS君は相手によって区別があり，私にしかない行動パターンとか，逆に私以外の人にしかしない行動パターンとか，いろんな顔をもっているのも特徴的です。

　いまこんなふうに，ことばによって人としつこいくらいいろいろなやりとりをするS君ですが，就学前にはまったくことばが出ていませんでした。S君はいったいどのようにして，現在のようなコミュニケーションを確立してきたのでしょうか。またそのコミュニケーションのかたちはS君にとってどのような意味をもっているのでしょうか。

2　S君の生育歴

　S君は出生時，3,906グラムという大きな赤ちゃんで，生まれたときは何の異常もなく，生後2カ月ころには首もすわりました。ところが，2カ月過ぎ，突然あざが全身にでき，その後フォン・レックリング・ハウゼン症候群との診断を受けます。生後4カ月には点頭てんかんの発作が起き，病院へ母子入院。激しいてんかん発作を起こしてから，だんだんと笑顔も消え，発声もなくなり，視線も合わなくなったそうです。病院での治療は効を奏さず，10カ月に退院し，別の病院での検査で「レノックス・ガストー症候群」というてんかんに移行していて，治る見込みは非常に低いと言われます。しかし，11カ月のとき，この病院に転院したのち，そこでの治療によりてんかんの発作が止まり，腰がすわり，座位がとれるようになります。そして笑顔も出はじめて，反応がよくなり，音の鳴るおもちゃ，ピアノ，ガラガラに興味を示し，1歳1カ月には退院することができました。

　絵本にも少しずつ興味を示すようになり，とくに『ミッフィーちゃんの動物

第1章　安心を得るための〈問い〉

園』に反応し，そのビデオにも興味を示しました。そして驚いたことに，1歳半ばという年齢で，S君は好きな音が出る場面を何度も巻き戻しては同じ場面を見るようになりました。ビデオの操作の仕方など教えていないのに，本体を操って，好きな音が出る場面をひたすら巻き戻しては見るという行動を繰り返したそうです。これが，S君のビデオ，オーディオ好きの始まりです。

1歳6カ月には，知的障害児母子通園施設に週3回通うようになります。他の子どもとは遊ばず，先生と一対一で遊ぶことが多かったようです。このころのS君はとにかく音に敏感で，シーツと蒲団がこすれる音にすら反応し，目を覚ます反面，音を聞いてものすごく機嫌がよくなることも多く，よく笑うようになりました。歩き出したのが，2歳6カ月。絵本も歌も大好きで，このころ喃語状の音声で絵本を読んでほしい，歌を歌ってほしいという要求を出しはじめ，ビデオの扱いにもさらに磨きがかかりました。

2歳11カ月に保育園へ入所します。そこでは音楽遊び，リズム遊びはもちろんのこと，いたずらや水遊びも大好きになりました。揺さぶり遊びでは，先生によってやってくれる方法がそれぞれ違い，それぞれの先生に対して求める求め方や，遊び方にも違いを見せます。今でも当時担任だった先生に出会うと，その遊びを求めます。ただS君から集団の方へ行くことはなく，先生と一対一でマイペースで遊んでいることが多かったようです。

入園1年目の秋，3歳6カ月のとき，弟のM君が誕生しました。はじめはまったく関心がなかったのですが，徐々にM君が泣くと嫌がるようになり，少し手を出すようになります。しかしそれでも全体的には無関心でした。音の出るもの，ビデオの操作はさらに腕を上げます。ことばはまだまったく出ていませんでしたが，絵本を読んでほしがります。文字は読めませんが，いつも読んでもらっているのを暗記していて，少しでも適当に読むと，きちんと読むまで次に進ませなかったそうです。音楽については，はじめテレビから流れる曲に興味を示していましたが，保育園の手遊びなどから，その興味が童謡に切り替わり，「おかあさんといっしょ」や「いないないばぁ」（絵本）など，テレビ番組やアニメ音楽などにも興味を示しはじめ，それは現在も続いています。

6歳11カ月に養護学校に入学しました。学校へはスクールバスで通い，バスも好きになります。放課後は，両親共働きのため「学童保育」に通い，障害児の受け入れが可能な児童館で過ごすようになりました。この年，S君にとって大きな変化が起こります。今まで出ていなかったことばが次から次へと出てきたのです。入学したその春，なんとなく「パパ」と言い，その後1学期末に，毎日スクールバスのバス停に行くときに見かける大きな犬を見て「ワンワン」，また，Tシャツにプリントされた海の絵を見て「うみ」と言いだし，ここからどんどん，ことばが出てくるようになります。

　2年生（7歳11カ月）になって，同じクラスの女の子とつねに一緒にいるようになります。それまで先生との関係はとるものの，友達との関係はとろうとしないS君でしたが，ここではじめて同年代との関係を築くことになったのです。その女の子も人とのかかわり方があまり上手ではなかったのですが，家で，その子の名前がS君の口から出てくるようになりました。2年生の最後の3月（8歳10カ月），妹が誕生しましたが，弟が生まれたときと変わらず，無関心でした。しかし，3歳になった弟がよくしゃべるようになって，その声を嫌って泣くということが目立つようになっていました。両親が弟に目をかけるようになったことで，弟の存在が気にくわなくなってきたのかもしれません。

　3年生（8歳11カ月）になると，絵本と同じように，決まった歌を歌うように母親に求めるようになります。母親がS君の知らない歌を歌うと，泣いて嫌がったり，父親が口笛を吹くとこれも泣いて嫌がることがあったようです。4年生（9歳11カ月），5年生（10歳11カ月）になって，語彙数もどんどん増え，要求，欲求がことばになるようになり，ことばでの見通しも少しずつつようになってきました。こうして5年生になる春休み，S君は私たちの「障害児学童」と出会うことになったのです。

3　発達検査を通して見たS君

（1）過去10年間の変化

　以上，S君の生活史を簡単にたどってみたのですが，S君は，療育方針の決定や療育手帳の判定のために，過去10年間に5回の発達検査（新版K式発達検査）を受けてきました。筆者の一人（古田）は，その様子から，S君の変化を見ることにします。

　発達年齢の推移（図1）を見ると，小学校に上がって以降に，認知・適応領域と言語・社会領域とが逆転することがありますが，全体に右上がりとなっており，ゆるやかではあっても，それぞれの領域で力を伸ばしていっていることがうかがえます。発達指数の推移（図2）からは，発達のペースがゆるやかであるために，総合の指数は徐々に下がってきていますが，1歳2カ月から2歳の間に，姿勢・運動面での大きな伸びが見られたことと，7歳3カ月と11歳3カ月との間に，言語・社会面で大きく伸びたことが見てとれます。また，11歳3カ月の検査では，各領域の指数の差が10以内にまとまっており，小学校高学年時点では，大まかには発達のバランスがとれてきています。

　もう少し詳しく，ローデーターから特徴的な変化を見ると，1歳2カ月から2歳にかけては，前述のように，つたい歩きができるようになるなど，粗大運動に関して大きく伸びた時期で，また，対人面では，見慣れぬ人をじっと見つめたり，誉められるともう一度やってみようとするなど，人への関心が育ってきています。他方で，座位姿勢はとれているのに，両手で同時にものを持つことが見られず，まだ口に持っていって探索するなど，ものへのかかわりの弱さが見られます。

　4歳2カ月には，ある程度対象に合わせて円板や角板をはめることができたり，なぐり描きができるなど，ものの扱いについて力を伸ばしていますが，一方で，小さなものをつまもうとしたりはせず，細かなものの探索に依然として弱さが見られます。対人面では，ボールを介して人とかかわることには多少興

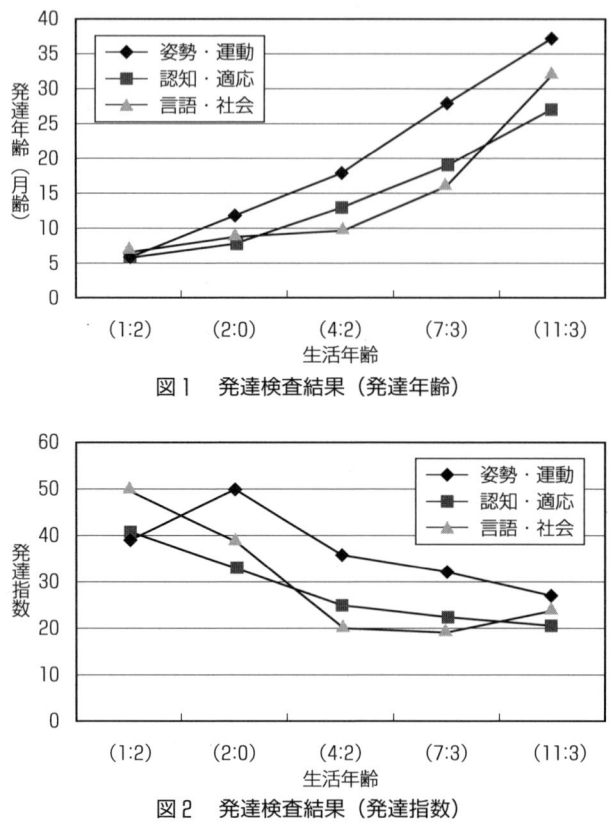

図1　発達検査結果（発達年齢）

図2　発達検査結果（発達指数）

味を示しても，人が指している方を見ようとしません。運動面では，不安定ながらも歩行が可能となっていますが，じっとしていることが難しい状態でした。そのためか，前回は通過していた課題でもやろうとしないことも見られ，全体にアンバランスさが目立っています。

　7歳3カ月には，"パパ""ママ""ワンワン""イヤー"などの有意味語が出てきて，日常的なことばかけも理解できるようになります。また，細かなものの探索も見られるようになり，検査のプロフィール上はバランスがとれてきています。しかし，じっと着席していることはできず，S君の動きに合わせる形で検査を実施しました。指さしの形がつくれず，手さしになってしまい，要求を伝えるのに，離れた対象をさし示すよりも，大人の手を引いて行くことが多

かったようです。

　11歳3カ月には，席から立とうとはするものの，着席して検査が行えます。要求をことばで伝えるなど，二語発話が可能となり，また，検査者の問いに対して答えることができるようになったことが大きな変化と言えます。また発語に関しては，ものや色の名称が言えるようになっていますが，細かく見ると，この時点ではまだ，物を構成することへの興味があまり見られなかったり，大小の違いなど，ものの見方を人と共有するといったことが難しい様子でした。

（2）S君のおもかげ

　筆者（古田）は，S君が2歳のときの検査を担当しましたが，今回，研究会で10年後のS君の様子をビデオで見せてもらったときに，過去の検査場面が甦ってくる思いがしました。それがなぜなのか，その場ではすぐにわかりませんでしたが，あらためて発達検査結果を通して振り返ってみると，上記のように様々な変化がある一方で，現在のS君の様子に，2歳のときのおもかげを見たからだということに気づかされます。そして，それがS君のS君らしさでもあり，変わりにくさでもあると言えるのかもしれません。

　2歳のS君は，つたい歩きをするようになってはいましたが，着座姿勢は持続しにくく，姿勢が崩れやすい状態でした。そして，耳を机にあてて手で叩いた音を聞こうとするなど，音への興味が目を引きました。こちらがマジックテープで二分割できるミニチュアフードを，声かけをしながら割って見せると，その動きを目で追って，左右に分かれたミニフードを見たり，笑い声をあげるようになります。しかし，S君自身は両手を用いて一人で割ろうとはせず，手にしたものを口に持っていきます。また，食べ物の写真をつまんで"パクッ"と言って食べまねをすると，その声を聞いて笑い，私の手をとって私の口の方に持って行き再現を要求しますが，食べ物をつまむふりをする私の手元には注目しておらず，食べるまねをしているという意味の共有はうかがわれません。それでも，検査と少しの遊びの後，終了を告げて私がバイバイをすると，それをじっと見て，雰囲気をつかんだのか，ぐずり声を出して母親のもとに行き，

抱っこを求めます。

　これらのことから，S君らしさを描くとすれば，まず，音への関心が高いのに対して，自らものを扱ってみようとすることが弱く，他者のはたらきかけを全体としてとらえるのではなく，その中の一部の要素にのみ関心が向かっていると言えます。また，S君自身も人からのはたらきかけを期待し，要求もしますが，特定のところにのみ注目しており，相手が注意しているものに注意を向けるということに困難があります。つまり，人を志向してはいても，全体と部分というズレがあるために，相互的なコミュニケーションを行うことに難しさが生じます。一方で，相互的ではなくても，バイバイのエピソードのように，かかわりの中で漠然と何かが伝わっていくようなことがあるのも事実です。

　現在S君は，後述のように，かかわってくれる人たちの名前を覚えられるようになったということですが，まだ自分を名乗るということはないようです。人の名前を呼んでも，自分を名乗るということがないところに，発達のレベルはちがうにせよ，S君の変わらなさがあるように思います。名乗りあい，呼びあうといった相互的な自他関係を生きられるようになるということが，S君にとっての大きな課題なのかもしれません。

4　S君の定型的なやりとり

　さて，S君のこれまでを簡単な生活史と5回の発達検査から見たところで，いまS君が周囲の人たちとのあいだでくりかえしている定型的なやりとりをいくつかのエピソードで紹介し，そのコミュニケーションとしての意味を考えてみたいと思います。エピソードは筆者の一人（佐野）が直接観察したり，両親などから聞きとったものをもとにしています。

　以下，S君が小学校6年のときのふだんのS君の行動記録とビデオ収録からその特徴を表すエピソードをまとめてみました。

第1章　安心を得るための〈問い〉

（1）歌を交互に歌いあう

　［エピソード1］　S：（突然）「ちかごろ」　筆者：（聞き逃す）　S：「ちかごろ」　筆者：「わたし」　S：「たちは〜」　筆者：「い〜」　S：「かんじ〜」　筆者：「わる」　S：「わるいわね〜ありがとね〜」　筆者：「これ」　S：「からも〜よろしくね〜」　筆者：（続きを歌わない）　S：「もぎ」　筆者：（聞き逃す）　S：「もぎ」　筆者：「たての」　S：「かじつのお」　筆者：「いい」　S：「ところ」………と，交互に歌う。

　［エピソード2］　S：「あるこ〜」　筆者：「あるこ〜」　S：「わ」　筆者：「たしは〜」　S：「げんき」　筆者：「ある」　S：「くのだいすき〜」　筆者：「どんどん」　S：「ゆこ」　筆者：「お〜」　S：「さか」　筆者：「みち〜」　S：「トンネル〜」　筆者：「くさ」　S：「あっぱら〜」………続く。

　S君は，とても歌が好きなのですが，自分だけでは歌おうとせず，フレーズのはじめだけ歌い，その後を誰かに歌わせます。初めは歌だとわかりませんが，わかってくると不自然だと思いながらも，ついついS君の出すテンポにはまり，こちらも一緒に楽しんでフレーズの途中で歌を切りながら歌ったりしてしまいます。S君が他者に求める歌は，相手によってそれぞれ違い，共通の歌があっても区切るところはまちまちなため，一文字ずつ歌い合っているペアもあれば，区切りのいいところで切りながら歌っているペアもあり，歌い方はさまざまです。

　歌のレパートリーは，「もりのくまさん」「あんぱんまん」「さんぽ」「はとぽっぽ」「だんご三兄弟」「おつかいありさん」「うみ」など，たくさんあります。どの曲にもS君の好きなフレーズがあり，S君はとても満足そうな笑みをうかべながら，一定のところで歌をとめ，そのフレーズだけをやたら何度も繰り返し歌うこともあります。ただし，一人で1曲を「歌いきる」ということはありません。S君にとっては，とにかく，人と交互に歌うことに意味があるようです。

　人を巻き込んで歌をうたって楽しむというそんなS君に，人と人のつながり

第Ⅰ部　他者への気づきと〈問い〉の始まり

を求める気持ちを強く感じます。しかし，S君のやり方はやはり強引で，自分の好みのパターンにほとんど持ち込むために，真の意味で相互的なやりとりにはなりません。

（２）言いにくいことばのやりとり

　［エピソード３］　学校の給食の時間に，茶碗をうまく持って食べられないS君に対し，親指が見えるようにお茶碗を持ちなさいという意味で「S君，おやゆび」と言う。するとS君は，茶碗を持ち直しながら「おなゆび！」と言う。先生は「おやゆび」と言いにくいのだと思っていたのだが，ある日，先生がS君に対し「おなゆび」と言うと，S君は正しく「おやゆび」と言った。

　［エピソード４］　ある冬の出来事，S君がおじいちゃんの手袋を持って「てべくろ，てべくろ！」と言っているのを聞いて，おじいちゃんが「てべとちゃう！てぶ！や！てぶくろ」と言ってなおす。こうしたやり取りが何回か続く中で，いつしかS君は「てぶくろ」と言えるようになる。そして，ある日，また，おじいちゃんの手袋を持ってS君が「てべくろ」と言っていたので，父親は心の中でまた間違えている…と思う。ところがそのすぐあとS君は「てべとちがう，てぶーや，てぶくろ！」と自分で言う。これを聞いた父親とおじいちゃんは唖然としたという。

　S君は発音しにくいことばがあります。周囲の人からなおされれば，やがて言えるようにもなるのですが，この２つのエピソードでは，ことばの発音とその訂正のやりとりそのものがパターン化しています。最初は２人のやりとりだったものが一人二役のことばになっているようにもみえますが，S君は音の響きを楽しんでいるだけかもしれません。

（３）人物特定的な呼び方

　［エピソード５］　筆者：(胸にスヌーピーのイラストが入ったTシャツを着ている)　S：「スニューピー!!」(筆者の胸のスヌーピーに向かって一直線に吸い付く

ように走りより，筆者の顔を見ながら）「スヌーピー!!」　筆者：「S，スヌーピーすきなん？」　S：（筆者の胸のスヌーピーを指差して）「スヌーピー!!」　筆者：「スヌーピーだなぁ」　S：「スヌーピー!!」　筆者：「スヌーピー!!」（繰り返し続く）
S：（次の週，筆者に向かって走りながら）「スヌーピー!!スヌーピー!!」　筆者：「おはよう，S！」　S：（筆者の顔を見ながら）「スヌーピー!!」　筆者：「おはよう!!」　S：（不満そうに）「おはよう」　筆者：「今日はスヌーピーのTシャツ着てないよ，ごめんよ」　S：（筆者の顔を見て筆者に言ってほしそうに）「スヌーピー！スヌーピー！」　筆者：「スヌーピー」　S：「スヌーピー」　筆者：「スヌーピー」（続く）

　S君は周囲の人たちに対して，一人ひとり決まったパターンの対応があり，それが人物特定としての機能をもつようになっています。上のエピソードはその一例です。他に，"はとぽっぽ"を歌った印象が強くて，会う度に「やるぞー」と言われる人，あるいは「ぼうし〜，あったなぁ」と言われる人などがいます。S君は出会いのときの特徴的な何かをパターンとして捉えることによって，人物を特定していたのだと思われます。S君のお気に入りのある石油会社のコマーシャル音楽のやりとりの印象で「せきゆ〜」と呼ばれる人もいますが，このようなときのS君はあふれんばかりの笑顔で勢いよく迫ってくるので，納得がいかないこともあるけれども，気づいたらS君の迫る反復にほとんどの人が応えています。やはり，自分にしかないやりとりになるので，自分をS君に認識されていることがうれしくて応えてしまうということもあると思います。また，これらはS君に特定された人以外の他者が応えてもS君は納得しません。やりとりをすればS君は笑顔のままで，必要以上にせがむことはなくなります。S君は，応えてもらえなければどんな状況でもひたすら応えてくれるまで顔をのぞきこんだり，その人の正面に入り込んだりして言い続けるので，言われた方も応えずにはいられません。このように「『やりとり』と『人』」をつなげていたのですが，最近では周囲の人に「『せきゆ』じゃなくて○○さん!!」など

と言われるようになって，少しずつ名前（固有名詞）を言えるようになり，約1年かけて今では20名余りの指導員の名前を覚えています。

（4）予測・予定につながる反復やりとり

［エピソード6］　S君はバスや電車に乗っているとき，"DoCoMo"と描いてある看板が見える前から「ドコモ」「ドコモや」とか「ドコモどこかなぁ」と言う。そこでS君の質問に対して，こちらが首を廻しながら「え？どこ？」と言っているとやがてその看板が見えてくる。S君は笑顔で「ドコモあったなぁ」と言い，こちらが「あったなぁ」と繰り返し，S君がさらに「あったなぁ」というようにそれを何度か繰り返す。そののち，「あった〜」という響きが好きで，息みたいな声でそれの繰り返しを楽しむことが多い。

　S君は移動につれて次に予測されるものをこんなふうに自問自答するのですが，そこにも他者を巻き込みます。相手が「あったなぁ」と言わなければ，言ってくれる人を他に求めます。これは特定した人にしかしないというやりとりではありませんが，S君が投げかけた相手と違う人が横からいくらS君に向かって真剣に応えても，S君には何の意味もありません。もし相手が応えてくれなければ，S君の表情は大変くもり，涙を流すこともあります。ドコモ以外に，薬局の前にいるカエルの人形など，いろいろなものに同じような反応をします。誰かとビデオを一緒に見るときも，同じように次に出てくる場面を予測して告げます。さらに，その日の予定について，同様のやりとりを繰り返すこともあります。次のエピソードがそうです。

［エピソード7］　S：（「おはよー」とあいさつを済ませ，その場にいる指導員に）「バスのろな」　筆者：「うん」　S：（少し強めに，筆者の顔をのぞいて）「バスのろな！」　筆者：「あぁ，のろな」　S：「のろな」（笑顔）「はんきゅー（阪急電車）のろな！」　筆者：「阪急のろな！」　S：「はんきゅーのろな！」　筆者：「のろな」　S：「おっきいプールはいろな」　筆者：「おっきいプール入ろな！」　S：「おっきいプールはいろな！」　筆者：「すべり台もいこうな！」

S:「すべり台いこな」(さっきまでの笑顔に比べ少し表情はくもるが,すべり台があったことを思い出した様子で,少し笑顔になる)

　このやりとりをやり遂げたS君は笑顔でとても満足そうにみえます。そしてこの同じやりとりを他の指導員にもうれしそうに繰り返します。「のろなー」と言わなければ,言うまで顔をS君が自分の方に向けさせたり,回り込んだりして何度も何度も言うのです。これはS君の中で予定の確認であり同時に大好きなバスに乗りたい,電車に乗りたいなどのアピールです。S君はこれによって一日の見通しをたて,安心して活動に取り組めるのです。ところが一方で,自分がけっして楽しみにしていないことであっても,予定されたことについて,同様のやりとりが行われることがあります。

　[エピソード8]　S:(あいさつを済ませいつもの調子で)「どうぶつえんいこな」　筆者:「動物園いこうな」　S:「おさるさんみよな」　筆者:「おさるさんみよな」　S:「きりんみよな」　筆者:「きりんみよな」(いつものように繰り返す)

　このときS君はいつもより必死で,指導員に対して顔をよせる距離も近い。さらに他の人に同じことを繰り返す。繰り返してもらえ,ある程度は満足そうなのだがいつもの笑顔ではない。

　その後,動物園に着いたときには,動物を全く見ようとせず,誘ってもS君は「あかんの〜」と言って手を強く引っ張り,見に行くことを拒む。

　S君はいつもよりも必死なので,はじめS君は動物園がものすごく好きなのだと勘違いしていました。ところが,あれだけ楽しみにしていたのだから,と思って誘えば誘うほど拒否し,「あかんの」などと手を引っ張り,強く握って,その拒否のしようは半端ではありませんでした。

5　人を巻き込んだ繰り返しからコミュニケーションへ

　絵本や歌の繰り返し，人を巻き込んだ自問自答はほとんどパターン化したやりとりですが，そこから私たちはＳ君の意思を少しずつ読みとれるようになってきました。予定を確認する反復にしても，苦痛を訴える反復にしても，あるいは退屈そうにしているときに身体接触を求めてやる反復にしても，いずれもＳ君の内面を表すもので，それによって私たちは，Ｓ君と気持ちを共有します。そしてＳ君がどうすれば楽しくなるのか，やる気になるのか，興味をもってもらえるのか考えたりしています。正直言って私たちにとって，反復が苦痛になってくることもあるのですが，一方でその反復がなければＳ君の思いはなかなか読めませんし，私たちとしてもそれを頼りにしている面があります。

　もちろん私たちは，この反復的なやりとりパターンをぬけだして新しいコミュニケーションスタイルが生みだされていくことを期待していて，そのためにパターン崩しも試みています。ただ，その効果はまだ十分とは言えません。それに，Ｓ君のパターンを崩そうとすると，Ｓ君が自分から離れていくような気がして，そのリスクを警戒している面があるかもしれません。それに対して両親は，Ｓ君のパターンを崩そうとはしていないと言います。パターンであるにせよ何にせよ，Ｓ君が好きなものがことばでわかることはうれしいし，Ｓ君が笑っていてほしい，機嫌よくいてほしい，そんな気持ちが強くてパターンを崩す気持ちにはなれないというのです。

　障害児学童の場合はたくさんの人がいて，Ｓ君はいろんな人にいろんなパターンを求めることができます。私たちがパターンを崩そうとして反復を拒めば，他の人に逃げていくこともできます。ところが家庭では，Ｓ君の中に父親と母親に対する行動パターンがすでにできあがっていて，Ｓ君が両親に求めたものは絶対返さなければおさまりません。返さなければ返してもらえるまで泣いたり，顔を無理やり自分の方に向けさせたりして粘るため，両親もそれに負けてしまいます。両親には他に代わってもらう逃げ場がないのです。それに，そこ

でたとえ拒否できたとしても，S君のストレスがそのとき以上に膨れ上がり，収拾がつかなくなってしまうので，ついつい反復にはまってしまうと言います。

　両親が厳しくしかると，そのときの要求は消えますが，ごきげんとりのような表情を見せ，反復要求が違う形になって表れることがほとんどで，最終的にはS君の要求する反復に応えていることが多いようです。とは言っても，両親は，家の中でS君が求めることをすべて認めるというわけにもいきませんから，結局は拒否せざるをえない場面も少なくなくて，つい「やかましい」と言ってしまったりするそうです。おかげで，S君は「やかましい」ということばをタイミングよく言うことを覚えました。両親は，S君の行動パターンを崩す気はないとは言いながら，いつの間にか結果的にS君の行動パターンを崩していることも多く，S君自身，そこからいろいろな新しいパターンを編み出しているのです。

　S君とかかわる中で誰もが，S君が楽しく生きていけるようにと考えてきました。しかし，S君が喜ぶ行動パターンを繰り返すだけで満足していいわけではありません。S君の特徴である「反復することば」は，最初はただ単にパターンの遊びだったのかもしれませんが，やがてその反復を利用することによって，自分の感情を表現し，それなりに意思を表現するものにつながってきました。それは，反復を繰り返しながらも，周囲のいろんな人とのかかわりの中で，いつの間にかS君が期待しているものとは違う応えが混じった結果なのです。S君の周囲にいろんな人がいて，多様なかかわりを広げていく中で，S君の行動パターンもおのずと影響を受けます。このことがなければ，今日のS君の姿はなかったのかもしれません。そうだとすれば，これからもまたS君の周囲に多様な人間関係を広げていくことが，何よりS君の今後の発達につながっていくのではないでしょうか。

6　まとめと考察

　S君は，小さなときから好みの音を通して他者を自然と巻き込んできました。

第Ⅰ部　他者への気づきと〈問い〉の始まり

そこでのこだわりは，音に対するこだわりであって，意味へのこだわりではないために，他者との関係が相互的なやりとりになることはありません。S君と周囲の人たちとの関係がパターンでしかないように見えるのはそのためでしょう。しかしそれがやはり他者との関係であることは大きなことではなかったでしょうか。じっさい，相手をはっきり区別してそれぞれに特定したやりとりを行います。そこにS君の意思や意図を読みとることもできますし，そうした場面が広がっているように思います。

　両親に話をうかがったとき，「S君は小さいときから，周囲の人が笑顔であってほしいということを全面的にアピールしていた」と口を揃えて言われたことが，私には強く印象に残っています。S君が音や歌に興味を持ち，それに反応して喜んで笑う姿を見て，家族もまたうれしくて，みんなが笑顔になったそうです。S君が音や歌が好きなことは確かだけれども，それだけではなくて周りを笑顔にしようとしてそれを繰り返し聴いたりすることも少なくなかったかもしれない，と両親は言います。たしかにS君は，周囲の人の雰囲気にものすごく敏感に反応します。周囲の雰囲気がよくないときや不安そうな顔をしているとき，S君は急に笑顔を向けて何かやりとりをせまってきたり，泣きそうな顔をしながら，人を巻き込む反復のやりとりを展開しようとします。そのやりとりの中身自体に意味はないかもしれません。しかしやりとりをすることによって，人とのかかわりを保ち続けようとしているのは確かです。どんなかたちにせよ，S君なりに周囲の人たちに何か働きかけ，巻き込み，喜びを共有することがS君にとって意味があるのです。

　最初，このようなやりとりが行われたとき，周囲はやりとりの中身にとらわれてしまい，S君の求めているものを誤解していました。しかしいつのときからか，S君の表情を見て，彼のそのようなやりとりが周囲へのメッセージであると思うようになってきました。おかげで今は，S君の求めるやりとりを見て，自分たちが作り出している暗い雰囲気にハッと気づかされたり，冷静さを取り戻したりすることがあります。さらに，最近のS君は単にやりとりを求めるだけでなく，必死な顔をして「わらって〜」，「○○さん，わらって〜」などと言

い，周囲を驚かせます。Ｓ君は人の表情をよく見ていて，周囲の雰囲気や相手の気分を読み取り，それを変えるために相手に働きかけているのです。当初はこだわりにしか見えなかったパターンの中に，Ｓ君なりの意味の世界が広がっています。

　Ｓ君は，自分なりのテンポとパターンで周囲を巻き込みます。そのことを否定的にとらえるのではなく，むしろ彼の力だと言った方がいいのかもしれません。じっさい，その中で彼なりに他者の心を読み取り，その気持ちを察している。だからこそ働きかけられた他者の方でも，おのずと巻き込まれるのではないかと思います。じっさい，今こうして振り返ってみると，私自身がそうだったような気がするのです。あらためて，Ｓ君の人をひきつける力を感じます。

　Ｓ君は好みの音を他者と共有して楽しむ中で，意味のあるコミュニケーションを広げてきました。一方で，意味のない音声の反復も残り，それはいまも並行しています。ただ，その反復のやりとりを続けてきたことで，音の楽しさを共有することだけにとどまらず，他者とかかわることの楽しさや意味をＳ君自身がおぼえていったのではないでしょうか。Ｓ君にとっても周囲にとっても，いまやそのやりとりは意味のあるコミュニケーションの一つになっています。ここからさらにＳ君の世界がどのように展開され，他者と共有できる世界をどうやって積み上げていくのかに注目したいと思います。

コメント　安心感を得るための〈問い〉に応える意味

　研究会でＳ君の事例が報告されたときに指摘されたことは，子どもが人形遊びなどする中で，人形に話しかけることと，自分に話しかける人形の役までする一人二役の対話とは対照的に，Ｓ君は，一人で歌うのではなく人を巻き込んで二人でセットになったように一つの歌をうたったり，問いかけの形をとりながらも，返答を期待するのではなく，自分が発した音声を相手の口から重ねて聞くことを求めるような，二人一役のことばのようだということでした。

　このようなＳ君のことばは，対話としての意味のやりとりというより，音声のやりとりの側面の方が優勢です。思い返せば，ここに記されているように，Ｓ君が２歳のときに筆者（古田）が，食べ物の写真をつまみあげて口に持っていくふ

りをして「パクッ」と食べ真似をすると、笑って私の手を取って私の口の方に持って行き再現を要求してくれましたが、食べ物をつまむふりには注目してくれませんでした。食べ物を食べたふりをしているという全体を共有するのではなく、口に手を入れて「パクッ」と言うという部分だけに関心が向かって、その再現を求めてきていたのでした。この頃からすでにS君は、相手から新しい意味を取り入れるのではなく、自分にとって予測可能な音声が発せられるパターンを求めて行動していたのでしょう。ですから、S君自身がことばを発するようになってからも、相手から新しい情報を得ることよりも、予測していることばがそのまま返ってくることを期待していたのだと思います。自分が知らないことを知るための〈問い〉が開かれた〈問い〉であるとするなら、このようなS君の発している、特定の答えを求める〈問い〉は、閉じた〈問い〉と言えるでしょう。

　S君は、このような閉じた〈問い〉を執拗に続けていきます。ともすると私たちは、展開したり発展していかないものは無意味であるかのように思ってしまいがちです。しかしS君にとっては、安心感を得るために必要な〈問い〉であったのだと思われます。私たちは、"意味が見いだせない"という状態になかなか耐えることができません。常に環境に対して何らかの意味を見いだして安定しているとも言えます。しかし、全体の状況や柔軟に変化していくものを捉えにくいS君からすれば、〈問い〉に対して、開かれた回答が返ってくることは、かえって意味が捉えにくく、耐えがたかったのではないでしょうか。

　ですから指導員の人たちは、S君のパターンを崩すことよりもむしろ、パターン的なやりとりの中にS君の意思を読み取るように心がけてかかわっています。もともと、ビデオなどの音源を再生することも大好きだったS君ですが、ことばを発するようになったことで、S君なりのかかわり方であったとしても、より人を志向するようになります。そして、かかわる者がその志向性の受け手となることで、S君は周囲の人たちが笑っている状態でいられることを求め、喜びという情動を共有しようとしていきます。これは、機械から得られることは決してないものです。そのような姿に対して、単に音を楽しむだけではなく、他者とかかわることの楽しさを感じられていると、周囲の者たちが意味づけているということ、そこにこそ他者がかかわる意味があるのだと思います。

　　　　　　　　　　　　　　　　　　　　　　　　　　（古田直樹）

第2章

志向性を持つ他者の登場と〈問い〉
―― 自閉傾向のある子どもたちの自我のはじまり：
〈能動―受動〉のやりとりから見る ――

北 野 享 子

> 1歳半健診で自閉的な傾向があるとして親子教室に通うようになったA子ちゃんは，最初は一人でひたすら走っていましたが，セラピストが一定のかかわりをする中で，やがて自分の予想が当たるかを，行動を通して〈問う〉ようになっていきます。

1　はじめに

　私は，乳幼児健診後のフォローを含めた子育て支援のための親子の教室や余暇活動支援の一環としての療育相談等を通して，親子の育ちへの援助にかかわってきました。親の悩みや問題も，子どものかかえる困難や問題も，非常に多様で多彩です。今回取り上げるA子ちゃんは1歳半健診で自閉的な傾向があるとして，そのフォローの過程でかかわった事例です。

　いわゆる「自閉症」といわれる子どもたちの，表面に現れたさまざまな様態や症状は，大きく「関係性の障害」，「コミュニケーションの障害」，「常同的固執や同一性保持」の3つにまとめられてきましたが，これらのうちで「関係性の障害」が，いわゆる「自閉症」の子どもたちのさまざまな様態や症状のもっとも基底的な障害と考えられています。では，この「関係性の障害」とはいったいどういうことをいうのでしょうか。今回の報告では，A子ちゃんとのかかわりを通して，この「関係性の障害」とは何かについて探ってみました。

　人と人とのやりとりについて，浜田（1992）は「自分の能動が相手の受動の

なかに受けとめられ，相手の能動を自分の受動のなかに受けとめるという"能動—受動"の相補性」に注目し，「自閉症の症状のもっとも中核部分に，相互主体性の成立の困難，つまり他者とのあいだで〈能動—受動〉のやりとりの関係がなりたちにくいことがある」という仮説を提供しています。

この「他者とのあいだでの〈能動—受動〉のやりとり」という観点から，自閉的な傾向のある子どもたちと私たちセラピストとのやりとりの中で，子どもたちが〈能動—受動〉の契機をどのように捉え，どのようなやりとりをしているのかを具体的なエピソード記述をとおして見てみたいと思います。

以下，自閉的な傾向のあるＡ子ちゃんとの１年４カ月のかかわりの中から，「追いかけっこ」と「お返事」のエピソードを取り上げ，その中で〈能動—受動〉の契機を含んだやりとりがどのようになされていったのかを見てみましょう。

2　「追いかけっこ」のエピソード

この「追いかけっこ」は，「まてまて〜」と言って追いかけ，追いかけられることと，「つかまえた〜」と言ってつかまえ，つかまえられることがセットになっています。つまりここには，〈追いかける能動〉と〈追いかけられる受動〉，〈つかまえる能動〉と〈つかまえられる受動〉のやりとりがあります。Ａ子ちゃんの場合，これらの〈能動—受動〉のやりとりのセットができあがるまでに，いくつものステップを踏まなければなりませんでした。

記述できたエピソードは20個に及びます。

（１）第１期：〈能動—受動〉の契機のない段階

Ａ子ちゃんがひとりでひたすら走っていた段階です。

［エピソード１］（１歳８カ月29日まで）　廊下をただひとりでひたすら走る。

膝をあまり曲げないで爪先立ちで走る。視線は足元か足元の少し前方の床を見つめたままで走る。周りを見ながら走ることはありませんが，だからといっ

てものにぶつかることもありません。当初は，ただひたすら走るのを私たちは見ていました。

（2）第2期：〈能動―受動〉の契機を持ちこんだ段階

　第2期はセラピストがA子ちゃんを「まてまて～」と言って追いかけ，「つかまえた～」と言ってつかまえたふりをすることで〈能動―受動〉の契機を持ち込んだ段階です。

　［エピソード2］（1歳8カ月29日）　セラピストが「まてまて～，A子ちゃんまてまて～」と言って追いかける。

　追いかけてくる人が近づきすぎる，つまりA子ちゃんがその人を避けることができない距離までに近づかれると，からだをくねらせるような恰好をして避けます。A子ちゃんにとっては自分自身が侵入されない距離というものがあり，その距離までは近寄ることができますが，それ以上に近くなることをA子ちゃんは拒否しているかのようです。

（3）第3期：〈追いかけられる受動〉と〈つかまえられる受動〉を繰り返した段階

　第3期は5つの段階の中でいちばん長く，エピソードもいちばん多いです。〈追いかけられる受動〉と〈つかまえられる受動〉が繰り返される中で，その受動のありようがA子ちゃんの意識にのぼり，〈能動―受動〉のやりとりの場にA子ちゃんが入ってくれたという意味で非常に重要な時期となりました。

　ここで，小さな小さなステップを踏まなければA子ちゃんは次に進めませんでした。執拗なくらい小さなステップを踏んで〈追いかけられる受動〉と〈つかまえられる受動〉を繰り返したのが第3期でした。

　［エピソード3］（1歳9カ月6日）　「A子ちゃん，まてまて～」と言って追いかけ，A子ちゃんに近づいたときに追いかけているセラピストが「つかまえた」と言ってつかまえる恰好をする。セラピストが近づきすぎると，からだをくねらせるような恰好をして避ける。

第Ⅰ部　他者への気づきと〈問い〉の始まり

　A子ちゃんには「ここまでならいい」という，身体的な距離だけでなく，声の届く距離もあるようで，あまり大きな声に対してもやはりからだをくねらせました。A子ちゃんにとっては，自分自身を安定させておける領域，身体距離というものがあり，それ以上に他の人が侵入してくるとき，それは脅威となります。相手の意図（相手の主体性の方向やエネルギーや意味）を感じることができるのですが，受けとめることが難しそうでした。

　[エピソード4]（1歳9カ月13日）「A子ちゃん，まてまて〜」と言って追いかけると，ソファのところで振り向いてセラピストの顔を見てニコッと笑う。しかし，すぐ無表情になる。

　自分自身からはたらきかけることは大丈夫だからなのでしょうか，A子ちゃんのほうからニコッと笑いかけてくれました。ただこの自分から笑いかけるにしても，笑いかけた相手はこれまで一貫して彼女なりの約束事を守ってきているセラピスト，つまり彼女との身体距離を守ってくれるセラピストであり，その人に対してならニコッとすることができたのです。誰にでもニコッとしたわけではありません。しかしその後すぐに無表情になりました。無表情をとることによって，相手からの反応を避けたのか，拒否したのか，それとも自分のやることは終わったので，もうそれでいいという反応であったのかは分かりません。

　[エピソード5]（1歳10カ月3日）「A子ちゃん，まてまて〜」と言いながら追いかけると，ソファのところまで行き，ソファの上に寝転びながらセラピストの目を見て待つ。

　うしろから追いかけてくる人を受け入れるために，自分自身の向きを変え，振り返ることによって，背中ではなく，自分の正面から追いかけてくる人を迎えいれたのではないでしょうか。このときはソファに寝転んで，じっとセラピストの目を見ていたといいます。それまで視線が合いにくかったことから考えると，このこと自体が大きな変化です。ただ，セラピスト側からすると，視線が合っているあいだはそれ以上に距離を縮めることができないように感じたといいます。

第2章　志向性を持つ他者の登場と〈問い〉

［エピソード6］（1歳10カ月10日）「つかまえた〜」と言ってもらうのをソファの上に寝転んで待つ。

本当にからだを触れられるのはいやで，「つかまえた〜」と言って触ると，その場から離れていってしまいます。セラピストは「逃げていってしまったという感じがする」といいます。この頃A子ちゃんは自分のうしろから必ずいつものセラピストが追いかけてきてくれていることが分かるようになってきました。部屋から廊下へ出るときにも，廊下を走っているときもそのセラピストが追いかけてきていることを確認するかのように，ときどき立ち止まって，うしろを振り返ります。ただ，姿が見えるだけでOKという感じで，姿をチラッと見るとまた走り出すのでした。

［エピソード7］（1歳11カ月7日）　段ボール箱を使った箱汽車遊びで，箱の中に座って他の人にひっぱってもらって遊ぶ。

紐のついた段ボール箱を使った遊びです。いちばん子どもたちが喜ぶのは，子どもが箱に乗って親や他のおとなにひっぱってもらうことです。これができるためには，他の人がひっぱる箱に子どもが身をゆだねないといけません。自閉的な傾向のある子どもたちは，この他の人がひっぱる箱に身をゆだねることができないことが多いです。しかし，この時期のA子ちゃんは，この箱汽車遊びで，箱の中に入り座って身をゆだねて，少しゆるんだ表情（堅さの取れた表情）で母親やセラピストにひっぱってもらっていました。

［エピソード8］（1歳11カ月14日）　セラピストが追いかけてきてくれているかどうか，うしろを振り返って見る。

先のように姿だけを見て確認するのではなく，そのセラピストを見る，その人を見る，という雰囲気で振り返ってくれているのがセラピスト側にも分かるようになってきました。

［エピソード9］（2歳0カ月0日）　廊下を走るだけということが少なくなってきて，走ったり，歩いたりするようになる。

移動するスピードが弱まると，A子ちゃん自身が周りを見る機会や余裕が出てきましたし，また周りにいる者にとっても，A子ちゃんに働きかけやすくな

りました。A子ちゃん自身が他の人から働きかけられる可能性を受け入れることができるようになったことを表しているのではないでしょうか。以前のように他からのはたらきかけを拒否しているような雰囲気が弱まりました。表情の堅さも少しとれ，歩くことを楽しんでいる様子です。

（4）第4期：〈能動の契機を受けとめた受動〉の準備段階

　ただ追いかけられるところから，自分から追うということが出はじめました。それは追いかける相手の〈能動〉の契機をうけとめるという真の〈受動〉経験の準備段階と考えられます。その意味で第4期としました。この時期には，追いかけっこをするわけでもなくただ廊下を走るときでも，その雰囲気に変化が見られ，走るスピードも緩やかになり，歩いているときもあります。発声も多く聞かれるようになり，遊びの部分が出てきています。

　［エピソード10］（2歳0カ月0日）　スリッパをはいて歩いていたのだが，そのスリッパを他児に取られてしまう。取り返そうとしばらく他児を追いかけていたが，取り返すことができなかった。そこで追いかけるのをあきらめて，他児のはいているスリッパとは違うスリッパをはいて歩き出す。

　廊下を歩いているときに，偶然に廊下に置いてあったおとなの大きなスリッパを見つけ，それをはいて苦労して歩いていたのですが，そのスリッパを他児に取られてしまい，それを追いかけて取り返そうとしたのです。結局は取り返すことができなかったのですが，しばらくのあいだ，そのスリッパをはいている子どもを追いかけ，結果的に，「他児を追いかける」ことになったのです。A子ちゃんが「追いかける」ことを意識して誰か他の人のあとを走ったのは，この教室ではこれが初めてでした。これまでなら，たとえ気に入ってはいていたスリッパを取られても，何事もなかったように振舞っていたでしょうが，今回はスリッパを取った他児を追いかけました。「他児が自分のスリッパを取る」という他児の行為を，ともかくも受け入れたのです。そうでなければ追いかけたりはしません。またスリッパそのものに固執してそのスリッパをめがけて追いかけたわけでもありませんでした。

［エピソード11］（2歳1カ月18日）　声を出しながら，走ったり，歩いたりする。

　声が出るようになってきました。かなりリラックスしていることが分かります。周りに対する構え（抵抗や，拒否，予測できないことによる恐れなど）が薄らいできました。

（5）第5期：〈能動〉と〈能動の契機を受けとめた受動〉のやりとりの完成の段階

　第5期は第4期を経て，A子ちゃんは，〈追いかける能動〉，〈追いかけられる受動〉，〈つかまえられる受動〉を，あちこちに散りばめながら「追いかけっこ」遊びを少しずつ楽しむようになっていきました。

　［エピソード12］（2歳3カ月6日）　「A子ちゃん，まてまて～」と言って追いかけてくるセラピストを，うしろを振り返って見る。視線が合い，追いかけてきているのを確かめると，また走る。

　うしろを追いかけてきているセラピストを待っていて，明らかにその人を確かめているということが分かる動作や態度になってきました。セラピストがある程度の距離まで近づくのを待って，また走り出します。その距離が以前よりかなり縮まってきているようでした。

　［エピソード13］（2歳3カ月6日）　「つかまえた～」と言ってつかまえられるのも喜ぶ。

　A子ちゃんとセラピストの距離がドンドン縮まり，あるときから「つかまえた～」と言ってつかまえられても大丈夫になりました。ただしこの「つかまえた～」も本当にソフトタッチでないといけません。一度できると，それを繰り返しやってもらうことを待っている様子で，ソフトタッチの「つかまえた～」を喜ぶようになりました（声も出ているし，顔の表情も笑顔に近くなってきました）。

　［エピソード14］（2歳4カ月4日）　B子ちゃんとB子ちゃんの母親が走っているのをセラピストが「まてまて～」と言って追いかけていると，追いかけて

いるセラピストの横に来て，なんとなく一緒に走る。

　結果的に，他児と他児の母親を，セラピストと一緒に追いかけていることになりました。エピソード⑩では，スリッパを取った他児を追いかけて，結果的に追いかけることになりました。しかし，今回のように「追いかけっこ」の遊びの中で，前を走っている人を追いかけたのは初めてです。このことの意味はそう単純ではありません。まず前の人が走って逃げているということが分かって，それを自分が受けとめなければいけません。さらにそのうえで自分がそれを追いかける立場に立って，実際に走って追いかけるのです。この「追いかける」ということの開始も，やはり大好きなセラピストの横にきて，なんとなく一緒に走るというかたちではじまりました。

　［エピソード15］（2歳6カ月19日）　セラピストが「まてまて〜」と言ってC子ちゃんを追いかけているところにやってきて，C子ちゃんと一緒に走って，セラピストに追いかけてもらう。走りながら，横を走っているC子ちゃんのほうを見る。

　「追いかける人がいて，追いかけられる人がいる」ということが分かっていて，そして今自分は追いかけられる人であるということが分かったうえで，C子ちゃんと一緒に走っている様子です。しかもC子ちゃんと一緒に走って，一緒に追いかけられていることを少し楽しんでいます。ときどき横を走るC子ちゃんの顔をそっとのぞくようにして見る姿があり，その姿に余裕が感じられます。自分から他の人に何かをして働きかけることが少しずつ見られるようになってきました。

　［エピソード16］（2歳7カ月17日）　走っているとき，追いかけてくるセラピストが追いついて「つかまえた〜」をしてくれるのを待つ。またこの日，母親やセラピストと手をつないで歩く（ひとりで走るということが少なくなってきた）。

　ひたすら走る姿はなくなって，スピードが緩やかになり，周りの景色・様子を見ることができる状況でもあります。しかも一緒に歩くだけでなく，手をつないで歩きました。手をつないで歩いたのがこのとき初めてだったらしく，母

親はとても感激していました。今まででも手をつないで歩いたことはありましたが、それは飛び出さないように母親がA子ちゃんの手を握り締めていたのであり、このときのように2人が手をつなぎあっていたわけではありませんでした。

　[エピソード17]（2歳9カ月5日）　他児2人と一緒に3人で走る。

　[エピソード18]（2歳9カ月12日）　他児3人と一緒に4人で走る。

　[エピソード19]（2歳9カ月12日）　セラピストが廊下の角に隠れていて、A子ちゃんが走ってくるところに出て行って驚かせると、一瞬戸惑ったような表情を見せた。

　セラピストがものの陰に隠れてA子ちゃんを驚かせました。このことは、セラピストがそのような遊びをしてもいけそうだという雰囲気をA子ちゃんが持ったことに対するセラピストの反応でした。これに対してA子ちゃんは戸惑ったような表情をしたのですが、ここで人から驚かされるということを一定程度味わうことができたのではないかと思われます。ここではびっくりするというような表現ではありませんでしたが、それでも戸惑ったような表情を示しました。そのような情緒的な感情表現をしてくれたことが、私たちには驚きでした。

　[エピソード20]（2歳11カ月27日）　自分の方からセラピストの手を持って走る。

　この頃には、気に入っている特定の何人かのセラピスト以外の人とも、自分から近づいていき、一緒に遊ぼうとする姿が見られるようになりました。他児とのかかわりもずいぶん増えました。初めて手をつないで歩いたエピソードから4カ月ほど経った、ほぼ最終回に近いこのセッションで、A子ちゃんが自分からセラピストの手をとり、その手を握って、一緒に走ったのです。

3　「お返事」のエピソード

　この「お返事」には名前を〈呼ぶ〉という能動と、名前を〈呼ばれる〉という受動の契機があります。セラピストに名前を呼ばれたら、なんらかの形で

（母親の助けを含めて）返事をし，それに対してみなが拍手をすることがセットになっています。これにかかわるエピソードを10個拾い出して見た結果，この「お返事」も5つの段階に分けることができました。

（1）第1期：〈呼ばれる受動〉の繰り返し＋返事をしない段階

［エピソード1］（1歳10カ月10日）　母親の膝のうえに座って名前を呼ばれる。呼ばれたあと次の子どもに順番が移ると母親の膝から立ってその場を離れてしまう。

　A子ちゃんはこの「お返事」のプログラムにすぐに参加できたわけではありません。初回は教室内に入ることすら嫌がっていました。次からは母親に抱かれてなら教室内にいることができ，その状態でみなの様子を見ていました。このエピソード1のときは，母親の膝の上に座ってこのプログラムに参加することができました。名前を呼ばれた後，母親の膝から立ってさっさとその場を離れたので，自分の名前を呼ばれたのが分かっていたのだなと思われました。

（2）第2期：感情表出をともなう〈受動〉の繰り返し＋返事をする段階

　第1期と違って，セラピストに呼ばれたあとの反応に変化が見られます。その時々によって異なってはいますが，いろいろな表情で感情を表現するようになりました。返事のしかたは，自分で拍手をしたり，ニコッと笑ったり，「は〜い」と言ったり，手をあげたりとセッションによってやり方は異なりますが返事をするようになります。

［エピソード2］（1歳11カ月14日）　名前を呼ばれたとき，母親がA子ちゃんの手を持って「は〜い」と言ってあげる。

［エピソード3］（2歳0カ月0日）　名前を呼ばれたあとにニコッと笑う。

［エピソード4］（2歳0カ月7日）　名前を呼ばれたあと，手をたたいて，返事のしぐさをする。

　「お返事」のプログラムがA子ちゃんにとって了解できる範囲のものとして安定してきていることが分かります。その中で返事のパターンが「ニコッと笑

う」や「手をたたく」というかたちで表現されるようになってきています。エピソード4のときは，「お返事」のあとその月が誕生月だったＡ子ちゃんのためにお誕生日の歌をみなで歌います。みなが歌っているのを聞いている途中から両手で顔を覆います。これは見ている側からすると，「Ａ子ちゃん恥ずかしかったのだな」と感じ取れるしぐさでした。みなが誕生日を祝ってくれていることが分かったかどうかは分かりませんが，顔を隠したのはその場の雰囲気を感じ取れたからでしょう。またそのときの気持ちを動作で表現できるようになったことが分かります。

　［エピソード5］（2歳1カ月4日）　名前を呼ばれたが，そのあとＡ子ちゃんが反応を示さないので，セラピストが次の子どもに移ろうとすると，手をあげる。

　セラピストの姿勢や動きから自分からはずれて次の人へ移っていくこと，自分の番が終わりそうなことが分かったようです。しかも自分の番のあいだに返事をしたいという気持ちがあったのでしょう。次の人に移ってしまう前に，手をあげて返事をしました。手をあげて返事をしたのはこのときが初めてでした。

（3）第3期：〈能動の契機を受けとめた受動〉の準備段階その1

　第2期に続いて第3期も，名前を呼ばれるとなんらかのやりかたで返事をしますが，返事をしたあと他児の名前を呼び続けているあいだ，名前を呼ぶセラピストの正面に座り続けるというエピソードがあり，この期を第2期と区別しました。この行動は〈呼ぶ〉というセラピストの〈能動〉の契機を確認するかのようでした。

　［エピソード6］（2歳2カ月10日）　セラピストが他児の名前を呼ぶあいだずっと，セラピストの正面に座ってセラピストをじっと見つめている。

　Ａ子ちゃんは自分が呼んでもらうときは母親の膝に座っていましたが，それが終わるとセラピストの正面に座ってじっと見つめます。セラピストは円のほぼ中心に位置しているので，周りの子どもの名前を呼ぶとなるとその向きを変えなくてはいけないのですが，そのたびにＡ子ちゃんも少しずつ移動して必ず

セラピストの正面に座るのです。セラピストは少しやりにくそうでしたが，「A子ちゃん，次は○○ちゃんの名前を呼ぶからね。この子よ」というように，A子ちゃんにも声をかけながら，他児の名前を呼んでいきました。

[エピソード7]（2歳4カ月4日） 手をあげて「ハイ」と言って返事をする。

これまでにも少しずつ発声はありました。また発語は「いや」とか「バイバイ」というぐらいでした。しかしこのときのように，相手からの呼びかけに対して，はっきりと「ハイ」と言って返事をしたのは初めてです。

（4）第4期：〈能動の契機を受けとめた受動〉の準備段階その2

さらに5カ月ほどたってから，今度は「お返事」のプログラムのあいだずっと名前を呼ぶセラピストの真後ろに座り続けるようなことをしました。これは〈呼ぶ能動〉の模擬的体験をしているかのようです。

[エピソード8]（2歳7カ月3日） 手をたたいて返事をする。そのあと名前を呼んでいるセラピストの真後ろにセラピストの背中を見る方向でぴったりとくっつくような恰好で座る。セラピストが向きを変えるたびに，真後ろになるようにA子ちゃんも向きを変える。

このときのA子ちゃんの向きは，セラピストが子どもの名前を呼ぶ向きです。

（5）第5期：〈能動の契機を受けとめた受動〉の完成の段階

第5期のエピソード記述そのものは，第3期，第4期とよく似ています。しかし，第3期の〈呼ぶ能動〉を確かめるかのようなエピソード，第4期の〈呼ぶ能動〉の模擬的体験をするかのようなエピソードを経て，〈呼ぶ能動〉の契機を受けとめた〈呼ばれる受動〉ができるようになり，そのうえでお返事をしているという意味で，第3期，第4期とは内容的には異なった段階に到達しています。セッションによって名前を呼ぶセラピストの正面に座ったり，セラピストの顔をじっと見つめたりとさまざまな様子が見られましたが，名前を呼ばれると「手をたたく」という返事のやり方で，最終回のセッションまでこの「お返事」のプログラムには参加しました。

[エピソード9]（2歳8カ月0日）　手をたたいて返事をする。そのあとセラピストの前に座る。

[エピソード10]（2歳10カ月27日）　手をたたいて返事をする。そのあとセラピストの顔をじっと見る。

4　〈能動―受動〉の契機を含んだやりとりの流れ

　今回取り上げた「追いかけっこ」「お返事」の2つの特徴的なエピソードを，時間の軸に沿ってそれぞれを整理し，表1にあらわしました。

　「追いかけっこ」のエピソードの第3期にあたるところは，A子ちゃんが〈追いかけられる〉という〈受動〉を受けいれていった時期です。この時期，A子ちゃん自身が心身ともに自分の安全が守られていると捉え，そしてその結果，A子ちゃんなりの安心感をもってくれたためか，身構えたような硬い表情や，気がつかなかったかのように無視する態度が少しずつ解けていった時期と考えることができます。とくに相手の〈能動〉を受けとめたうえでの〈受動〉ができたと思われたのは，紐付き段ボール箱の箱汽車遊びで，箱に乗って自分の身をゆだねてひっぱってもらったことです（エピソード7）。これは人が〈ひっぱる能動〉を捉えて，〈ひっぱられる受動〉を受け入れないと，身をゆだねた雰囲気にはなりません。

　この第3期のあとに続く第4期で，初めてA子ちゃんは実際に他児を追いかけたのです。ここにきてやっと，「追いかけっこ」における〈追いかけられる〉ことが，〈追いかける能動の契機を受けとめた受動〉につながっていく準備段階に入ったと言ってよいと思います。

　この準備段階を経て「追いかけっこ」の第5期に入り，A子ちゃんが他児やセラピストにかかわっていく姿が見られるようになりました。追いかけてくる人を期待して待ったり，つかまえられるのを喜んだり，他児たちと一緒に追いかけたり，追いかけられたりと他の人とやりとりをする場面が増え，他者との関係が具体的に現れはじめたのです。

第Ⅰ部　他者への気づきと〈問い〉の始まり

表1　〈能動-受動〉の契機から見た変化

「追いかけっこ」			「お返事」			生活年齢
〈能動―受動〉の契機と段階	no.	エピソード	〈能動―受動〉の契機と段階	no.	エピソード	
1.〈能動―受動〉の契機がない	①	ひたすら走る	1.〈呼ばれる受動〉の繰り返し			01：08
2.〈能動―受動〉の契機を持ちこむ	②	逃げる（Th.（セラピスト）が追いかける）				
3.〈追いかけられる受動〉の繰り返し	③	追いかけられる＋近づくとからだをくねらせる				01：09
	④	追いかけられ振り向く＋ニコッと笑う・すぐ無表情				
	⑤	追いかけられソファに寝転んで待つ		①	呼ばれたあとすぐ席を立つ	01：10
	⑥	つかまえられるのを待つ	2.感情表出をともなう〈受動〉の繰り返し	②	呼ばれて「は～い」と返事	01：11
	⑦	身をゆだねる		③	呼ばれてニコッと返事	02：00
	⑧	追いかけられ，振り返って確認		④	呼ばれて拍手で返事＋誕生日の歌で恥ずかしそう	
	⑨	走ったり，歩いたり				
4.〈能動の契機を受けとめた受動〉の準備	⑩	スリッパを取った他児を追いかける		⑤	呼ぶ人の動きを理解してそれに応じて動く	02：01
	⑪	走ったり，歩いたり＋発声				
5.〈能動の契機を受けとめた受動〉のある〈能動―受動〉のやりとり	⑫	追いかけている人を期待して待つ	3.〈能動の契機を受けとめた受動〉の準備その1	⑥	呼ばれたあと呼んでいるTh.の正面に座る（〈呼ぶ・能動〉の確認）	02：02 / 02：03
	⑬	ソフトタッチでつかまえられる				
	⑭	Th.と一緒に他の親子を追いかける		⑦	呼ばれて「ハイ」と返事	02：04
	⑮	他児と一緒に追いかけられる				02：06
	⑯	追いかけられ，つかまえられる＋他の人と手をつないで歩く	4.〈能動の契機を受けとめた受動〉の準備その2	⑧	呼ばれたあと呼んでいるTh.の真後ろに座る（〈呼ぶ・能動〉の模擬的体験）	02：07
	⑰	他児と一緒に3人で走る	5.〈能動の契機を受けとめた受動〉のある〈能動―受動〉のやりとり	⑨	拍手で返事のあと呼んでいるTh.の前に座る	02：08 / 02：09
	⑱	他児と一緒に4人で走る				
	⑲	驚かされて戸惑った表情				
	⑳	自分から手をつないで走る		⑩	拍手で返事のあとTh.の顔を見る	02：10 / 02：11

「お返事」についてみてみると，第2期に入って，呼ばれるときや返事をするときに，感情の表出が見られるようになりました。非常に短い時間なので一瞬ともいえますが，ニコッとしたり，さらにお誕生日の歌を歌ってもらったときは，恥ずかしそうに両手で顔を隠すというエピソードも見られました。

「お返事」の第3期では，名前を呼ぶセラピストの正面に座って〈呼ぶ能動〉を確かめるかのようなエピソードが見られました。返事も「ハイ」と声に出してしっかりと返事をしています。第3期に続く第4期では名前を呼ぶセラピストの真後ろに座って，〈呼ぶ能動〉を模擬的に体験しているかのような行動も見られ，「追いかけっこ」と同様，A子ちゃんが他者と実際にかかわりながら〈能動の契機を受けとめた受動〉の準備段階を踏んでいきました。

「お返事」の準備段階と「追いかけっこ」の準備段階は少し時期がずれるものの，ほぼ同時期に始まっていることがわかります。

こうしてA子ちゃんは〈能動の契機を受けとめた受動〉という本来の〈受動〉ができるようになり，その段階を経て〈能動―受動〉の契機を含んだ他の人とのやりとりが実際にできるようになっていきました。ただ〈能動の契機を受けとめた受動〉ができるようになるまでには，セラピストの側でも，何が〈能動―受動〉の契機となり，どのようなやりとりの中にその契機を捉えればいいかをしっかり理解し，把握しておかなければなりません。このことも数々のエピソードを読み解くなかから分かってきました。

5　まとめと考察

（1）〈受動〉を自分のものにする過程

自閉的な傾向のあるA子ちゃんは〈能動の契機を受けとめた受動〉が非常に困難でしたが，自ら非常に細かいステップを踏んでこの〈受動〉を自分のものとしていきました。

「追いかけっこ」では，A子ちゃんは本人にとって安心でき，そして安全な状態を維持しつつ，何度も何度も「追いかけられる」位置に自分の身をおくこ

とで、〈追いかけられる受動〉を受け入れていったと考えられます。本来のやりとりができるためには、相手の志向性・主体性がこちらに向かってきていることを受けとめることができて、つまり〈能動〉が受けとめられてはじめて〈能動―受動〉の〈受動〉になることができます。〈追いかけられる受動〉を自分の身に引き受けることがどういうことかおよそ分かったところで、ではその「追いかけられる」と対になる「追いかける」ということがどういうことかを経験するかのように、他児を追いかけたのです。このあとはまた「追いかけられる」ことを何度も繰り返して、最終的には〈追いかけたり―追いかけられたり〉しています。〈つかまえる―つかまえられる〉も同様で、明らかに、不意につかまえられることのないように準備をして、構えて、それから「つかまえられる」経験をしています。このあとは〈追いかける―追いかけられる―つかまえられる〉というのがセットになった「追いかけっこ」ができるようになりました。ただ、自分からつかまえる（〈つかまえる能動〉）ことは、最後までしないまま終わりました。

（2）予定通りであることを意識する

　A子ちゃんは、次に起こる相手からの反応や態度、行動が、自分の予期したものとは違わないこと、予定通りであることを強く意識していました。

　これはどのエピソードからも読み取れることです。「追いかけっこ」においても、追いかけっこで起きることを、少しずつ、まるで練習するかのように受け入れていく経験をしてから「追いかけっこ」にいたっています。「お返事」がプログラムの中でも比較的早くなじめたのは、約束事がはっきり目に見えて守られていて、ほとんど崩れることがないということがA子ちゃんに了解されたからでしょう。

（3）安全・安心が保障された時空の中で

　A子ちゃんにとって、相手の主体性を受けとめる受動性の契機は、心身ともに安全である、安心ができる、不安がない、恐れがない、おじけることがない、

第2章 志向性を持つ他者の登場と〈問い〉

などが保障された時空の中で始まります。

　まずA子ちゃんとセラピストがかかわりをもった関係の場，〈能動―受動〉のやりとりがおこなわれた場には，時間的にも空間的にも，恐れがない，安心できることが条件として備わっていなければなりませんでした。このことは，A子ちゃんにはそのときそのときで，かかわる人がここまでなら近寄ってもかまわないという身体距離があるということからも示唆されます。自閉的な傾向の子どもたちには，相手の干渉や侵入を許す・許さないという身体距離があるようです。A子ちゃんの許容する身体距離のいちばん外縁が，文字通りの身体境界であるかのように感じられました。A子ちゃんとかかわったセラピストは，いつもA子ちゃんの身体境界の少し外側にいてくれたので，セラピストがその身体境界の内側に侵入してくることはありません。だからこそA子ちゃんは安心でき，そのセラピストとかかわることができていったのではないでしょうか。こうした中で周囲の他者と〈能動―受動〉のやりとりを積み上げていくことが，A子ちゃんの自我が育っていく土壌となっていくものだと思うし，そのことを私たちは期待しています。

〈引用・参考文献〉
浜田寿美男　1992　「私」というもののなりたち　ミネルヴァ書房
山上雅子　1997　物語を生きる子どもたち　創元社
山上雅子　1999　自閉症児の初期発達――発達臨床的理解と援助　ミネルヴァ書房

> コメント　"仕掛け"を作ることと〈問い〉の発展
> 　この事例報告の視点となっているのは，「他者とのあいだでの〈能動―受動〉のやりとり」ということですが，他者との関係性が，能動と受動というそれぞれの層のやりとりによって成り立っていることは確かだとしても，現実は，この両者が密接に絡み合って存在しているように思われます。たとえば，〈追いかけられる〉という行動は，一見受動的に思われても，実際には，逃げる側が，どう逃げるかの自由を能動的に楽しんでいるとも言えます。療育に通って来る子どもで，〈追いかけられる〉ことを楽しめるようになる子は少なくありませんが，それは，

療育者が子どもの動きに受動的に合わせているから成り立つとも言えます。A子ちゃんも実際に,〈追いかけられる〉ことは楽しめたのに,第4期で見せたように,追いかける側への役割交替は容易ではありませんでした。定型発達の場合,この役割交替は,スムーズに展開されることが多いのですが,自閉症圏の子どもにはこのように,能動と受動の層が,むしろきれいに分離しすぎているところに特徴があるように思えます。おそらくそれは,他者の志向性を受け止めることの弱さに由来しているのでしょう。

　そこで療育では,「仕掛け」が必要となります。A子ちゃんの場合には,特定のソファが,他者の志向性を受け止める上での基地となったようです。また,紐つき段ボール箱によって,受動性を楽しむ体験ができました。私は,このようなタイプの子にとっては,受け身になって楽しめる経験を積むことが,とくに早期の療育の要だと思っています。

　A子ちゃんにとって,志向性を持つ他者の登場が〈問い〉を深めました。そして,予想の破綻を嫌うA子ちゃんにとって,セラピストが"仕掛け"の中でわかりやすく出会うことによって,特定のパターン化した遊びの中から,自分の予想が当たるかを〈問う〉ようになります。やがてそこから発展し,相手の行動をなぞってみたり,見つめるなど,他者の志向性を楽しむ行動を通しての〈問い〉が展開していったのだと思います。

　　　　　　　　　　　　　　　　　　　　　　　　　　　　（古田直樹）

第3章
一元的ことばから対話的関係へ
―― ことば遊びが広がっていったI君とのプレイセラピー ――

立 花 尚 美

> 前頭縫合早期癒合症をもって生まれたI君は，1歳半健診で指差しがないことを指摘され，1歳9カ月に頭部の手術を受けます。術後歩行が不安定になり，2歳までことばを発しなくなりました。指差しは1歳7カ月で出ましたが，表情は乏しく，おもちゃを扱って遊ぼうとせず，大人にかかわりたい気持ちは見られても，指示には応じにくいといった特徴もありました。そのようなI君に対して著者は，3歳10カ月から約2年間にわたって個別のプレイセラピーを通して，I君の対人関係の育ちを支援しました。

1　はじめに

　本事例は，大学院生の頃に実習先の児童相談所で担当することとなった事例で，私にとってはイニシャルケースでした。このとき，初めて発達障害をもつ子どもと深くかかわることになりましたが，今，私が療育を仕事とすることになったのにも何かの縁を感じています。今回，研究会での報告の機会をいただき，この仕事をしていく上で大切な経験となったI君との出会いを振り返ってみたいと思いました。

　I君は，前頭縫合早期癒合症(1)という病気を生まれ持っていて，1歳9カ月のときに頭蓋骨の形成手術を受けています。そのため，私がI君に会った頃も，強い衝撃から守るために保護帽を着用していました。手足が細く，小走りになると頭を前方へ傾けるようにし，体幹がしっかりしておらず不安定な感じを受

けたのを覚えています。足元への注意も周囲の人への関心も弱く，フラフラと走っていく様子が印象に残る男の子でした。今回，研究会で報告させていただき，さまざまな示唆をいただく中で，I君の身体の問題と他者との関係についてあらためて考えさせられました。当時はよく分からないままに夢中でI君の遊びにつき合っていましたが，この機会に，I君への理解を深められるよう，2年間のプレイセラピーを振り返ってみたいと思います。

2　プレイセラピーまでの経過

　乳児期は定頸0歳3カ月，寝返り0歳6カ月，初歩1歳1カ月ととくに目立った問題はありませんでした。0歳9カ月頃には「バイバイ」に手を振って応じており，対人反応も問題がないようでした。両親は，この頃に「めっ」と叱ると「ふえーん」と泣いてしまったことが印象に残っているそうで，情緒的な反応が今よりもずっと良かったと振り返っています。しかし，バスタオルを左右へ移す反復行動や，公園に連れて行くと乳母車の上で寝てしまう，など気になる行動が見られ始めます。初語は1歳3カ月で「ミカン」「デンシャ」がありましたが，その後はなかなか増えませんでした。1歳半健診でことばの遅れと指差しがないことを指摘され，紹介されたA病院で前頭縫合早期癒合症と診断されます（1歳9カ月時に手術）。手術後は，歩行が不安定になり，2歳直前までことばを発さなかったそうです。"いないないばあ"を要求する，ジャングルジムに登って"見て見て"という素振りを見せる，等の行動はありました。1歳7カ月から指差しが出ますが，遊んでいても表情が乏しいなどのことから児童相談所を紹介され，2歳0カ月時に初めて来所します。そのときの主訴は「社会性の発達障害」でした。発達検査では，全般的な軽度域の遅れが認めら

（1）頭蓋縫合早期癒合症……正常の頭蓋骨の発育は脳の発育に伴う各縫合部での骨新生によりますが，病的に早期に癒合して頭蓋骨の発育不全を生ずるのがこの病態です。どの縫合が早期に癒合するかによって特徴的な頭蓋変形をきたします（I君の場合は，前頭縫合が癒合していたので，三角頭蓋という変形をきたしていました）。症状は，頭蓋の変形の他に頭蓋内圧亢進症状，眼症状，精神運動発達遅滞，脳神経麻痺などです。

れ，多動で遊びの共有のしにくさがあると指摘されます。要求は手を引いて知らせていました。その後，2歳1カ月から1年間，母子教室に参加し，3歳2カ月より通園施設（B学園）に通うようになります。B学園通園中の3歳10カ月時に個別のプレイセ

表2　新版K式発達検査の結果

生活年齢	3：0時	5：2時
姿勢・運動	1：8	2：11
認知・適応	1：0	2：7
言語・社会	1：3	3：2
全領域	1：2	2：10

ラピーを希望され，当時，実習生だった私がプレイ担当となり，児童相談所判定員による母親面接と並行して，隔週60分のプレイセラピーを実施することになりました。当初は母親面接を同室で行い，後に母子を分離しました。

母親はその頃の特徴を，大人とはかかわりたい気持ちがあるけれど子どもに対してはない，記憶力が良く文字も読める，音に過敏でパニックになることがある，興味のあることはするが指示には応じない，多動で勝手にどこかへ行ってしまう，等と挙げています。3歳0カ月時の発達検査では，課題に十分に応じきれず，積み木も手で払い落とすだけで積もうとしません。トータルの発達年齢は1歳2カ月で，この時点では中度域に移行しています。

表2に，3歳0カ月時と5歳2カ月時の発達検査の結果を示します。

3　第1期：導入期

第1期は1回目（3歳10カ月）から8回目（4歳2カ月）までです。

初めて会ったI君は，視線は宙をふわふわと漂っていて，心ここにあらずという感じでした。とくに初回は私の方へ視線を送ることも少なく，プラレールの電車を顔の前で縦に動かして眺めるという独特の遊び方を続けます。縦に電車を動かすために連結部分がよく外れてしまい，それをつなげて欲しいときだけ，「んー」と言って大人に差し出し要求します。その際に母親に「"つなげて"でしょう」と声をかけられると「つなげて」と言いますが，自発的にことばで伝えることはほとんどありませんでした。発語は，玩具を扱いながらその名称を言うことがほとんどで，伝達的ではありません。また，高いところが好

きで部屋の中の棚や手すり，滑り台などによく登りますが，降りるときは一人でズリズリとすべり降りて，手助けを求めませんでした。足元が不安定なためよく足を踏み外しますが，「イタイイタイやったね」と声をかけても無関心です。しかし，3回目（3歳11カ月）あたりからⅠ君のことばを繰り返して言ってあげるとニコニコと笑うようになり，国旗ボードの国名を言っては私の方を見て，自分のことばを繰り返すように要求するそぶりも見せます。

　大きな変化があったのは5回目（4歳1カ月）で，私がくすぐると笑い声をあげ，何度も「こちょこちょ」と言って求めてきます。この後に私が実習の関係でB学園に行った際に，最初は呆然と私を見上げるだけでしたが，職員に「こちょこちょのお姉さんよ」と声をかけられると「こちょこちょ〜」とニコニコ笑って私の方へ寄って来ました。6回目（4歳1カ月）でもロビーへ迎えに出るとニコニコ笑って私の手をつないできます。この頃から，一緒に遊ぶ人として私への意識が高まり，楽しそうに来所するようになりました。

　第1期の様子として印象的だったのは，4回目（4歳0カ月）に，来所途中に迷子になるというハプニングがあったときのことです。Ⅰ君は，自分から母親を探すことはありませんでした。母親の焦った様子に比べ，Ⅰ君の表情にはあまり変化が見られません。それでも，プレイ中はいつも以上に母親へ抱っこを求めるなど，甘えをよく見せます。Ⅰ君なりに不安を感じていたのでしょうが，それをうまく表現することができないようでした。その代わりに「なみのマークはとうかいぎんこう」というフレーズを繰り返し言うことで不安の解消を図っているようで，母親にも言ってもらいたくて「なみの……」と何度も話しかけました。

4　第2期：分離不安とセラピストとの関係の発展

　第2期は9回目（4歳2カ月）から14回目（4歳5カ月）までです。
　9回目から，後半30分間を母子分離することになりました。最初のうち，分離後に何度もトイレに行くことが続きます。不安を感じている様子でしたが，

直接に母親を求めることはありません。しかし，12回目（4歳4カ月）の入室時に直前に部屋を使用していた他児とすれ違った後，部屋に不安を感じている様子で，母親の膝に座って抱きつき，玩具の引き出しを開けることを拒否してなかなか遊び出せなくなりました。母親の報告では，母親への愛着を示すエピソードが語られます。「ママ」とよく呼ぶようになり，B学園でも分離のときに「かえる」と言って泣いたりしていたそうです。また，母親が他の子を抱っこすると嫌がり，「ママあそぶ」と言ってやきもちを焼くということもあったようです。これほど母親に甘える様子はこれまでには見たことがありませんでしたが，まだ人とのかかわりよりも自分のペースで遊ぶことで落ち着きを取り戻す様子も見られます。たとえば，14回目（4歳5カ月）に，来所途中から楽しみにしていた玩具がどれも見つからず，パニックを起こして出したおもちゃ箱を「なおす」「いれる」と言い続けます。I君は，なぐさめには応じられず，出したおもちゃを全て片付けると何でもなかったように落ち着いて他の遊具で遊び始めました。

　プレイの中では，私との間だけで共有するパターン的なフレーズができていきます。たとえば，9回目（4歳2カ月）に恐竜図鑑を見ているとき，I君のお気に入りの恐竜について私が「エラスモサウルスは首がびよーんって長いね」と身振りをつけて言うと，声をあげて笑い，私の手をもって同じ身振りをとらせ（クレーン現象）くり返し言うように何度も要求します。10回目（4歳3カ月）では，エラスモサウルスを見つけると「あ！」と言って私を見上げ，私が「びよーんだね」と応じると，「マエダ（筆者の当時の姓），びよーん」と笑います。以後も何度かエラスモサウルスが出てくると「エラスモサウルスは……」と話しかけて，このフレーズを私に言わせます。玩具を棚から取って欲しいときなどに私に要求することも増え，寄りかかってきたり膝に座ったりと身体接触も増えてきます。11回目（4歳3カ月）には，初めて，高いところから降りるときに私の方へ抱っこを求めてきました。また，応答的なやりとりも増えてきて，玩具や絵について私が「これ何？」と尋ねると答えることが多くなりました。12回目（4歳4カ月）では，部屋の入り口にある表札の文字を

「かうんせりんぐ……」と読み，私が「カウンセリング室には誰がいるの？」と聞くと「マエダ」と答えます。また，鏡に映った自己像について，「この逆さまなのは誰？（筆者が抱いていて逆さを向いていた）」と聞くと「Ｉちゃん」と答えてにっこり笑います。

5　第3期：見立てとことば遊びの出現

　第3期は，15回目（4歳6カ月）から20回目（4歳8カ月）までです。

　15回目より完全に母子分離をすることにしました。この頃は，よりいっそう私との関係の中で遊びを楽しめるようになってきたと感じた時期でした。そんな中で，単純な見立てが出てきます。15回目（4歳6カ月）では，Ｉ君がお皿にフードをのせていくのを私が「りんごをのせて……」等と言語化していくと，Ｉ君もそのことばを待つように動き，私の「パクパク」ということばを待って食べるふりをします。そして，何度か食べるふりを繰り返した後，「おさらからっぽ，おしまい」「あーおいしかった」と言います。私が「コックさんお料理上手ね」と言うとＩ君も「おりょうり」とにっこり笑い，「こっくさん」「レストラン」とはしゃいで辺りを走り回ります。また，20回目（4歳8カ月）には，私がぬいぐるみを持ち「クマさんがお腹すいたって言ってるよ。何か食べたいなあ」と声をかけると，ぬいぐるみの口へフードを持ってきます。最後は，お皿を集め「これで……」と私を見て，私が後を受けて「これで，全部……」と言うとＩ君が「……からっぽ」と言って笑います。Ｉ君は「あー，おいしかった」と言い，私のぬいぐるみにお皿を持たせ「おかたづけ」と言います。「誰がお片付けするの？」と尋ねると「クマさん」と答え，私がぬいぐるみを動かして片付けるのをニコニコと見ています。

　また，語彙に変化が見られ，気持ちのこもったことばが増えてきます。プレイの中でも，印象的なエピソードがありました。16回目（4歳6カ月）に，プラレールの電車をつなぎたかったのですが，持っていた電車の連結部分の種類が違うためつなげられず，「つなげられない」「○○できない」と否定形を連発

してパニックになり,「マエダー」「Ｃランドー（児童相談所の愛称）」と言いながらぽろぽろと涙を流します。落ち着いた後で私が「悲しくなっちゃったね」と言うと「なっちゃった」とつぶやきました。そして，この頃から，私のことばを繰り返す形で，ブランコによじ登って「こわい」，足をぶつけて「いたた」，探していたものが見つかったときに「うれしい」と言う等，感情を表すことばを口にするようになります。また，パターン的なフレーズを自分で言い換えて面白がることも出てきます。たとえば19回目（4歳7カ月）では，机の上に立ったＩ君に対して私が「高くなったね」と言うと，Ｉ君は「たかい。たかいつくえはのぼったらダメ」と普段言われていると思われるフレーズをパターン的に言って笑います。そして，その後で円柱形のウレタンブロックを横にして「たかいマル」と言い，その上に私を支えにして立ちます。私が茶化すように「高いマル，登ったらだめやん」と言うと，Ｉ君も私の方を見て笑いました。

　また伝達的な行動も増え，20回目（4歳8カ月）では，線路のレバーを触っているときに，ふと思いついたように違う場所からルーレットのおもちゃを持ってきてそのレバーを私に指し示しました。私がそれを受けて「一緒ね」と言うと，Ｉ君も「いっしょ」と言ってニコニコ笑います。ただ，うれしいときには一人で部屋の中をはしゃいで走り回っていたり，相手と視線を合わせずに一人で笑っていたりということが多く，その場で相手と共感し合うという感じにはなかなかなりませんでした。

　この頃，母親の報告では，散歩のときに勝手に行ってしまうので，母親が「ママほっとくわ」と言うと，困った顔をして「ママ」と追いかけて来るようになったと語られました。また父親が「遊んであげる」と言うと「ママ」「ママだいすき」と父親を拒否することもあったそうです。また，ことばでの応答が増え，Ｂ学園でクッキングの行事があったときに，帰宅後「何作ったの？」と尋ねると「だんご」と答えたということでした。

6　第4期：いたずらと再現遊び

　第4期は，21回目（4歳8カ月）から26回目（4歳11カ月）までです。
　この時期には，部屋の都合から砂場や水道がある別の部屋も使うことになり，水遊び等もできるようになりました。その中でいたずら的なことをして喜ぶようになり，私の方では表情が生き生きとしてきたように感じます。21回目（4歳8カ月）には，砂場で線路に砂をかけて「ふくせんポイントレール，すなまみれ」と笑ったり，わざと床に砂を落として「めちゃめちゃ」と言ったりします。25回目（4歳10カ月）では，来所時に私がロビーに迎えに出ると，ニヤニヤと笑って「ママあそぼ」と母親に向かって言います。わざと言って私の反応を見ているようでした。
　また，歌やセリフのような独り言も多く聞かれましたが，ときに適切なことばが出てきて，びっくりさせられることが増えてきます。パターン的な表現ではありますが，自発的なことばで気持ちを表現することもありました。たとえば，砂場のあるプレイルームを使おうと思って来所したのに，あいにく部屋が使用中だったときです（24回目（4歳10カ月））。私が「今は空いてないから後で」と言うと，Ｉ君は「あけたい」と言い，それでもダメだと分かると「"あとで"はつまらない」と言います。その後も遊びながら「特急電車はつまらない」等と「つまらない」というフレーズを繰り返し言ってイライラとした様子を見せます。26回目（4歳11カ月）では，ふいに私を指差して「マエダセンセイ」「Ｃランド，いいところ」「マエダセンセイ，ごあいさつ」と言い，嬉しそうに私を見て笑うということがありました。
　遊びとしては，ビデオや本などのことばを再現するような見立てや再現遊びが広がってきます。たとえば，22回目（4歳9カ月）には，トランポリンの上に水を溜めると，「おふろ」と言ってその上に座りこみます。私が赤ちゃん人形を渡して「お人形でしよう」と言うと，Ｉ君は人形を受け取り，それを使っておふろの場面を再現しました。「シャワー，あめ」「せっけんくん」と言いな

がら人形を洗い，洗った後に私が「きれいになったね」と言うと，Ｉ君は「きもちわるい」「タオル」と言います。タオルを渡すときれいに拭き，「パジャマ，ゆあがり」と言ってにっこり笑います。しかし，一通り終わるとぽいっと人形を放り投げてしまい，人形に感情移入して遊ぶということは難しいようでした。また，23回目（4歳9カ月）には，水道を「あめ」と言ったり，そこで「せんしゃセンター」「せんたく」と言いながら電車や線路を洗います。また，砂場に水をまいて水溜りを作るので，来所時にＩ君が歌っていた歌と関連づけて私が「どろんこ湖だね」と言うと，Ｉ君も「どろんこみずうみ！」と言ってはしゃいで辺りを走り回ります。25回目（4歳10カ月）には，図鑑を見ながら「ユーリノサウルスはのこぎりみたい」「エラスモサウルスはくびがながい」等と図鑑の解説の一部を言って喜びます。その後，水遊び中に私がままごとの包丁を出してきて「のこぎりだよ。ユーリノサウルスかな」と動かして見せると，Ｉ君もすぐに了解して「ユーリノサウルス，のこぎりみたい」と喜んで水の中で包丁を泳いでいるように動かします。また，窓に水をかけて「わいぱー」と言いながら手でこすることや，ブラインドを閉めるように要求したときに私が「シャッターが閉まります」と言いながら閉めると「シャッター！　おみせ，しめる！」と言ってはしゃぐことがありました。26回目（4歳11カ月）では，キッチンセットの蛇口を「ブレーキ」，シャワーを「でんわ」と言い，電車の運転席のようにそれぞれを操作します。しかし，このように本やビデオからヒントを得てＩ君自身が見立てることや私の見立てを取り入れて遊ぶことは出てきましたが，一通りすると終わってしまい，ストーリーのある遊びに広がることは難しいようでした。

7　第5期：ことば遊びの広がり

　第5期は，27回目（4歳11カ月）から35回目（5歳3カ月）までです。
　ストーリーを楽しむことは難しいＩ君でしたが，その後もことば遊びは増えていき，好きなフレーズを遊びの中で再現することや「〜みたい」「〜ににて

る」「〜とちがう」という比較を楽しむようになります。

　27回目（4歳11カ月）には，プラレールの電車（赤，黒，白の車体）を持って「あかとくろねえ」「しろはゆきねえ」と言います。また同じ回には，I君自ら扉の後ろに隠れるので，私が「I君が見えないよー」と言うとドンドンと足を踏み鳴らし，出てきて「おばけやしきみたいねえ」と言いました。

　28回目（5歳0カ月）には，笑いをこらえながら「ハクサンとハクションはちがうねえ」「ハクションはかぜねえ」と言うので，それを受けて私がくしゃみの振りをすると，I君は大喜びして走り回ります。

　35回目（5歳3カ月）にも，ロボットのくちばしのような形の口を指差して「とりみたい」，私が「羽もあるよ」と指差すとI君は「とんぼみたい」と言います。

　また，もともとI君がパターンとして持っていたフレーズだけでなく，私が考えたことばでもI君の世界にぴったりとはまると喜んで取り入れることが多くなります。

　たとえば31回目（5歳1カ月）の水遊びのときに，I君は蛇口を勢いよくひねり「おおい」，水を小出しにして「すくない」と言います。私が「大雨だね」と言うと，同じ動作をしながら「オオアメ」「コサメ」とことばを変えます。そして「オオアメはカワにできる」「コサメは……」と尋ねるように私を見て，私が考えて「小雨は水溜り」と答えると「コサメはミズタマリにできる！」とはしゃいで走り回ります。

　また，排水溝に人形がはまったとき，私が「あ，はまった」と言うと，「おいけにはまって……」と『どんぐりころころ』の歌を歌い出します。私がそれを受けて「さあたいへん」「たいへん，助けてー」と言うと，I君は人形を拾い上げて「たすけられた」と言います。もう一度歌を歌って再現するので，今度は私がI君の名前を入れて替え歌にすると「I君，たすけた！」と喜びます。

　また，比較のことばが自己意識を反映していると感じられるときもありました。30回目（5歳1カ月）には，ログハウスの屋根に登ろうとするので私が制止して代わりに滑り台へ誘うと，屋根を指差し「たかい」，滑り台を指差し

「ひくい」と言って泣きそうな表情になります。そして滑り台のはしごを持ち上げて「たかい」と私に要求するように言います。私がはしごを水平に持ち上げるとその上に登ってニコニコ笑い，私が「重いよう」と苦しそうな表情をするのを見てニヤニヤして「おもい」「たかい」と満足そうにしました。

　32回目（5歳2カ月）では，来所時から半べそ顔で「○○はよわい，△△はつよい」という比較のフレーズをよく言っていました。プレイの中でもたまたま電車の接続部が合わないものや壊れているものが多く，「つなげられない」「こわれてる」とイライラしてついに泣き出してしまいます。それでも，「よわいよわい」「よわくない」と繰り返しながら何度も挑戦します。研究会では，32回目のときにⅠ君は来所時から泣き顔になっていて，"弱い自分""できない自分"に対する自己意識が目覚め始めていたのではないかという示唆をいただきました。

　そんな中で，対人関係は三者関係へと広がりはじめ，27回目（4歳11カ月）では迎えに行くと私の顔を見てニッコリ笑い，後ろにいた母親を振りかえって「ママ」と呼びかけました。"行くよ"と呼んでいるように思われ，これまでにはなかった行動なので印象に残っています。また，母親に遊びを報告するような行動も見せます。終了時間に母親が迎えに来ると，その前に「にんじん，くちばしみたいねえ」と言って私に見せていたアイスクリームのコーンを2つ出して，私とⅠ君自身の口の前に持ってきて「くちばし」と母親へ見せました。

　日常の中では，人の姓や駅名の意味を聞くようになり，漢字に興味を持ち始めました。あるときに母親が「摂津本山のもとは，元町のもとだっけ？」と尋ねるとⅠ君は「ほん」と答えたそうです。また5歳2カ月時に実施した発達検査（前掲，表2）では，提示された課題に応じられるようになり，パターン的な誘導に乗る形でしたが名前や性別をことばで答えています。トータルの発達年齢は2歳10カ月でした。しかし，第5期の終わりから第6期にかけては，次年度の進路に向けて母親も忙しく，Ⅰ君も落ち着かないようでした。プレイでも，活気がなく一人遊びが中心になる回もありました。「よわい」と泣いていたのもこの時期です。

8　第6期：再現遊びの広がり

　第6期は，36回目（5歳3カ月）から42回目（5歳6カ月）までです。
　引き続き気に入ったフレーズを遊びの中で再現していきますが，この時期には，これまでよりも実際に再現することを楽しむようになってきます。
　38回目（5歳4カ月）には，バケツに水を入れて足をつけます。私が「プールみたいね」と言うとⅠ君は「みずうみ」と言いなおし，私が「みずうみか。Ⅰ君，水辺の恐竜になったね」と言うと大喜びして足をバタバタさせます。
　41回目（5歳6カ月）には，クレヨンの黒色を「おばけ」と言うので，私が「おばけが出るぞー」と声色を変えると，焦った様子で「でないは？」と言います。「出ないのは何だろう」と考えるとⅠ君は「あかるい」と答えます。その後，部屋を移動しますが電気がついておらず，私が「暗いね」と言うとⅠ君は「おばけ」と言います。そこで私が「おばけが出るぞー」と脅かすと慌てて電気をつけに行きます。そして，電気のスイッチを操作してそのやりとりを繰り返しました。
　38回目（5歳4カ月）には，クレヨンを出して「あかはレッド」「きいろはイエロー」と言いながらプラレールの電車に色を塗ります。私が「イエロートレインになっちゃった」と言うとニコニコ笑い，Ⅰ君も「レッドトレイン」等と言います。また，私が「○○トレインが△△トレインになっちゃった」と変化の過程を言うと喜び，私の方をちらちらと見て言ってもらうことを期待しながら色を塗り重ねていきます。以降も，色塗り遊びはⅠ君のお気に入りでした。
　また，高次の概念を理解していることを示すエピソードも見られるようになります。
　36回目（5歳3カ月）には，水道で洗っているときに電車に跳ね返った水のベール（噴水のように丸くなった）を見て，Ⅰ君はカメの形のロボットを持ってきて横に並べて「おなじ」と言います。形が同じと言いたかったらしく，私が「丸いのが同じね」と応じるとニッコリと笑います。

40回目（5歳5カ月）には，フードを「バナナとりんごとぶどうはくだもの」「トマトとたまねぎときゅうりはやさい」と分けて置きます。42回目（5歳6カ月）には，トランポリンの裏にバットやゴルフクラブを集めて「スポーツやさん」と言いました。しかし，40回目も42回目も分類することで終わってしまい，そこからごっこ遊びに広がっていくことはありませんでした。概念の理解がすすんでいくのに対して，自己を何かに見立てる遊び等は乏しく，自己が関与していくことばの世界はⅠ君にとって難しいようです。

母親との関係では，少し距離を置いても母親も安心して見ていられるようになったようです。印象的なエピソードとしては，37回目（5歳4カ月）に，来所前に母親がアイスクリームを買っていたらその間にⅠ君がどこかへ行ってしまうということがありました。買っている途中だったし帰って来るだろうと母親が思っていたら自分で戻ってきたそうです。

9　第7期：終結

第7期は，43回目（5歳6カ月）と44回目（5歳7カ月）です。

次年度から地域の幼稚園に入園することが決まり，それを機にプレイセラピーも終結することになりました。

43回目（5歳6カ月）では，前回までのような遊びは展開せず，破壊的な行動に熱中しました。玩具箱をひっくり返して部屋を散らかし，砂場では「こうじ」と言って真剣な表情で砂を掻き回します。そして，しばらくすると「こうじ，おわり」とニッコリ笑いました。

一転，最終回の44回目（5歳7カ月）では，これまでの遊びが繰り返し出てきます。クレヨンを取り出しながら「アオとアイイロとグンジョウイロとクロは……」と言うので，私が「なあに？」と尋ね返すと，「おばけ」と言います。そして，私が「おばけだぞー」と脅かすと喜びます。また，フードをいくつも持ってきて，「レタスはきみどり」等と一つひとつ対応するクレヨンの色を確認していきます。プレイルームでは電車に色を塗っては水道で洗うことを繰り

返します。ことばでも「○○がかわったら，△△いろ」と変化を言いながら塗り重ねて，終了時間まで続けました。

　I君が終結を惜しむような態度を示すことはありませんでしたが，43回目と44回目の遊びの違いを考えると，I君なりに終結を受け入れる準備をしていたように思います。

　43回目には，ロボットを2つ持ってロボット同士でパンチしあったり，自分の顔にロボットの手を当てたりという遊びもします。しかし，どちらかの人形に感情移入している感じではなく，戦い場面の再現という印象でした。やはり，この時点でもストーリー性のあるごっこ遊びに入っていくことはできませんでした。

10　まとめと考察

（1）身体を通したやりとりと二者関係

　こうして振り返ってみると，I君との関係の転機がいくつかあったように思います。印象的だったのは5回目の"こちょこちょ遊び"です。それまでは表情の変化も乏しく一人遊びに私が付き合っているという感じだったのですが，このときに初めてI君と直接向き合えたように思います。そして，その後すぐにI君は私を特定して，楽しそうに来所するようになりました。身体レベルのやりとりを楽しめたことが，大きな転機となったように思います。

　また11回目には，高いところから降りるときに私へ抱っこを求めています。ちょうどその時期には，母親に対しても愛着を強く示すようになり，母親が他児を抱くと嫌がって「ママあそぶ」とやきもちのような行動をとるようになっています。この頃から，身体レベルで甘えを表現することができるようになり，しっかりとした愛着関係が育っていったようです。

　印象深いエピソードとしては，4回目のときには迷子になっても母親を探すことがなかったI君でしたが，第3期の頃には散歩中に「ほっとくわ」と行こうとする母親を追いかけるようになり，37回目にはアイスクリームを買ってい

る途中でいったんはどこかへ行ってしまいますが自分から戻ってくるようになっています。

　しかし，やりとり遊びという点ではなかなか広がっていきませんでした。Ⅰ君の遊びは，見たものや図鑑などの書きことばを再現するものであって，身近な他者のすることを模倣再現するものではありませんでした。プレイの中でも，私の提示した物やことばを取り入れることはしましたが，私と一緒に並行して物を扱うことや，相互に模倣し合うようなことはありませんでした。そのような非言語レベルのやりとりがⅠ君にとっては難しかったようです。

　このプレイセラピーの終結後，Ⅰ君は年長児の1年間を地域の幼稚園で過ごしました。入園当初は他児をモデルにして行動することができなかったそうですが，徐々に一緒に泥遊びをするようになり，2月頃には一緒に舞台にたって歌を歌うことができたそうです。その頃になって，少しずつ相手の行動をモデルとして取り入れて一緒に行動することができるようになっていったのかもしれません。

（2）意味理解の発展と対話性の問題

　見立て遊びが出てくる第3期頃には，Ⅰ君の行動を言語化してあげると喜ぶようになります。その中で，Ⅰ君はことばの世界を身体で体験することができたのではないでしょうか。非言語レベルでのやりとりは未熟なままですが，ことばの世界は広がっていきます。遊びの中でⅠ君のことばも徐々に変化していき，音韻への興味から，意味を理解して楽しむようになり，遊びの中で気に入ったフレーズを再現，確認していくというように進んでいきます。

　しかし，終結時点でも，まだストーリー性のある遊びや人形に感情移入して動かすことまでは発展していきませんでしたし，表現もパターン的な言い方を脱することは難しかったように思います。ことばの意味や概念を辞書的であるにせよ理解していっているのに比べて，相手との相互性に基づくことばはなかなか出てきませんでした。

　Ⅰ君は，決まったフレーズを自分なりに変化させて遊ぶことはしていました

が，自発的な表現としては単語を連ねるようなことばで，自分の気持ちや自分について話すことはほとんどありません。

また，やりとりも相手に決まったことばを言わせることが中心で，私のことばや行動に注意を向けるようになって簡単な問いに答えられるようになりましたが，「え？　なあに？」というように私のことばを聞き返すようなことはありませんでした。相互的なやりとりというようにはならないのです。

今回報告するにあたり，8歳になった現在のＩ君の様子を聴取しましたが，今でもＩ君の話しことばには問題が残っていて，人へ要求を伝えるときでも「～して」ではなく「～する」というように語尾が原型のままになるようです。しかし一方では，ことばの音韻と意味の理解はすすみ，今ではパソコンにローマ字入力してインターネットの検索をしているそうです。

（3）Ｉ君にとってのプレイルーム

研究会では，このような特徴の背景には，Ｉ君の運動面での不器用さがあるのではないかとの示唆をいただきました。浜田（2003）は，人どうしの相互的な対話性に欠けたことばを「一元的ことば」と述べ，自分の身体軸と相手の身体軸を重ねて，相手の生きている世界を相手の視点から生きることができないことによると説明しています。しかし，当時の私はそのような視点を持てておらず，Ｉ君を身体レベルから理解することができず，かかわりに意識的に身体を通した遊びを取り入れることもできていませんでした。このような視点を持ってＩ君のことを捉えることができていたら，もっとＩ君への理解を深めることができていたのではないかと悔やまれます。

しかし一方では，イニシャルケースということでかなり緊張もありましたし，理論抜きに体当たりでＩ君に付き合っていたことがＩ君とのかかわりを素直に楽しむことにつながっていたようにも思います。

今回，振り返る中でもう一点強く感じたことは，私自身がＩ君との遊びを楽しめていたことです。Ｉ君の世界にぴったりくる表現を探そうと毎回の来所を楽しみにしていました。私がこのプレイセラピーの中でしていたことは，Ｉ君

の非対話的な一元的ことばの世界に入っていき，そこで私の方が対話的に理解することで関係を育てていったということではないでしょうか。本当の意味での対話性を築くことは難しかったと思いますが，私自身は，I君が私とのかかわりを喜んでくれているように感じることで，通じ合っているような感覚を持っていました。このような他者が存在することが，人との関係に問題を持つI君にとって意味があったのだと思っています。

また，母親から最近の様子を聴取する中で，I君が今でも私の名前とCランドのことを口にするということを聞きました。私にとっても大切な出会いでしたが，私との遊びがI君の中でも楽しかったこととして残っているようで，たいへん嬉しく思いました。

今回の報告を通して，人と向き合うというこの仕事の難しさと醍醐味をあらためて感じました。この経験を糧に，また日々の仕事に取り組んでいきたいと思います。

〈引用・参考文献〉
浜田寿美男　2003　対話的世界と絶対値の世界　麻生武・浜田寿美男（編著）からだとことばをつなぐもの　ミネルヴァ書房　pp.209-236．

コメント　発達の土台を埋める支援

I君の発達の大きな特徴として，"ことばが先行する"ということが挙げられると思います。

まず，術前の1歳3カ月の時点で発語があったということですが，指差しは1歳7カ月であり，初語の方が先行しています。これは，もともと非言語的なコミュニケーションの弱さがあったことを示しているのでしょう。かなり後になって4歳11カ月で扉の陰に隠れたり，プレイルームでしたことを母親に再現して見せるといった，他者の視点を意識した行為が見られるようになりますが，ことば遊びが発展するためには，発語以前の，他者の志向性を受け止めることといった土台が育つのを待つ必要があったのではないかと考えられます。

またI君は，第1章のS君と同様に，特定のフレーズを言うことで不安を解消しようとしますが，これも人に向けての情動表出よりもことばが先行していたか

らではないかと思われます。さらにI君は，3歳0カ月の発達検査でも，依然として積み木を積もうとしませんでした。物に対して自分が関与することが少ない代わりに，外界を眺めるような活動が中心となり，このことからもまた，外界を規定していくようなことばの世界が先行していったのではないかと考えられます。

　そのようなI君にとって，プレイルームで水や砂やクレヨンといった形態がなく塑形的な素材を大胆に使う体験ができたことは，とても大きな意味を持っていたことでしょう。これらの素材でI君自身が外界にかかわることによって，トランポリンはお風呂となり，蛇口からの水は多くも少なくもなり，赤い電車は他の色にもなります。I君は，ことばで一旦は捉えていた世界を，これらの自らの行為によって，あらためて〈問う〉ということを行ったのではないでしょうか。このように，自らの行為によって外界を恣意的に変化させていく体験は，これからの発達の上で創造性の基となることでしょう。

　I君の先行していたことばの世界に欠けていたものを埋めていく上で，プレイルームでの2年間には大きな意味があったのだと思われます。けれども，たとえばフードをくだものと野菜とに分けるなど，辞義的な理解は育っていくのに対して，ストーリー性のある遊びは，セラピストが誘ってもなかなか発展することはありませんでした。セラピストは，I君の非対話的な一元的ことばの世界に入って行き，I君の行動を言語化したり，ことばの世界を身体で体験できるようにすることで，徐々にその世界を広げていきました。しかし，ストーリー性を支える要素としての対話性の問題をこの時点で解決することはできなかったようです。「え？　なあに？」と，セラピストのことばを聞き返すようなことがなかったとありますが，ことばを良く知っており，たとえばことばでの〈問い〉には応えられるようになったとしても，相手のことをより知ろうとする〈問い〉を発することが，いかに難しいことであるかということを思わされます。このことについては，さらに第Ⅱ部以降で見ていくことになります。

（古田直樹）

第Ⅰ部のまとめと考察
――他者との出会いと〈問い〉の始まり

古 田 直 樹

1. 人と共有できる基盤

（1）何かを"一緒にする"ということ

　第Ⅰ部に登場した3人の子どもたちに共通するのは，人に接するにあたって皆何らかの不安を抱えていたということです。そしてかかわる者がそのためにまず配慮したことは，彼らが安心できるような予測可能な状況を作る中で関係性を育てるということではなかったかと思います。予測が破綻することを嫌がる彼らは，その解消の手段として，一定のパターン化した状況の中で他者と出会うことを求めます。物に対して働きかけるということは，常に作用に対する反作用が生じることになるので，だいたいその予想は立てやすいと言えます。高度な仕組みを備えたようなゲーム機であっても，それは同様です。常にはたらきかける側が主体であって，そのはたらきかけの結果として，一定の反応が返ってくるようになっています。

　ところが，人にかかわるということになると，相手が反応する仕方は無数にありますし，それだけでなく，相手から先行して働きかけてくるということもあります。発達につまずきのある子どもらの中には，そのようなことを避けようとして，人とのかかわりを回避するようになる子どももいます。ですから，発達臨床の現場では，まず子どもたちの意図を尊重し，いかにすれば安心した状況の中で他者と出会えるようになるのかということを最初の狙いとすることになります。そして，そのかかわりの結果として，それぞれの子どもが，人とともにいることを楽しめる経験が持てるようになったということが，これらの事例にとってまず大きなことだと思います。そしてまた，そのような関係が成立した経過をたどる中で，子どもとかかわる者との間で，〈させる―させられ

る〉といった能動─受動の関係だけでなく，何かを〈一緒にする〉ということがとても重要であったのではないかということに気づかされます。

　私が発達相談で出会ったある3歳の男の子は，色の名称を知っていたり，自らキャラクターの絵が描けたりと，年齢相当かそれ以上の力を発揮するような面がある一方で，たとえばいくつかの図形が描かれた図版と，一つの図版が描かれたカードを提示して，「これと一緒のはどれ？」と聞いても答えられず，「サンカク」など，知っている形の名前を答えてしまいました。また，椅子や自転車などいくつかのものの絵が描かれた図版を示して，「着るものはどれ？」と聞いたときには，「キルモノハドレ」と復唱してしまいました。知っていることやできることはあっても，相手の意図を受け止めて答えるということに大きな課題を抱えていると言えました。

　ところが，検査を終えてからその子が，箱の穴から棒を落としたときに，その動きに合せて私が口笛と舌鼓とで，「ピューッ，トン」といった擬音を出すと，パッと私の顔を見てくれて，やがて顔を見合わせて笑うようにもなってくれました。その様子を見ていた母親が，そういえば最近，一緒に単語を言ってもらいたがるのだと言って，その例を言い始めると，すぐに母親の方を向いて，「ねずみの『ね』」と一緒に声を合わせました。そして検査室から出て帰るときには，自ら私の顔を見上げてくれるようにもなりました。

　この子が，他者の意図の読み取りの弱さから来る対話的な関係の成立のしにくさといった問題を持つことは明らかでしたが，まず足がかりとして，このように"一緒にする"ということが，人と出会うきっかけになるのではないかと，あらためて教えられた気がしました。

（2）"対話能力"の弱さを問題にする前に

　たとえばＳ君（第1章）は，「バスのろな！」に対して，「うん！」という対話の型を取るよりも，同じように「バスのろな！」と復唱してもらうことを望みます。また，活動的なＡ子ちゃん（第2章）は，セラピストが他の子どもを追いかけているところにやって来て，セラピストと一緒に走ったり，追いかけ

られている子どもと一緒に走ることを経て，自分自身が追いかけたり追いかけられたりできるようになりました。また，その頃から歩調を合わせて母親と手をつないで歩けるようにもなりました。すでに色々な知識を持っていたI君（第3章）は，プレイセラピーの導入時点で，国旗ボードの国名を言って同じように繰り返すことを求めますが，やがてことば遊びが育ってきた時期には，セラピストがI君の気持ちを代弁するような声かけをすると，それを復唱するようになっていきます。

　対話というものは，聞き手と話し手との役割交代によって成り立つものですが，たとえば乳児を育てる過程などで乳児が何か喃語を発したときに，いかにも話しかけられたかのように，「ん？何？」といったように聞き手の立場を取ることもあるものの，一方で，「そうなの，ウックンなの」など，乳児の発声をそのまま復唱することも多々あるものです。対話的な関係が成り立ちにくい子どもらに対して，必ずしも対話的な関係を持つことからアプローチするのではなく，このように，"一緒にする""重ね合せる"ということから，人とともにいること自体を楽しめるようになるということが，他者と出会っていく基盤を作る上で，まずは重要なことではないかと思わされます。

　先にあげた3歳の男の子のように，描画や色を認識するなど，色々な能力を持っていながらも対話的な関係がほとんど成立しないといった事例に出会うと，ついつい"対話能力"なるものがあり，それが欠落しているといった見立てをしたくなってしまいますが，すでに個々にそなわっている対話能力が対話を成立させるのではなく，人と共有できる基盤があってこそ対話が成り立つのだということを見失ってはならないと思います。ですから，この男の子の発達支援を考える上では，対話能力の弱さを問題にするのではなく，どのようにかかわれば人と共有できる基盤がより豊かになっていくかということから検討を始めるべきなのです。何かを構成したり認識したりするといった力が，その子が自立的な生活を送っていく上で有用であるとはいっても，それらの力を人との関係において用いようとするときには，まずは人とともにいて心地よく感じられることということが基盤となるはずです。

ただし，第Ⅰ部でとりあげた子どもたちが，人とともにいて楽しいという情動を共有することはできても，それを基盤にして対話的な関係にまでいざなえたかというと，それは難しかったようです。対話的な関係性が立ちあがるためには，いったいどのようなことが必要となるのでしょうか。

2. 共有から対話へ

第Ⅰ部の中で，いちばん多くのことばを持っていたのはⅠ君でした。そして，たとえばおもちゃのミニフードをくだものと野菜とに分けるといった上位概念も理解できていましたが，そのように辞義的な理解は育っていくのに対して，ストーリー性のある遊びは，セラピストが誘ってもなかなか発展することはありませんでした。岡本（2009）は，乳児が，自己の世界との接触による具体的生活経験を通して多様な行動のシステムを作り出し，それを獲得した語で代表させることを習得することから始めて，児童期には，教育などによってそれまでの日常生活の中で身につけた言語を，より社会一般で用いられている語の意味に即して使用していこうとする一方で，言語的記号を象徴的記号として再構成しなおしていくことによって含意の再拡張をなしていく技能も発達していくと述べています。それによって辞義的意味をより所としながら，意味の成層体が拡大深化してゆき，それぞれのレベルでの言語使用の能力の発達がなされてゆくことを，図に示しています（図3）。

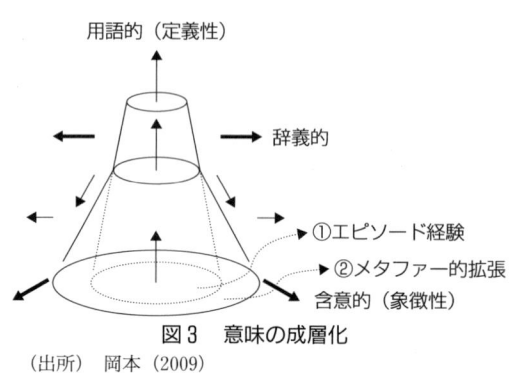

図3　意味の成層化

（出所）　岡本（2009）

ここに登場した子どもたちは，セラピストとのかかわりの中で，①のエピソード経験を築いていきましたが，それが辞義的な意味，あるいは定義的な意味を持つことはあっても，②のメタファー的拡張につながりにくかったのだと言えます。岡本は，象徴的含意形成に働く要因につい

ての究明はほとんど進んでいないとしながらも、たとえば高機能自閉症児の含意的言語使用の困難について、含意性の中核をなす象徴性が、乳児期からの自己と他者の二重化、虚実の二重化を必須条件として形成されるのに対して、そこが不十分なために生じると考えています。

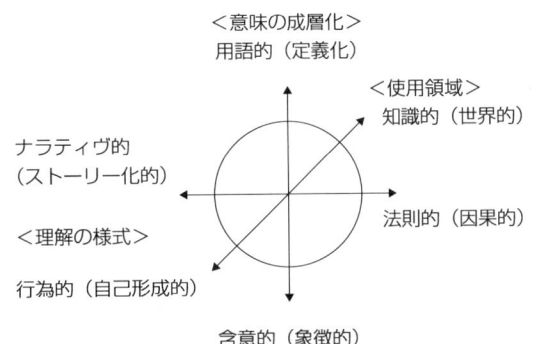

                                    図4　言語使用能力の発達空間
（出所）　岡本（2009）に加筆

　乳児は、まずは他者と重なり合うことから、次第に他者とは違う自己というものを形成していくのであり、また他者と実際の事象を共有した中から、実在しなくてもそれをふりとして表現できるようになっていくのに対して、高機能自閉症児は、その部分に弱さがあるということだと思います。やはりまず始めに、どうすればうまく重なることができるのか、どうすればうまく事象を共有できるのかということが、大きなテーマであると言えるでしょう。

　また岡本は、幼児であっても、意図的行動は常に何らかの予想を前提としており、その予想が外れることは多く、それだけストーリー化を必要とする場面は珍しくないとも言います。そして、ナラティヴ的ストーリー化の必要が生成するのは、予測が破綻した状況においてであり、ストーリーの作成は、メタファー的拡張によって現実からの距離を生みだし、さらに架空の可能的世界へと子どもをいざなうことができるといったことを述べています（図4）。

　ここにあげた事例はいずれも、図4の右上方向への発達は見られても、左下方向への発達に困難を抱えていたと言えるでしょう。S君、A子ちゃんについては、予想の破綻自体を嫌う面が強くありました。それに対してI君は、ある程度ハプニングを楽しめるような力を持ちながらも、ストーリー性を楽しむところには至りませんでした。それは、自分自身を何かに見立てようとしない、

つまり自己の対象化の難しさによるのかもしれません。

3．自己の対象化と対話的な関係性

(1) 名前を呼ばれて返事をするということ

　自己の対象化とは，自分をどう見なすかということですが，それは同時に，自分をどう相手に見せるかということとも関連すると思われます。序章に登場した，親からの虐待によって一時保護所にやって来た男の子にとっては，自分の存在にかかわる大きな〈問い〉に自分なりの答えを見いだしたきっかけが，自分の名前というものでした。私は彼から，自分につけられた名前というものが，いかに大きな意味を持つかということを教えられました。彼は，始まりと終わりが同じ文字である"仲間"の名前を持つ自分という形で，新たに自分自身を意味づけ，またそれを私に宣言することで，自分の存在意義を見いだそうとしていました。

　ところで，人に向かって名乗ったり，相手の名前を呼ぶということは，きわめて対話的な行為だと言えますが，その点についてあらためて第Ⅰ部の各事例を振り返ってみると，Ｓ君は，20名くらいの指導員の名前を覚えられたということですが，どうやら，自分の名前を名乗るということはなかったようです。そうであるとすれば，他者を識別し，そこに名前という記号を付与することはできていても，自分自身も同じように名前を持つ一人としては位置づけていなかったと言えるでしょう。

　Ａ子ちゃんは，"お返事"のエピソードとして記録されたように，集団場面においてセラピストが子どもの名前を呼ぶという行動には興味を示しましたが，はたしてはっきりと自分が呼ばれたものとして応答しているのかは不明な点があります。名前を呼ばれて手をたたくというのは，返事をしたというよりも，返事に対してセラピストが取る行動を先取りしていたかのようにも思われます。

　私がある保育所で，子どもが写真に写った他児や自己像を認識していく経過と，集団場面での様子との関連を観察していたときのことですが，ある女の子は，他児の写真を見て名前が言えるのに，写真の自己像に対しては，顔を伏せ

たりして答えようとしない反応をし，分かっているのにあえて答えたくないという様子を示しました。1歳8カ月からの1カ月くらいの時期のことでしたが，同じときに保育室での点呼においても，手をあげない他児の手をとってあげたりしておきながら，自分の名前が呼ばれると，目を閉じたり横を向いたりして返事をしないという行動をとりました。明らかに他児だけでなく自分の名前も認識しているのですが，他児と同じように扱われることに抵抗しているかのようでした。考えてみると名前というものは，他ならぬ自分自身を示す大切なものですが，このように他児らと同等に扱われる中で返事をするという行為は，他児らと同等に扱われる自分を引き受けるという点で，自己の対象化にかかわることだと言うことができると思います。

（2）〈問い〉を発するということ

　S君やA子ちゃんに対してI君は，セラピストに名前を呼びかけるだけでなく，自らも名乗り，鏡像の自己像も理解しています。そして人形を助ける遊びの中で，セラピストがI君の名前を取り入れて「どんぐりころころ」の歌を歌うと，「I君，たすけた！」と言って喜んでいます。そこには，人形を助けた自己を見つめるという，自己の対象化の契機のようなものをうかがうことができます。また，水の入ったバケツに足を入れて「みずうみ」と見立てたときに，セラピストが，「I君，水辺の恐竜になったね」と言うと，大喜びをして足をバタバタさせたとあります。それは，たしかに自己を恐竜に見立ててふるまった瞬間であったと言えるでしょう。ところが，このようにセラピストがいざなっても，I君が自ら自分を何かに見立てる遊びには発展していかなかったようです。

　またI君は，セラピストからの簡単な問いに答えられるようにはなっても，「え？　なあに？」というようにセラピストのことばを聞き返すようなことがなかったとあります。人とともにいることを楽しめるようになったことで，I君に限らず，S君やA子ちゃんにしても，積極的に人に対して働きかけて行っています。それは，パターン的な言語のやりとりや行動を介したものであった

としても，彼らなりの他者を知ろうとする〈問い〉であると言えます。けれどもI君にとっては，セラピストが問うていることが明らかに理解できたときには答えられても，それが曖昧であったときに，「あなたは，何を聞こうと思ったの？」という〈問い〉を発することができなかったのでしょう。

私がつけていた息子（M）の入浴場面の記録からの一コマです（古田，2000）。

> 1歳4カ月頃から絵本の清掃車に興味を持つようになり，窓から見える通りを走る清掃車の音がしたときに，両親らが「アッ」と言っていたのが，そのまま対象指示語のようになり，清掃車を見て「オッ」と言うようになった。入浴中にも音がすると父親に抱きあげてもらい窓から覗くことを楽しみにしていたが，1歳7カ月15日の入浴中に窓を指差したとき，父親には音はしていなかったので「うん？」と疑問を投げかけるように言うと，「オッ」と言う。そこでMには音が聞こえたのかも知れないと思って抱き上げると，清掃車は来ておらず，Mはのぞこうともせずに窓のノブで遊びはじめた。

おそらく最初に窓を指差したときにMは，窓のノブを触ってみたかったのではないかと推察されます。それに対して，むしろそこから清掃車を見るというパターンに縛られていた私が，その意図を理解できずに，「うん？」と〈問い〉を発したのでした。そこでMが「オッ」と言ったのは，私の，「あなたは何が言いたいの？」という〈問い〉を受け止めたとも言えますし，自分の意図が伝わっていないことを感じてのことだったとも言えるでしょう。そこで，ごくごく限られた表出言語の中から，「オッ」というものを選んで発したのだと思われます。

Mは当時，たしかに清掃車に対して強い興味を抱いてはいましたが，それだけではなく，父親に抱きあげられて窓から覗くという全体的な状況をも共有していたからこそ，自ら対称指示語の意味を外したのだと考えられます。

また，1歳8カ月の時点でも，父親が「清掃車は？」と聞くと「オッ」と言

っており，理解言語と表出言語のズレが続いていましたが，これも，対称を辞義的にではなく含意的に共有しているからこそ可能なことかも知れません。記号として"清掃車"という明確なラベルを貼ることよりも，同じ対象をイメージできること，また，それをどのような状況で共有して来たかという歴史性を捉えられることこそが，対話的な関係性の基礎となるのでしょう。そして，それを土台にして，このエピソードのように，他者が自己の意図を理解できていない，あるいは他者の意図が理解しきれないという自他のズレが生じたときに，「あなたは何を思ったの？」といった対話的な〈問い〉を受け止めたり，発したりすることが可能になるのだと思われます。

〈引用・参考文献〉

古田直樹　2000　家庭内言語　岡本夏木・山上雅子（編）　意味の形成と発達——生涯発達心理学序説　ミネルヴァ書房　pp.29-46.

岡本夏木　2009　言語使用の発達と教育——意味の成層化とストーリー化　発達心理学研究，**20**（1），13-19.

第Ⅱ部
〈問い〉の育ちを考える
―――新たな関係の始まり―――

第Ⅱ部では，自閉症スペクトラム障害児（自閉症）における〈問い〉の育ちについて考えてみます。自己の主体的な行為である〈問い〉は，問う相手である他者の存在を必要とします。それだけに，他者理解に課題がある自閉症児にとって，〈問い〉を発することは難しい課題といえます。〈問い〉が育つためには，自己の主体的な行為を通して他者との関係性を築き，他者理解を育む必要があるからです。逆に，〈問われる〉他者としての関係を築くためには，子どもの主体的表現活動を認め，その表現に丁寧に応答したり，問いかけしていくことが必要になります。そのことによって，子どもの自己形成や他者理解が進み，対話的な関係性の構築につながると考えられるからです。そして，共有関係が歴史的な関係性として積み重なることで，かかわる側と子どもとの相互の関係性が形成されていきます。子どもからの〈問い〉は，新たな関係を築き，その後の発達を促す契機となります。自閉症児にとっては，自己形成や他者理解を育むために，他者との関係性において，〈問い〉を発する，あるいは〈問われる〉という相互的で主体的な活動が必要だといえます。

第4章
応答的な他者に対する〈不確実性への問い〉
——自閉症スペクトラム障害児Y君へのコミュニケーション援助——

松尾 友久

> 高機能自閉症スペクトラム障害児Y君の5歳3カ月から6歳3カ月までの，1年間の個別療育の経過をまとめたものです。自発的な働きかけに乏しく，他者の意図が分からず応答的なコミュニケーションに困難があったY君ですが，応答の成功体験をふまえ自発的なコミュニケーションを行うことで，担当者との共同的な関係を築き"他者の応答を期待する"という対話が育っていきました。

1　はじめに

　自閉症スペクトラム障害の診断を受けているY君は，保育園に通う年長児です。Y君は，当初，自ら視線を合わせることが少なく，自発的なコミュニケーションも乏しい状況でしたが，後半には，"もしお腹減ったらどうする？"という仮定の問いにも，Y君は，自らのお腹をじっと眺め考えて応じるなど，対話的なやりとりが可能になりました。

　本章は，Y君への対話形成の取り組みについて，1年間（5歳3カ月より6歳3カ月）の個別指導の経過を，①応答的コミュニケーションとコミュニケーションの成功体験，②自発的なコミュニケーションと共同性，③共同性から対話形成へ，の3期に分けてまとめたものです。Y君は，視覚的な意味理解が容易である課題を通して，私の意図（どのような行動を求めているのか？　など）を理解することで，応答的なコミュニケーションを自らのモデルとして取り入れ，自発的にコミュニケーションを楽しむようになりました。そして，Y君は，

自らの主体的な活動について，私の応答を期待するという共同性が育つことで，対話が形成されていきました。コミュニケーション機能としても，応答的な機能，情報機能，想像機能など広がりがみられました。

発達は，平均下レベルにあり，自発的なコミュニケーションが育つとともに，パニックやこだわりという課題は，減ってきていますが，排便・着脱といった身辺自立が，現在もお母さんにとって大きな課題となっています。

2　プロフィール

Y君は，T県K市で，妹の1カ月健診の際，Y君のことばの遅れを2歳1カ月時に保健所で相談し，2歳9カ月よりK市にある親子教室に通所することになりました。その当時，Y君が柱に頭をぶつける，手で頭を叩くなどの自傷行為や横目でぐるぐる回るなど奇異な行動が目立ったこともあって，T県立の施設を受診し，広汎性発達障害の診断を受けました。しかし，「そんなグレーな診断では納得がいかない」ということで，同県にある，N大学病院において，あらためて自閉症の診断を受けることになりました（このときの発達指数は，52）。そして3歳6カ月時より，保育園に通いながら，音楽療法，言語療法（ここで単語を覚えた），感覚統合療法（T県立の施設で月2回）を受け，そして4歳9カ月時に，父親の転勤に伴う京都市への転居後は，5歳3カ月時より保育園に入園し，併行して筆者の勤務する児童福祉センターで，言語訓練と作業療法を行いました。

発達の経過については，T県K市では，軽度の発達の遅れにより，療育手帳を受けていましたが，京都市では，発達指数が平均下（平均に近い値）を示し，療育手帳の再交付ができませんでした。そのことは，母親としては，「こんなに，日常生活が大変であるというのに，なぜ，療育手帳がもらえないのか」とショックであったようでした。Y君には，身辺自立の課題，パニック，こだわり（マンションの2基あるエレベーターは，必ず向かって右に乗るなど）など多くの課題がみられました。

発達については，6歳3カ月時の新K式発達検査によると，認知・適応85，言語・社会84，総合85の平均下発達でした。動作性と言語性の差はないものの，各領域内の課題間の差が顕著にありました。認知・適応領域では，下限の項目が［折り紙Ⅱ3：0超～3：6］で上限の項目が［積み木叩き7：0超～8：0］，言語・社会の領域では，下限の項目が［了解Ⅰ3：0超～3：6］で，上限の項目が［5数復唱6：0超～6：6］です（［了解Ⅱ4：0超～4：6］は通過する）。

3　初回面接時におけるY君のコミュニケーション課題

5歳3カ月29日，初回面接において，言語表出については，はめ板をしながら，「つぎは」，「むづかしいね」，「どこだろう？」，「はいれるかな？」など，自分自身に励ますようにY君からの発話が聞かれたのですが，他者への伝達性は感じられませんでした。言語的応答についても，言語発達遅滞検査において，絵（赤い靴）の叙述を求めても，（その前に私が例示したにもかかわらず）「いろかいちゃった」「えーかいちゃった」と応じたり，質問―応答検査（一部実施）において，名前や年齢については応じられましたが，"お父さんどこに行った？"という質問には，「しってるかな」と応じるのみで，問題の意図が読みとれず応答の困難さを示していました。

一方，コミュニケーション援助については，Y君からの自発的なコミュニケーションを，この面接の時間において（2度）経験することが有効なヒントになりました。1度目は，言語検査の場面で，私の表情（笑顔）を読みとることで，母親に「やった」と伝えたことであり，2度目は，トーマスシリーズの客車を見つけて，「みて，アニーとクララベル」と私に伝えてきたことです。とくに，一度目の「やった」は，私の表情に注目し，その意図を読みとることで生まれました。このことは，他者の意図が読みにくいY君にも，検査場面を繰り返し経験するなどの一定の条件があれば，Y君から私へ志向（意図に注目・探る）することが可能であることを示しています。検査は，これまでに繰り返

し経験している場面です。それだけに，Y君は，正解を前提に問題に応じなければならないことを理解しており，結果の正答についての意識があり，出題者の表情に注目するという他者への志向（意図に注目したり，探る）が生まれる条件になったのだと考えられます。

4　第1期：応答的コミュニケーションとコミュニケーションの成功体験

　［エピソード1］（5歳4カ月29日）　Y君に対して［公文式パズル］（2，2，4，6，9ピースの5つのパズルがある）の箱の表紙にある5つのパズルの絵（上段に3つ，下段に2つの絵）を示しながら，「どれにする？」と聞くが応答がない。そこで，私は，左の上段から順番に指で示しながら，パズルを出していくと，Y君はそのことを理解し，「最後だよ，次はどれ？」の質問に対して，飛行機の絵を指差して応じる。次に別の公文式のパズル（同じタイプ）を示し，「どれにする？」と質問すると，積極的に「ここ」，「えっと，ここ」と私が先ほど示した順番と同じ順番で，指差しで応じてくる。

　［エピソード2］（5歳5カ月13日）　前回同様，［公文式パズル］の箱の表の絵を示し，「どれにする？」という質問に対して，Y君は，「これ」と前回同様，左の上から順番に選んでいく。Y君が電車の絵を「これ」と選ぶので，さらに私が「何かな」と聞く。応答がなく，「でん」とヒントを出すと，Y君は「しゃ」と応じてくる。［プレイ］：シルバニアの家のドアを開けて，指人形をドアから入れる。私が「お帰り」というと，Y君も「おかえり」と復唱する。そしてその指人形を「はい　いすすわっていきましょう」とイスに座らせ，「はいカレーパンマンすわった」という。私がケーキをテーブルに置くと，Y君が「ハッピーバースデイ」と私に笑顔を示しながら歌う（私も共感して歌う）。

　［エピソード3］（5歳6カ月17日）　［プレイ］：ハンバーガーキッドの指人形をもう一つ見つけ，Y君は「もういっこハンバーガーキッドさん」と訴えてくる。そこで私が「もう1個あるね！」と共感すると，Y君も「いっしょだね」と続ける。シルバニアの家で，「おたんじょうびパーティ」，「あれ，れいぞう

第4章 応答的な他者に対する〈不確実性への問い〉

こだぞ」,「さあ,やきたてのたんじょうび」といいケーキをテーブルにのせてお誕生パーティを設定する。そして,「まつおせんせい,こないね」といいつつ,アンパンマンの指人形を「おまたせしました」,「おじゃまします」,「おたんじょうびです」とドアを開け家の中に入れる。

　［エピソード４］（５歳７カ月８日）　動作カード（女の子がコップの水をこぼしている絵）を示して,「どうしたのかな？」と質問すると「あー,ごりごりこわれちゃった」,「コップこわれちゃった」「みずたまりになっちゃった」と叙述する。

　［エピソード５］（５歳７カ月15日）　［パズル］：電車のパズルを「でんしゃ,６ピース」と訴えるので,私が「これは？」と船のパズルを示して聞くと,Ｙ君は,箱の絵に書いてある数字をみて「４ピース」と答える。［はめ板競争］（図５＊はめ板のパーツを入れるのを競争する）：机にある２つのはめ板をみて「ワーいっぱいある」という。はめ板競争を行い,Ｙ君が勝ち,私が「どっちが勝った？」と質問すると,「Ｙちゃんかった」と応じる。

　［エピソード６］（５歳８カ月５日）　Ｙ君は,「Ｙ　かいた」とＹ君の着ているＴシャツの絵を示してくる（保育園でプリントしたもの）。［はめ板競争］（図５）：母親を前にして,Ｙ君は,机の上で,はめ板のパーツをはずして,準備し,はめ板競争を働きかけてくる。私はあわてて,もう一つのはめ板を出して応じる。いつものように私が負けると,Ｙ君は私の反応を予想して「くやしい？」と笑顔で確認してくる。［テンポ］（図６＊ジャンケンで順番を決め,色サ

図５　はめ板競争　　　　　　　　図６　テンポ

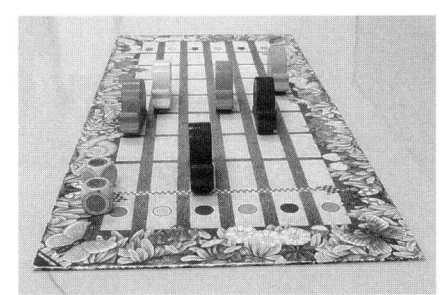

第Ⅱ部　〈問い〉の育ちを考える——新たな関係の始まり

イコロ（オレンジ，黄，ピンク，緑，青，赤の6つの面をもつ）を2〜5個振り，それぞれの色の出た数に合わせてブロックをすすめ，ゴールインさせるとカタツムリをもらえるというルールで行う。勝負の結果は，カタツムリを多く獲得した人が勝ちとする）：初めて，テンポのゲームをする。最後まで，2つの色サイコロを使い，1，もしくは2ブロック進めつつ行う。［プレイ］：トミカのタウンマップ上で，飛行機を手に持ち飛ぶようなしぐさをして，「とんでる」，「ほらみて，こうそくどーろ」，「とんねる　でた」と訴えてくる。［3語文作り］：3枚の絵を順番に見ながら，「おとうさんが」，「うどんを」と私がいうとY君も復唱し，（3番目について「何してる？」と質問すると）Y君は，「たべちゃった」などと3番目の絵を見ながら応じる。（*母親より：「Yちゃんえかいた」など保育園のことを伝えてくるようになる。）

　［エピソード7］（5歳8カ月20日）　Y君は，夏休みの母親の実家に帰省した写真をもってくる。私に会うなり，「みて，なつやすみしようか？」と写真を見せてくる。［テンポ］：2つの色サイコロを振って出た色を「みどりとピンク」など喜び，「みどりがいち」，「ピンクがいち」と正しく動かす（私が「黄色が1，緑が1」と示したモデルを使った）。すでにゴールインした色が出ると，Y君は緊張し困った表情を示すが，私が「…はあるけど，…はないブッブー」など言葉で意味づけをはかる。結果，Y君が取ったカタツムリを「1，2，…6」と正しく数え，私があらためて「いくつ？」と質問しても，「6こ」と応じることができる。そして，Y君は勝ったということが分かったようで，先回りして「くやしい？」と私の気持ちを確認してくる。［3語文作り］：3枚の連続した絵を示しながら，私が1番目の絵で「おとうさんが」，2番目で「ぼーしを」というとY君も復唱する。さらに，3番目の絵を「これは？」と質問すると，Y君は「ぬいじゃった」と応じる。私が「正解」とほめると，Y君はほっとした表情から笑顔を示す。この文型（「…が…を…」）パターンの練習を繰り返すことで，私が1番目の絵で「おとうさんが」と示した後，Y君は2，3番目の絵で「ぼうしを　かぶっちゃった」と応じるようになる。

第4章　応答的な他者に対する〈不確実性への問い〉

第1期まとめ

　Y君にコミュニケーションの成功体験をしてほしいということから，まず，コミュニケーションの援助として，Y君が私の意図に注目し，理解できるようにとかかわりを行いました。

　エピソード1（5歳4カ月29日），エピソード2（5歳5カ月13日）にあるように，Y君が興味を示す活動（たとえば，パズルなどの課題）を通して行いました。Y君にとっては，パズルなど得意な課題であるだけに，私が，「次どれにする？」という質問と同時に，パズルの箱の絵を左の上から順番に指で示しつつ出すことで，Y君は，私が求めている意図を理解し，左の上にある絵から順番に指さしで応じていくようになるなど，落ち着いて応じることができました。そしてパズルの名前を聞かれても，応答できるようになり，エピソード5（5歳7カ月15日）では，パズルのピースの数にも注目し，「いくつ？」などの問いへの応答も可能になりました。もちろん，完成を誉めるというのも，全体を通しての私の意図であり，Y君もその期待に答え，喜びを共感し合うという展開をみせました。このように，Y君は，私の意図を理解し応じることができるという成功体験によって，他者の意図に対しての自己の（応答的）行動の意味を意識するようになり，応答的なコミュニケーションを自らのモデルとして取り入れていきました。

　そしてエピソード5（5歳7カ月15日），6（5歳8カ月5日）のはめ板競争において，Y君は，私の示したコミュニケーションモデルを使い，自らはめ板を準備して，やりとりを求めるという自発的なコミュニケーションを行い，私が負けると，私の反応を予想して，「くやしい？」と笑顔を示し気持ちの確認を行ってきました。エピソード7（5歳8カ月20日）でも，同様に，Y君は，数の多い，少ないで勝負に勝ったことが分かると，「くやしい？」と私に気持ちを確認してきました。さらに，第2期のエピソード8（5歳9カ月9日）では，Y君から「まつおせんせいこっち」と2つのはめ板の一方を示したり，勝負がつくと，「はい　こうたい」とはめ板の交代を求めるなど，私がY君に示したコミュニケーションモデルそのままに，私の応答を予想しながら，かかわ

りを自発的に求めてきました。さらにエピソード10（5歳10カ月）では，Y君が「あとで　さいごは　しょうぼうしゃ　なんピース？」とパズルのピースの数を求めてきます。Y君は，私がわざと違う答えをするのにも「ちがう」と応じつつ（3度目にはさすがにY君は不安そうな表情を示す），正解を待って「ピンポン」という，というやりとりが展開しました。このように，私の示した応答的なコミュニケーションをモデルとして使いつつ，Y君は，予想された私の応答を期待して自発的にコミュニケーションを行うようになっていきました。

5　第2期：自発的なコミュニケーションと共同性

　［エピソード8］（5歳9カ月9日）　Y君は，描いてきた絵を「Yちゃんのえかいた」と示してくる。私が「描いたの？」と応じると，Y君は「おとまりほいく」とさらに伝えてくる。［はめ板競争］：Y君は自発的に「まつおせんせい，こっち」とはめ板を持ち，私に指示してくる。1回勝負がつくと，「はい，こうたい」とはめ板の交代を求めてくる。そして，「いちについて，ヨーイ，ドン」とスタートの合図を自発的に行う。私が負けると，私のはめ板が完成していない状況を「1，2，3…3個できていない」と数で示す。［テンポ］：「ピンクが1」，「みどりが1」と進め，最後の1でゴールインする状況で，緑色のサイコロが2つ出て，Y君が「みどりが2」と言いつつ少し考えた後，「みどりが1，2」とカタツムリをすすめ，「もどってきちゃった」と元に戻し，問題を解決する。私も「戻って来ちゃったね」と共感する。［3語文作り］：3枚の絵を示しながら，私が「おとうさんが」というと，Y君は「しゃしん　とっちゃった」と応じる。（＊母親より：プレイ中，トミカのタウンマップに興奮してウンチを漏らしたことをうけて，家庭においても，Y君の大好きな地図をみると，ウンチを漏らすという。）

　［エピソード9］（5歳9カ月16日）　［テンポ］：同じ色が出て，「もどった」「1，2」とカタツムリをゴールから元の位置に戻して喜ぶ。［はめ板競争］：Y君が早く完成させ，「かった」と喜ぶ。その際，私は，できていないパーツ

の数を「1，2，3」などと示す。

　[エピソード10]（5歳10カ月）　[パズル]：パズルを示して，「何する？」というと，Y君から「パトカー」という応答がある。さらに，「何ピースある？」と質問すると，「4ピース」と正しく応答してくる。最後，私が「次どれする？」と聞こうとすると，反対にY君から，「あとで，さいごは，しょうぼうしゃ？」，「なんピース？」と質問してくる。私がわざと「9ピース」というと，Y君は「ちがう」と否定する。「5」，「ちがう」，「4」，「ちがう」と繰り返すと，Y君は不安そうな表情になるので，そこで「6」と正しい答えをいうと，「ピンポン」といいほっとした表情を示す。[はめ板競争]：私が「どっちにする？」とはめ板を2つ示すと，Y君は「Yちゃん　これ」と選ぶ。「先生は？」と聞くと，「せんせい，これ」と示してくる。競争の結果，私の完成しないパーツの数を，Y君は「Yちゃんのかち　ひとつ」と伝えてくる。そして，再度行った際に，私は（意図的に）Y君と同時に終了する。Y君は，緊張した表情になり，「しっぱい」といい明らかに落胆した様子を示す。私は「Yちゃん，同点だよ，負けてないよ」と励ますが，「どうてん　やすみ」と落胆した様子は続く。[迷路競争]（フロスティッグ上級P42使用）：Y君に「どっち？」と聞くと，Y君は「こっち」（2つある入り口の一方）と選ぶ。結果として，Y君が早く出口に出て，「くやしい」と喜ぶので，「Yちゃん，勝ったら，やったっていうんだよ」と表情をつけ説明する。次のやりとりからは，Y君が勝つと，「やった」と手を挙げて喜びを表す。（＊母親より：家で，100まで数えることができるようになる。テレビは，ビデオみたいに戻せないため，怒って10分くらいパニックになるときがある。）

　[エピソード11]（5歳10カ月21日）　Y君が「ネズミ」と訴えてくるので，私は，ネズミ取りゲームをするという意味で「ネズミする？」と確認すると，「パズルしようかな」と変更してくる。[はめ板競争]：Y君が早く完成させて終わる。その事実を確認し，「Yちゃんの」と訴えてくるので，「かち？」というと，Y君も「かち」と復唱して喜ぶ。Y君から「こうたい」と要求して，再度，はめ板を変えて行う。2度目は，前回同様，（意図的に）ほぼ同時に完成

する。それを見たY君は，一瞬，緊張した表情を示しつつも，「ゼロ」(0) と訴えてくる。私が「ゼロは，同点もう1回」と誘いかけると，Y君は同点を，ゼロと置き換え納得する。

[エピソード12]（5歳11カ月11日）［テンポ］：ゲームを自発的に行い楽しむようになる。あと一つ進めるとゴールする状況で，「1，2」と進め，ゴールせず，「もどってきちゃった」と訴えてくる。私が「戻って来ちゃったね」と共感的に応じることで，以後繰り返し楽しむ。（＊母親より：自宅マンションにおいて，いつもの右のエレベーターではなく，今日は左に乗った。）

第2期まとめ

　この時期のY君の特徴は，主体的な活動を表現する（問題解決をはかる・ゲームを自発的に楽しむなど）ようになってきたことです。エピソード8（5歳9カ月9日）のテンポのゲームでのことです。最後の1ブロックでゴールインする状況で，2つのサイコロが同じ色になり，Y君は，緊張した表情を示しました（Y君にとって，1ブロックでゴールインする状況で，同じ色が出ることは予想外のこと）。そしてY君は少し考え，「みどりが2」といいつつ，「みどりが1，2」とカタツムリをすすめ，「もどってきちゃった」とゴールの後，元の位置に戻して，問題の解決をはかりました。同時に，私に視線を向けてくるなど共感を求めてきました。私が「戻って来ちゃったね」と共感したことで，これ以後のエピソード9（5歳9カ月16日），12（5歳11カ月11日），さらに第3期のエピソード15（6歳0カ月23日），17（6歳2カ月3日）と，Y君からの私の共感を期待しての働きかけとつながっていきました。

　エピソード10（5歳10カ月）のはめ板競争においても，私がY君と同時に終了するという課題状況が生まれました。Y君は，「しっぱい」，「どうてん　やすみ」と落胆した様子を示すなど，問題の解決をはかる必要が生じました。それまでに，私が負けるという状況を「1，2，3，3個できていない」など，数で示していたこともあり，エピソード11（5歳10カ月21日）でエピソード10と同じ状況になったとき，Y君は，一瞬緊張した表情にはなりましたが，「ゼ

ロ」とその状況を表現することで気持ちの切り替えが可能になり，私の「ゼロは，同点もう1回」という提案を受け入れ，再度のやりとりになりました。第3期のエピソード16（6歳1カ月6日）でも，カードをマッチングすることで，発見したことを笑顔で伝えていました。

このように，Y君は，私のコミュニケーションモデルを使い，Y君自身の意図を表現する形で，コミュニケーションを行っていくようになりました（それは，自発的なものでした）。そして自らの課題の解決について，私という他者に伝達する形で問いかけてくるようになりました。私にとっては，これまでのY君との間で共有化されたものではなく，どう解決するのか分からない，意外性がある（情報価値のある）やりとりをY君との間で経験することになりました。そのことは，コミュニケーションとして情報機能が育ってきたことを示しています。

6　第3期：共同性から対話形成へ

［エピソード13］（5歳11カ月25日）［プレイ］：Y君は，ウマを「おうまのおやこは…」と歌い動かす。私が人形を「Yちゃん」といいつつ渡すと，「Yちゃんうまのっちゃった」と人形を自らに見立て馬に乗せ笑顔を示す。（*母親より：前回の個別指導の後，大阪に行き，乗馬の体験をした。）

［エピソード14］（6歳0カ月9日）［プレイ］：「Yちゃん，うまにのった」とデュプロの動物セットを使い，自発的にアピールしてくる。

［エピソード15］（6歳0カ月23日）［プレイ］：デュプロのブロックのボードを3枚並べて動物や木など置いて遊びだす。Y君はライオンを持ち，私に「それは？」と質問してくる。私が「ライオンやな」と応じると，Y君は，「それはYちゃんだ」と人形を示しながら，「Yちゃんがライオンさんがのった」と伝えてくるので，私は「おしい！　Yちゃんがライオンさんにのったやな！」と応じる。私が「お母さんは？，お父さんは？」と質問すると，Y君は別の人形を「それは，おかあさん」と示した後，ロバの背中に乗せ「おかあさんがロ

第Ⅱ部 〈問い〉の育ちを考える──新たな関係の始まり

バにのっちゃった」,「それは, おとうさん, おとうさんひつじにのっちゃった」と別の人形をロバ, 羊の背中につけてアピールしてくる。[テンポ]：Y君は,「サイコロいくつ？」に,「5こ」とリクエストしてくる。カタツムリをわざと誤った位置に置き,「これは？」と質問してきて, 私の「ブッブーッ」という反応を喜んだりする。また,「みてあか2こ」,「きいろ5こ」とサイコロの色をわざと出したり,「ピンクが1, 2, 3, 4, 5…もどってきちゃった」とゴールした後, 戻ることを楽しんだりする。

[エピソード16]（6歳1カ月6日）[4枚の絵に順番をつける課題]（フロスティッグ上級P85使用）：4つの絵を示し「1番は？」と聞くと, Y君は,「こっち」と指さしして示してくる。私が「1番何してる？」と言うと, Y君は「1番は, いそいで, いそいで」と応じる。「1番は, 急いで, 急いで座ろうとしてるの？」と確認すると, Y君は「すわろうとしている」と応じる。…「4番目は？」に対して, Y君は「4ばんめは, いすにもった」と応じるので, 私は「いすに もった？」と応じつつ「コップのお水を飲んで」といって修正するように絵を指で示す。それに対して, Y君は「みて, のんじゃった」,「いすを, いすをのんじゃった」と応じてくるので, 私が「椅子を片づけるのかな？」と問いかけると, Y君は「いすをかたづける」,「いすをかたづけた」と修正してくる。私は,「OK」といいY君の応答を了解する。[ロット]（＊6枚の絵があるボードをY君の前に置き, 同じ種類の絵のカードをマッチングする）：完成後, 上に置いてあるカードをそのまま横にずらし,「ほんまや, いっしょや」と大喜びする。私が「ほんまや, すごい」と共感すると, さらに,「クレヨンが」,「ことりが」と別々の位置にあったカードを置き換え直し,「ピエロがクレヨンのっちゃった」といい, さらに, 同じ汽車の絵を重ねて,「でんしゃがうえに, したになっちゃった」と発見したように伝えてくる。

[エピソード17]（6歳2カ月3日）[テンポ]：Y君は「サイコロ3つ」と自ら要求してくるが, 私がいつものようにサイコロを4個示すと, 結局4個で開始する。Y君は, 青のカタツムリを1番にゴールさせ, 私に「あお（青）さん, はやい, おそいどっち？」と質問してくる。

第4章 応答的な他者に対する〈不確実性への問い〉

　［エピソード18］（6歳2カ月17日）　［テンポ］：ゲームで使う，サイコロを机の下に落とす。Y君は，「ゴメン，ゴメン」と謝ってくる。ゲームをすすめつつ，最後に，後1つ進めるとゴールの位置で，わざと緑のサイコロの面を2個出し，緑のかたつむりを2つ進め，「もどっちゃったね」と私と共感した後，「ごめん」と謝ってくる。

　［エピソード19］（6歳3カ月2日）［4枚の絵に順番をつける課題］（上級P83使用）（図7）：Y君は，私の「1番はどれ？」という問いに応じるように，絵に（1から4まで）数字で順番をつける。そして，1番から絵の叙述を求め，4番目の際，Y君はシーソーに誰も乗っていない絵を見て「なんにもある？」と確認を求めてくる。それに対して，私は，「えっ何にもある？」と応答するのみで，明確な応答が返せなかった。［プレイ］：Y君はデュプロのブロックを使い「みて　かさがもってる」，木を高くし「みて　たかくなっちゃった」，人形をブランコにのせ「ママがブランコにのった」など次々に伝えてくる。（＊母親より：「なんにもない」・「なんにもある」ということばをよく使っている。グミに凝っている，食べる前に「たべすぎ？」と聞いてくるようになる。保育園で一番になることに凝っている。給食でも一番になりたがり，一気に食べて吐いたりする。）

図7　4枚の絵に順番をつける課題　　　図8　スティックゲーム

87

[エピソード20]（6歳3カ月16日） スティックゲーム（図8＊サイコロを振り，出た色の棒をぬく。束にした棒が倒れたら負けというルールで行う）で，黄色・青・赤の棒をとり，「しんごうみたいになっちゃった」と訴えてくるので，私も「なるほど，信号みたいやな」と共感する。そして，Y君は，ゲームに勝ち，「Yちゃんが…」と訴えてくるので，私は「Yちゃんが…」と復唱しつつ待つと，Y君は「Yちゃんがかった」と自発的に伝えてくる。[質問―応答検査・Ⅲ仮定]において，「だめ，だめっていわれる」（＊コップのジュースをこぼしたらどうする？），「こわれる」（＊おうちが火事になったらどうする？），「ゆき」（＊寒いときにはどうする？）とY君は応じる。

第3期のまとめ

エピソード16（6歳1カ月6日）では，教材を（視覚的に）共有するという条件の下ではありますが，Y君は，自己の発話を私の応答を期待して投げかけてきました。対話としてのリアリティ，意味を持つものでした。この場面での発話は，第1期のエピソード4（5歳7カ月8日）でY君が，「あー，ごりごりこわれちゃった」，「コップこわれちゃった」「みずたまりになっちゃった」と一方的に叙述するのとは違い，他者の応答を期待するという他者との対話的関係性に支えられたものであるといえます。

他者との共同性については，岡田美智男氏が，自身のロボット研究から，「自分の行為の意味を特定する情報を常に環境や他者とのかかわりに探りながら，その行為の意味や役割を調整」することが他者との共同性が成り立つために必要であると指摘しています（岡田，2003）。対話について，「発話を他者の応答を期待し行う行為である」と定義するならば，「自己の行為の意味を他者の意図に注目し，探る」という共同性が，対話という他者の応答を期待するコミュニケーションスタイルを可能にする前提条件だと考えられます。第2期のエピソード11（5歳10カ月21日）でY君が，「ネズミ」と訴えてくるのを，私がネズミ取りゲームをするという意味で「ネズミする？」と確認すると，「パズルしようかな」と変更してきました。一度出した要求を相手の確認により変更

第4章　応答的な他者に対する〈不確実性への問い〉

することは，これまでになかったことから，Y君の発話は相手の応答を期待しての行為だと推測できます（エピソード17（6歳2カ月3日）も同様）。とすれば，Y君の発話が私の確認により変更されたということは，相手の応答を期待して発話するという対話が形成されてきていることを示していたと考えられます。対話形成は，これまでに共有化されたものを基盤に，どう解決するのか分からない，Y君の問題を解決する際に他者の意図を探るという主体的な活動，共同性から育っていきました。対話という共有の世界が広がることで，エピソード19（6歳3カ月2日）の「なんにもある？」という他者への問いかけや「しんごうみたい」（エピソード20（6歳3カ月16日））という見立てによる想像的表現が生まれていきました。

　他者への問いかけ「なんにもある？」　エピソード19（6歳3カ月2日）で，Y君は，「なんにもある？」と確認してきました。「なんにもない」から，「なんにもある」と派生した言葉であることや，「なんにもない」という意味で使ったのだということを後で理解しました。そのときは，「なんにもある」という表現に，Y君なりに何か特別な意味を込めているのではないかという思いが強く，その場では，「えっ何にもある？」といいつつ特別な応答ができませんでした。振り返ってみれば，「なんにもないね」と修正しつつ，共感しておけばよかったと思われます。Y君としては，「なんにもない」から「なんにもある」という表現を考えだしたのだと考えられます。この時期，Y君は，グミに凝っていて，食べるとき，「たべすぎ？」と確認していたように（食べ過ぎと注意されていたことから），他者への問いかけというコミュニケーション機能が育ってきているのも影響していたと考えられます。テンポなどゲームの最中も，カタツムリをわざと，違う位置に置き「これは，ブッブー，ピンポンどっち？」と質問していたように，意図理解に弱さがある自閉症児は，反意語など言語的文脈を頼りにしているといえます。第2期のエピソード10（5歳10カ月）で迷路競争において，Y君が勝ち「くやしい」と喜んだのも，「くやしい」と「やった」という意味の結びつきによるものだと考えられます。

　見立てという想像的表現「しんごう（信号）みたい」　エピソード20（6歳3カ

第Ⅱ部　〈問い〉の育ちを考える――新たな関係の始まり

月16日）で，Y君は，スティックゲームにおいて，赤，青，黄色と引いた棒の色が1本ずつそろい，「しんごうみたいになっちゃった」と笑顔で訴えてきました。この表現に，Y君の想像性が感じられ，私の応答も「Y君，ほんまに信号みたいやな」と感激した気持ちから応答にも力が入りました。信号というすでに，Y君にとって他者と意味の共有がはかられている，既存の言葉を，違う文脈でのやりとりに使用したことが，想像的であると感じられた理由です。「…みたい」という比喩表現が成功するためには，見立てに使用する表現に他者との意味の共有化がはかられていなければならないといえます。これまでのY君との想像遊びの経過をみていくと，第1期のエピソード2（5歳5カ月13日）の頃は，アンパンマンシリーズの指人形を使用したやりとりを行いましたが，人形を誰々に見立てるということはできず，エピソード3（5歳6カ月17日）において，「アンパンマン」といって指人形を動かしながらも，「まつおせんせい，こないね」などと私が登場したりしていました。ところが，エピソード13（5歳11カ月25日），14（6歳0カ月9日），15（6歳0カ月23日）では，人形を「Yちゃん」と自らに見立てるということを私との間で共有して遊べています。その時期，馬に乗ったという体験がY君にとって意味があったと思われます。エピソード13（5歳11カ月25日）において，デュプロの馬を動かし「おうまのおやこは…」と歌うY君に，私が人形を「Yちゃん」といいつつ渡すと，「Yちゃんうまのっちゃった」と笑顔で伝えてきました。その後，エピソード15（6歳0カ月23日）にあるように，人形をお母さんに見立てて「おかあさんがロバにのっちゃった」と表現を楽しむようになりました。Y君の場合は，それまでに，第1期のエピソード6（5歳8カ月5日），7（5歳8カ月20日），第2期のエピソード8（5歳9カ月9日）にあるように，「…が…を…」という文型において，「…が」という主体を言葉で意識してきたことに意味があったと考えられます。「Yちゃんが…」と人形を見立て表現できることで，私との共有化がはかられていきました。そして，文という表現形式により馬に乗った現実の体験の他者との共有がはかられていくことで，見立て表現につながっていったと考えられます。

7　まとめと考察

　Y君の「なんにもある？」,「しんごうみたい」という発話には, 驚きや意外性を感じるとともに, 応答を期待されているという実感がもてるものでした。Y君は, 応答の協力を私に依頼しつつ, どのように受け入れられるか分からない〈不確実性への問い〉を行っていきました。この〈問い〉は, 私が協力を表明したことで成功したといえます。このように, 応答への協力を依頼する, あるいは応じることにより, 言葉が対話としての意味をもちます。Y君は, 対話を通して主体的な活動を表現し, 他者との共有の世界を広げることで, 自らの自己を成長させていきました。エピソード20（6歳3カ月16日）での「だめ, だめっていわれてる」（＊コップのジュースをこぼしたらどうする？）という応答に, 他者からの視点がY君の自己に緩やかではあるが築かれてきていることを感じとれます。

　私は, 常々高機能自閉症の子どもたちに自らの意図を分かりやすく示すということを心がけています。そして応答のコミュニケーションモデルとして示すことで, コミュニケーションの成功体験につなげていきたいと考えています。私の示す意図は, 応答する行為により初めて子どもたちに理解されるのだと思います。Y君の場合もそうでした。そしてコミュニケーションの成功体験を, Y君の自己は, コミュニケーションモデルとして取り入れたのだと考えられます。

〈引用・参考文献〉
　岡田美智男　2003　ヒトとロボット　発達, **95**, 61-70.

コメント　対話が深まるということ
（1）自己を対象化することの難しさ
　松尾さんがY君にかかわっていく上で, まず重視されたことが, Y君にコミュニケーションの成功体験を積み上げてもらうということでした。そしてそのため

には，いきなり不確定なことを用いるよりも，Y君とセラピストである松尾さん（以下 Th. と記す）との間に，やりとりのパターンを築いていくことが有効でした。たとえば，ゲームで負けると Th. が「くやしい」と繰り返し言うことによって，5歳8カ月には，Th. の反応を予想して「くやしい？」と聞いてくるようになっています。ただしこの〈問い〉は，確実に「くやしい」と言ってもらえるという経験によって支えられています。

　高機能自閉症スペクトラム障害と診断されているY君の特徴的な点は，療育終了時点の6歳3カ月の発達検査において，新版K式発達検査で3歳から3歳半の課題である［了解Ⅰ］が不通過となっている点に表れているように思えます。これは，その場の状況に関係のない仮定状況の「～のときには，どうしたらいいでしょう？」といった問いに正しく答えられるかを見るものです。Y君は，療育開始時の5歳3カ月において，自分の名前や年齢など，知識としてすでに身につけていることには答えることができていますが，「お父さんどこに行った？」という質問には，「しってるかな」と答えています。これは，〈問い〉に対する応答ではなく，そのような〈問い〉とセットになったフレーズを言ってしまっているのでしょう。つまり，〈問い〉を発した者の意図を読み取れてないと見なすこともできるのですが，Y君の側からすると，このときにできる精一杯の応答がこれであったのだとも考えられます。

　考えてみると，「お父さんどこに行った？」というのは，その場にいないお父さんのことと，さらにそのお父さんが今ある状況のことを想定しなければ答えられないという点で，非常に高度な〈問い〉であると言えます。しかし一般には，自分の名前や年齢が答えられるようになる3歳前後で子どもは，このような〈問い〉に答えられるようになっていきます。なぜそれが可能なのかと言えば，〈問い〉を発した者の意図が分かるからではなく，それよりも先行して，たとえば帰宅して自分と遊んでくれることを心待ちにするといった，その場にいないお父さんのことを思ってみる体験が基盤にあるからです。そして，このように他者のことを思うことが，翻って自己を対象化することにもつながるのです。

　［了解Ⅰ］では実際に問われるのは，「お腹の空いたときには，どうしたらいいでしょうか？」とか，「寒いときには，どうしたらいいでしょうか？」というものです。これらは，子どもの生活の中で，非常に身近なことであり，そのような状況のときに，当然Y君は何らかの対処を行ってきたはずです。しかし，あらた

めて"そのようなときに,〈自分は〉どうするか?"と,自己を対象化するようなことを問われたので難しかったのかもしれません。Y君が,同じく6歳3カ月の［質問－応答検査］で,「寒いときにはどうする?」と同じことを問われて「ゆき」と答えたとあるのは,自分がどうするかではなく,寒いというのはどういう状況かを答えてしまっていると考えられます。同様に,「おうちが火事になったらどうする?」には,「こわれる」と言っています。おそらく,実際に家が火事になった経験はないと思いますが,火事のときに,自分がどうするかではなく,家がどうなるかを答えてしまっています。さらに,「コップのジュースをこぼしたらどうする?」に対しての「だめ,だめっていわれる」という回答も,自分がどう対処するかではなく,周囲にどういう反応が生じるかを答えてしまっていると言えます。つまり,一旦〈自己〉という中心を外してみて外側からベクトルを自分に向けることなく,常に世の中のできごとを周囲に起こっていることとして眺める立場から発言しているのです。これらはいずれも,自分を振り返るということの弱さを物語っていると考えられます。

(2) 現在の自己・過去の自己・将来の自己・他者

高機能自閉症スペクトラム障害と言われる子どもたちのことを考えるときに,右のような図(図9)をイメージすることがあります。

私たちは誰でも,中央の〈現在の自己〉を生きることしかできません。しかし,左右方向に表したように,他者とやりとりし,他者の視点から自分を見つめることによって〈自己〉を作り上げていっている面があります。他者の意図を察知し,それに対してどう振る舞うかという判断が〈自己〉を大いに規定しているとも言えるでしょう。これは,幼児が,母親の反応や期待を探りつつ行動する姿からも見て取ることができます。心の理論の獲得の問題が指摘されるように,自閉症スペクトラム障害の人にとっては,この部分に弱さがあると言えます。しかし,そのように空間軸上で他者の視点に立って自己を見つめることの弱さだけではなく,〈現在の自己〉を時間軸上で離れて,〈過去の自己〉や〈将来

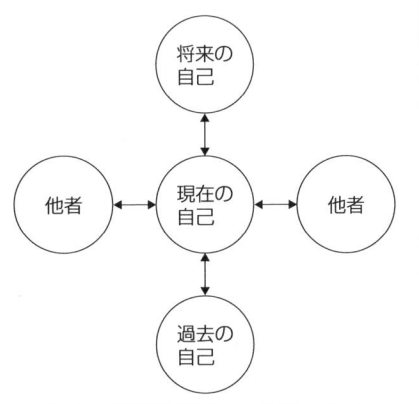

図9 現在の自己をとりまくもの

の自己〉から自分を見つめることの弱さにも注目しなければなりません。同じような失敗を繰り返してしまい、なかなか失敗から学ぶことができないというのは、反省しようとしないのではなく、〈過去の自己〉から〈現在の自己〉を振り返るという、反省の土壌に立つことが困難だからだと理解すべきだと思います。同様に、あらためて準備しておくなど、計画的に行動ができないということは、〈将来の自己〉という立場から逆算して〈現在の自己〉がすべきことを考えることが苦手だからと捉えるべきでしょう。実際に発達臨床の現場では、時間軸上のことを無視したかのように常にその場のことを優先してしまうという、〈現在の自己〉だけを生きているといった印象の人によく出会います。

　この図をもとに、Y君のことを振り返ってみることにします。まず、Th. とのやりとりのパターンを繰り返すことで、先回りして「くやしい？」と聞くようになったのは、Th. の視点に立つとまでは言えなくても、Y君とTh. という他者との間にやりとりが成立したと言えるでしょう（図10）。

　そしてここでは、単にY君とTh. がパターン化したことばをやりとりしているだけでなく、競い合うゲームを介在させているというところに、療育的な意義があると言えます。競い合うということは、相手を意識しつつ、自己を意識することにもつながるからです。また、そこでは、必ずしもパターンに当てはまらない、イレギュラーなことも起こり得ます。実際、同点で終わるということが起こり、一旦は落胆したY君ですが、次の回には「ゼロ」というY君なりの解決を見いだすことで、2人の遊びを維持させていっています。たとえそれが新たなパターンを作ることであっても、Y君がTh. との関係の維持を求めたということに意義があると言えます。

　また、Y君が5歳8カ月のときに、夏休みの写真を持ってきて見せるといった興味深い行動をとっています。写真とは、過去のあるシーンを切り取ったものであり、それを〈現在の自己〉が見る形となります。あるいは、親と一緒に見るということもあるでしょう（図11の右側）。

　はたして、Y君がその写真をTh. にも見せるということを、どのように思いついたのかは不明ですが、もし親と一緒に写真を見つつ、その場にはいないTh. に写真を見せることを思いついたのだとすれば（図11の左側）、それは、Y君自身もその場を離れて、療育に行ってTh. に写真を見せている〈将来の自己〉を描いていることにかなり近くなります。しかし、Y君の「みて、なつやすみし

第 4 章　応答的な他者に対する〈不確実性への問い〉

図10　他者とのやりとりの成立

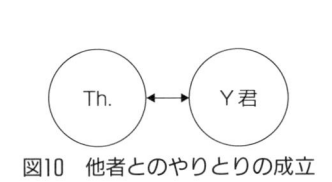

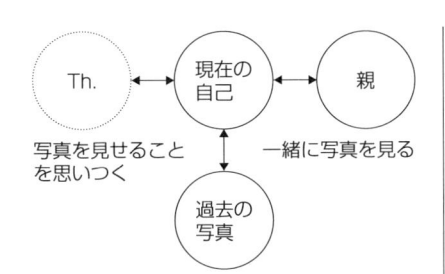

図11　現在から過去を振り返る

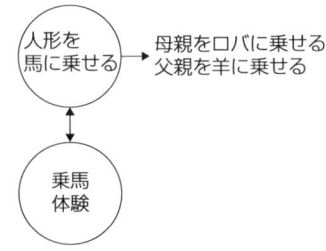

図12　過去の体験の再現

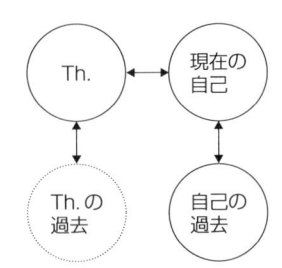

図13　他者の過去を思いめぐらす

ようか？」という発話からは，その写真（Th. にはまだ何の写真かわからない）を初めて見せるというよりも，おそらく親との間でなされた夏休みの写真をめぐってのやりとりを，あたかも Th. がすでに知っているかのように捉えて，その再現を求めているようなニュアンスが感じられます。そうであるとすれば，ここでのY君はまだ，〈写真に写っている過去の自分の姿を，将来 Th. に見せている自分〉といった時間軸の中での自己の振り返りはできていないことになります。

　しかし，5歳11カ月からの人形での遊びは，これとは異なります。馬の人形で遊び始めたY君に，Th. がY君に見立てた人形を渡したことが大きな契機となり，実際に乗馬体験をした〈過去の自己〉を振り返っての遊びが展開するようになります（図12）。

　夏休みの写真に写っているのは，まぎれもなく自己像ですが，ここでの人形は，実際のY君とは，かなり異なったものであったでしょう。にもかかわらず，それをY君と見なそうという Th. の見立てを受け入れたときに，過去の実体験を想起しつつ，〈今のここを離れる〉という時間軸上の移動が可能となったのです。そしてそれは同時に，実際にはロバや羊に乗ったことはない親を，それらに乗せ

95

てみるという、〈現実を離れる〉ファンタジックな見立て遊びへの発展をも可能にさせています。これは劇的な転機であり、大きな発展と言えます。

　しかし、それでもなお6歳3カ月の検査において、検査者が言った5つの数字を復唱できたり、4つの積木を叩いた順番を再現するといったある種の記憶力を問われる課題では、生活年齢相当かそれ以上の力を発揮していながらも、自分を振り返るということの弱さが見られるのがY君でした。おそらくY君にとって一番困難なことは、Th.に対して、「馬に乗ったことある?」といった〈問い〉を発することではなかったかと思います。自分に馬に乗った過去があるのと同様に、Th.にも過去の体験があるということに思いを馳せることができるようになったとき（図13）、初めてY君の中に、しっかりと他者の視点から振り返って見る〈自己〉というものが根付くのではないかと考えます。

（古田直樹）

第 5 章
自己への〈問い〉, 他者への〈問い〉
——他者理解と自己の成り立ち:自閉症スペクトラム障害児 H君の2年間の療育経過——

松 尾 友 久

> 自閉症スペクトラム障害のH君の, 4歳6カ月から6歳3カ月までの個別療育の経過を, 描画という主体的な活動に注目してまとめたものです。担当者は, H君の描く絵について問いかけつつ, 意味を見いだそうとかかわりました。そうしたかかわりの中で, 5歳5カ月時に, H君は担当者を強く意識するようになり,「このひとだれ?」と問いかけてきました。5歳7カ月時には, 自画像を「Hやしな」と自信を持って描き始めています。担当者との関係が深まる中で他者理解が進み, 自己が明確化し,〈問い〉,〈問われる〉という相互的なコミュニケーションが育っていきました。そして, H君と担当者との間に, 時間を共有するという関係性が育っていったのです。

1 はじめに

　本章は, 自閉症スペクトラム障害児H君の個別療育の経過について,「第1期:対話の形成へ」,「第2期:〈問い〉の始まり」,「第3期:自己の確立と時間の中での存在」という3期に分けてまとめたものです。

　"今ここ"の世界を共有することで, 私との間で, H君は共同性を育てていきました。そして, 共同性を基盤にH君の描画という主体的な活動を通して, 私との間で時間を共有し, さらに時間を超えていくという関係性の構築がはかられていきました。

第Ⅱ部　〈問い〉の育ちを考える──新たな関係の始まり

2　ケース概要と個別療育までの経過

　母親のH君へのかかわりにくさや発達の不安の訴えにより，2歳のときに，筆者の勤務する児童福祉センターで心理判定を実施し，境界線級発達・発達障害の疑いが指摘されました。出生時は在胎32週，出生児体重2,080グラムでした。

　療育としては，2歳5カ月時より，月2回のU園の併行通園での母子グループ療育を開始しました。母親からグループ療育においては，他児と比較し気持ちが落ち込むという訴えもあり，3年目よりR教室において個別療育を開始しました。療育頻度としては，年中時は月1回，年長時は月2回行いました。

　3歳3カ月時に，京都児童福祉センター診療科において，3つ組の特性が明らかであるということで，自閉症スペクトラムの診断を受けました。とくに，新しいことや変化に弱く，人に対する警戒心が強いことを指摘されていました。

＊新版K式発達検査（5歳4カ月）

認知・適応　発達年齢3：10　発達指数72　／　言語・社会　3：9　70

全領域　3：10　72

◎認知・適応：描画は年齢水準の取り組みが可能。手順を模倣したり，説明を聞いてする課題は苦手。重さの比較，四角構成，模様構成Ⅰ，積み木叩きなどが不通過。

◎言語・社会：5歳台の課題である左右弁別の課題が通過。3歳台の課題の了解Ⅰ，性の区別が不通過。

＊新版K式発達検査（6歳2カ月）

認知・適応　5：3　88　／　言語・社会　4：7　76

全領域　4：11　82

◎認知・適応：検査者のことばの指示を聞いて課題に取り組むのが苦手。模様構成4／5（6：0超〜6：6）は通過，積木叩きは，4／12（4：6超〜5：0）不通過，重さの比較（3：6超〜4：0）不通過。

◎言語・社会：日常的で具体的な事実を共有することが可能。4数復唱（3：6超～4：0）は不通過，了解Ⅱ（4：0超～4：6）通過，指の数左右（4：0超～4：6）不通過，数選び8（5：0超～5：6）通過，左右弁別（5：6超～6：0）通過。

3　第1期：対話の形成へ

　［エピソード1］（4歳6カ月）　エピソード1～6は母子同席での個別療育。＊①私が絵カードを示し「この絵は何をしてるの？」と質問すると，H君は，「バナナたべる」と言う。さらに，「誰がバナナを食べてるの？」と続けるが，応答がない。そこで，私が「H君が」と言うと，「Hくんが」と復唱し，「バナナたべる」と続けて言う。＊②私の作るワーブルワーク（一方に穴があいているパーツを組み合わせて玉を転がす）に玉を転がすと，その様子を見て「やったまるいのできたよ」と。そして，H君も玉を転がし「まって　すごい　すごい，いれてあげる」など興奮した調子でことばを発していた。＊③ネズミとりゲームをH君に示す。H君にサイコロを転がしてもらい，私が出た色のネズミのひもを引っぱる。最初は手でネズミを捕まえようとするので，コップで捕まえることを示すと，H君はサイコロを転がし，出た色のネズミを捕まえることを理解して楽しむようになる。

　［エピソード2］（4歳7カ月）　＊①ネズミとりゲームではH君がサイコロを転がし，私がその色にあわせてネズミの紐を引っ張る。H君は逃げるネズミを捕まえて楽しむ。＊②ホワイトボードに私が描いたイチゴ・串団子・りんごの絵をH君は模写する。

　［エピソード3］（4歳8カ月）　レールを私と一緒にサークル上につなぐ。電動の機関車が動く様子を，「わぁ　うごいた　しゅっぱつしんこおー」と表現し，そして電車を止めて「つきました」と言う。踏切りの所に，わざと車を置いて「あっあぶない」と言うので，私が「危ない」と応じると，「あーあぶなかった」と電車が車にぶつからないようにする。

第Ⅱ部 〈問い〉の育ちを考える——新たな関係の始まり

［エピソード４］（４歳８カ月）　＊①電車の遊びが終了し，H君が「つぎのしようか？」と求めてくる。私はH君の求める遊びが理解できず，（H君が遊べそうだと感じた）シルバニアのおもちゃを出そうとする。H君は，私の様子に不安そうな表情で注視するも，視線の訴えでも通じないと分かったのか，「おえかきしようか？」とことばで求めてくる。そのことばで気付き，私はお絵描き先生のおもちゃを出す。H君は，「ありがとうございました」と受け取り，お絵かきシートを置いて絵を描き出す。シートを取り完成した絵を見て「できた」と笑顔でアピールしてくるものの，すぐに「けす？」と確認してくる。＊②文の練習は，絵カードを見て［……が……を……する］というパターンが可能になったので，［で］を入れて拡充し復唱を行った（例：「おかあさんがほうちょうでりんごをきる」）。

［エピソード５］（４歳９カ月）　乗り物のパズルをしているH君に，私が「飛行機に乗ったことある？」，「消防車に乗ったことある？」，「パトカーに乗ったことある？」と聞くと，すべてに「のったことある」と応じていた。

［エピソード６］（４歳９カ月）　ホワイトボードに私が車や電車を描くと，H君も絵を描き出す。図14のように描き，H君は，「したがながい」と訴えてくる。私が，「舌が長い，上手にかけてる，おもしろい」と笑顔で絶賛する。H君には，私の賞賛の気持ちが通じたようで，終了時間の10分前に，「おしまい

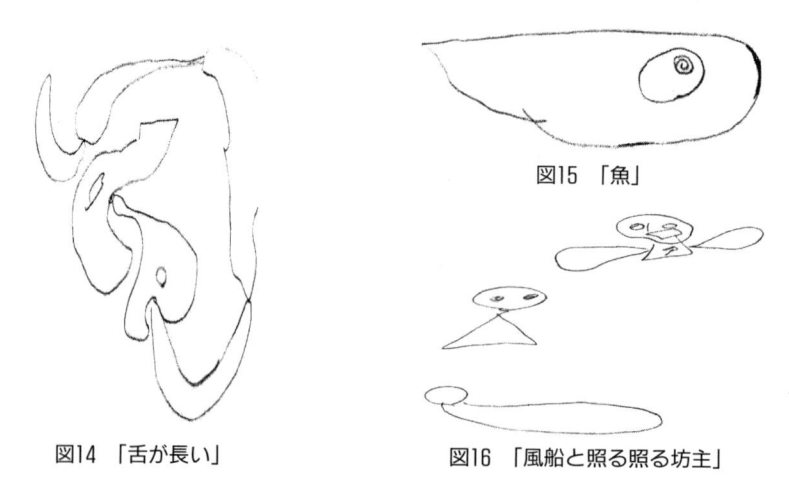

図15　「魚」

図14　「舌が長い」

図16　「風船と照る照る坊主」

しようか」と声をかけた際にも,「はーい」と笑顔で応じ気持ちよく帰っていった（いつもはぐずることも多いが……）。

　[エピソード7]（4歳10カ月）　ここから母子分離で個別療育を行う。ホワイトボードに図15の絵を描き,「くびがながーい」と表現するので,私が「おばけ？」と確認すると,「さかなやん」と応じ,「きえられた」（消す）と言い,マーカー消しで消す。それ以後も,絵を描いて表現することを繰り返した。図16（下）のように「ふーせん」と描き,次に「てるてるぼうずへんしん」と「ふーせん」の上に描き足す。すぐに「けさはった」と消す。

第1期まとめ

　初回の個別療育において,私はどんなやりとりがH君と共有できるかを試みました。

　まずは,ルールのあるやりとりを試みました。エピソード1＊③（4歳6カ月）のように,H君にとっては,ネズミとりゲームは分かりやすい課題でした。

　次に,H君の言語表現の課題について対応しました。他者の意図・気持ちが読みにくい自閉症児にとっては,文章という表現形式の獲得と意味理解は重要であると思います。

　最後は,H君自身がことばによる自発的な表現・伝達を行えるように促しました。エピソード1＊②（4歳6カ月）のようにH君の発話は,他者への意図的な発話ではありませんでした。しかしエピソード3では,H君の発話に応答することで,伝達を意図した発話を行えるようになっていきました。

　エピソード4＊①（4歳8カ月）では,意図的な発話としてやりとりを行うことができました。「つぎのしようか？」というH君からの次の遊びの依頼に,私は発話の意図が理解できず戸惑いました。取りあえずおもちゃを出そうとしたところ,私の応答に対して,不安そうな表情で見つめるH君の姿がありました。H君は,私の行為から意図が通じていないと理解したようで,「おえかきしようか？」とことばを修正して要求してくれました。このことばで,ようやく私は,H君の意図に気付くことができました。自己の意図を私という他者に

第Ⅱ部 〈問い〉の育ちを考える——新たな関係の始まり

理解されているかどうかについて，具体的な私の応答行為からH君が適切に判断することができました。まさに対話的なやりとりとなりました。

　対話は，意図的な発話に応答する他者とのやりとりの中から育っていきます。エピソード5（4歳9カ月）で，私が乗り物のパズルを示しながら「乗ったことある？」と質問すると，すべて「のったことある」と応じていたH君ですが，コミュニケーションにおける肯定的応答というスタイルを使用していたとも解釈できます。

　また，H君の描画が自分自身を表現する主体的な伝達手段となっていきました。H君の描画による表現と私による応答は，対話というやりとりを育てていきました。H君との描画のやりとりは，エピソード2＊②（4歳7カ月）の私がイチゴ・串団子・りんごの絵を示し，H君が模写したことから始まりました。

　エピソード6（4歳9カ月）では，ホワイトボードに私が車や電車を描くと，H君も絵を描き出すというやりとりが生まれました。図14のように描き，「したがながい」と訴えてくるH君に，私は，「舌が長い，上手にかけてる，おもしろい」と笑顔で絶賛することになりました。H君にとっては，相当に自信になったようでした。

　その後，H君からの描画による表現が増えていきました。エピソード7（4歳10カ月）でも，H君からの描画による私に対する表現が続きました。ホワイトボードに図15のように絵を描き，「くびがながーい」と表現するので，私が「おばけ？」と問いかけると，「さかなやん」と応じ，「きえられた」（「消す」という意味）とマーカー消しで消すというやりとりとなりました。それ以後も，H君は，図16のように，まず，「ふーせん」と描き，次に「てるてるぼうずへんしん」と描き足し，すぐに「けさはった」と消すなど，絵を描いて表現することを繰り返しました。

　この頃，私は必死で「H君の絵は上手やし，消さんといてな！　お母さんに見せようよ」と訴えていました。同時に，模写してH君に見せることで，H君への記憶に残るように働きかけました。第3期において，ポラロイドカメラで，H君が自身で描いた絵を写真に撮るというやりとりにつながっていきました。

4　第2期：〈問い〉の始まり

　［エピソード8］（5歳0カ月）　＊①母親と別れ，訓練室まで歩く間にH君は，私に「えんちょうせんせい」と呼びかけてくる。それに対して，私が「園長先生じゃないよ，松尾先生」と修正すると，H君も「まつおせんせい」と修正を受けいれる。その後，片付けの際に，H君が「おかたづけする？　え……」と言いかけて，「このひとだれ？」と私を指さしする。私が「松尾先生」と応じると，「まつおせんせい　おかたづけしよう？」と誘ってくる。そして，片付けを始めると，H君は「いそがなくっちゃ」と笑顔で言うものの，その素振りからは急いでいる様子は感じられず，私は「もっと急いでいいよ」と伝えた（言ったことを実行していないH君に突っ込む形で……）。＊②ワーブルワークの玩具を自ら作る。玉が途中で落ちる。その様子を見たH君は，「あっだまされた」と何気なく言う。私がすかさず「だましてないよ」と応答すると，H君は笑顔になり，テンションがあがる。以後，H君は，「だまされた」と言い，私の応答（「だましてないよ」）を期待してのやりとりを楽しんだ。

　［エピソード9］（5歳1カ月）　＊①レールをH君と一緒に組み立て，機関車を走らせて遊んだ後，H君から「せんせい　いっしょしよう」と片付けを求めてくる（伝達意図が明確なことばだったので私ははっとする）。＊②この日は，「えんちょうせんせい」と私を呼ぶごとに，私が「松尾先生」と修正をする。そのことで，自ら誤りに気付き「まつおせんせい」と修正することがあった。＊③図17はH君が描いたもので，私は「この絵はH君だ」と問いかけつつ「上手にかけてる」と評価したが，（H君からの）コメントはなかった。

　［エピソード10］（5歳2カ月）　携帯電話の絵を描き，その横に【け・い・た・い】とかな文字を書く。その際，H君は，［け］の文字が思い出せず，私に「［け］ってどうかくの？」と

図17　「H君」

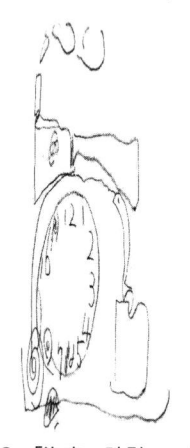

第Ⅱ部 〈問い〉の育ちを考える──新たな関係の始まり

求めてくる。私がボードに【け】の文字を書くとH君はそれを模写する。

［エピソード11］（5歳3カ月） ＊①ホワイトボードの前で，「かいてもいい？」と私の確認を求めてくるので，「いいよ」と応じると，まず数字の【2】，【3】を書き「Hくん　2と3かけはって　けしちゃった」と言いすぐに消す。その後，汽車・時計・ヘビなどの絵を描く（図18）。最後に楕円を描きその中に色を塗りつつ「カメ」とアピールするので，私が「カメか？」と応じると，「こたえはかたつむりでしょう」と言い，その横にカタツムリを描き「かめにたべられちゃうよ」，「ごめんなさい」と展開する。＊②デュプロのレールをほぼH君一人でつなぐことができた。その間，H君が私に「なにつくる？」と質問してくる。「町を作ろうか（レールをつないだ後，その枠の中に家などを設置しようと考えて……）」と応じると，「ちがう　レールつないでるでしょ」と否定される（私としては，レールをつないでいることは当たり前なので次の展開を答えたのであるが……）。

図18 「汽車，時計，ヘビ」

［エピソード12］（5歳4カ月） 汽車の絵をH君が描くので，私もボードに汽車の絵を描くと，H君から「せんろ　どうかくの？」と依頼を受ける。私は，H君が描いた汽車の下にレールを描いた。＊（母親による情報）Hは保育園の担任に「Rきょうしつにいく」と言っていた。

［エピソード13］（5歳5カ月） ＊①私の横に立って，目を合わせることなく「このひとだれ？」と問いかけてくる。私としては，名前を聞かれていることはすぐに理解できたので，「松尾先生」と応じる。帰る際に，H君に私を指さして「この人誰？」と質問すると，H君は少し考えて，「まつおせんせい」と応じることができた。＊②ホワイトボードに汽車の絵を描く（図19）。私が「それなに？」と質問すると，H君は，「トーマスだよ」，「にじょう」（二条？），「うん」と応じる。さらに，H君は，トーマスの絵に魚を描き「トーマ

第5章 自己への〈問い〉，他者への〈問い〉

スにさかながのったよ」と言うので，「乗ったの？」と質問すると，「うん」と応じる。＊③ヘビの絵を描いて，H君は，「へびさんはねこうやってのろのろするんだよ」と言い私に「ヘビさんっていって」と求めてくる。私が「ヘビさん」と呼ぶと，「うん」と満足げに応じる。

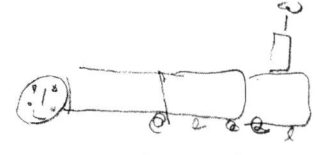

図19 「トーマス」

［エピソード14］（5歳6カ月）　H君は，私の名前が出てこなかったようで，「これだれ？」と私の肩をたたいて質問してくるので，「松尾先生」といつものように応じると「まつおせんせい　こまであそぼう」と誘ってくる。

図20 「H君とフーセン」

　H君は，私と母親が話をしている間，トーマスシリーズのおもちゃで遊ぶ（母親と私との話を聞いている様子であった……）。

［エピソード15］（5歳7カ月）　コマバトルの後，ホワイトボードに絵を描き始める（図20）。「これHやしな」「できた」とまずH君自身を描く。そしてその横に，「これかこう」（フーセン）と描く。「しっかりけしとくしな」と言うので，私は，「残して，お母さんに見せよう」と止めるがさっと消してしまう。

第2期まとめ

　エピソード8＊①（5歳0カ月）で，H君は，私を「えんちょうせんせい」と呼びました。それまで改まって，H君から名前を呼ばれたことはありませんでした。しかし，私が「松尾先生」と修正したことで，この時点では定着しませんでした。

　再び，「このひとだれ？」と問われたのは，エピソード13＊①（5歳5カ月）です。5カ月後ということになります。私の横にH君は立って，目を合わせることなく「このひとだれ？」と問いかけてきました。私は，直ぐに「松尾先生」と応じました。そして帰る際に，私はH君に自らを指さしして「この人

第Ⅱ部　〈問い〉の育ちを考える――新たな関係の始まり

誰？」と質問すると，H君は少し考えて，「まつおせんせい」と応じることができました。次のエピソード14（5歳6カ月）で，H君から再び，「これだれ？」と私の肩をたたいて質問がありました。私が「松尾先生」と応じると，「まつおせんせい　こまであそぼう」と誘ってくれました。これ以降は，「まつおせんせい」が定着しました。

　あらためて，「このひとだれ？」と私について問う必要が生じたH君の発達的変化について考えてみます。エピソード9＊③（5歳1カ月）の図17がヒントになるのではと考えています。図17はH君が人を初めて描いたものです。H君からのコメントがなかったのですが，私は「この絵はH君だ」と問いかけつつ，「上手にかけてる」と褒めました。そして約6カ月後，エピソード15（5歳7カ月）ではホワイトボードに絵を描き（図20），「これHやしな」「できた」とH君自身を描いたのでした。明らかに，図17と図20はよく似ています。

　そして，エピソード10（5歳2カ月）で，かな文字を思い出せず，H君は私に，「どうかくの？」と尋ねました。続けて，エピソード11＊①（5歳3カ月）では，ホワイトボードの前で，「かいてもいい？」と問いかけを行いました。それ以降，H君は，主体的に数字，かな文字を書き，絵を描き始めました。最初は，数字の【2】，【3】を書き「H君　2と3かけはって　けしちゃった」と言い，すぐに消すというやりとりを行っています。

　その後，図18のように，汽車・時計・ヘビなどの絵を描く中で，楕円を描きその中に色を塗り「カメ」とアピールすることでやりとりが生まれていきました。私が「カメか？」と応じると，「こたえはかたつむりでしょう」と言い，その横にカタツムリを描き「かめにたべられちゃうよ」「ごめんなさい」と展開しました。私の応答により話が展開していきました。

　H君からの訴えは予想がつかない分，楽しいやりとりになりました。H君も，私の応答により，次の話の展開を考えることを楽しんでいるようでした。私との間に，展開の不確実性を楽しむという対話のやりとりが始まったと考えられます。

　またエピソード10（5歳2カ月）では，文字を教えてと求めたり，エピソー

ド12（5歳4カ月）では，H君は，「せんろ　どうかくの？」と私への依頼を意図した発話を行っています。対話を楽しむ一方で，現実的なコミュニケーションについても，R教室へ行くと保育園の担任に伝えたり，私に対しての（応答を期待して）意図した発話を行うことができるようになっていきました。

　エピソード11＊②（5歳3カ月）では，H君の発話意図が私に通じず「ちがう」とはっきりと否定しています。描画のやりとりにおいても同様に，エピソード13＊②，③（5歳5カ月）では，H君に最初から意図があって描いていることが理解できます。ことばの理解についても，エピソード14（5歳6カ月）のように，ことばのみで通じるということも増えていました。自己の認識を深め，他者への認識を育ててきていることが理解できます。

5　第3期：自己の確立と時間の中での存在

　［エピソード16］（5歳8カ月）　＊①レールをつないでいく。H君が「ふみきりがない」と言うので，私が「あるよ」と箱から踏み切りを一つ出すと，さらに，「もう一つふみきりがない」と言うので，「あるよ」と応じると，即，「どこ？」と質問する。＊②母親が私に，保育園でのお泊まり保育について，"お風呂は事前に父親とお風呂屋さんに行っていたので，その他，ご飯作り，お風呂，夜のお泊まりなど何とかいけた"と伝える。H君は母親の話を聞いている様子であった。そこで，私がH君に「がんばったね」と声をかけると，満足げな笑顔を示す。

　［エピソード17］（5歳8カ月）　私の「トーマスの双六をしよう？」という初めての提案にも，H君は「やりたい」と応じる。H君は私の指示に従って最後まで双六を行った。

　［エピソード18］（5歳9カ月）　前回に続き，トーマスの双六を行う。「Hトーマスにするわ」と自分のフィギュアをまず決めて，その後「まつおせんせいハロルドにする？」と問いかけてくる。私が「ハロルドにするよ」と応じ開始する。ゲームの途中，「いっかいやすみどこ？」と質問したり，「はやくはやくま

けちゃう」と焦ったり，H君が勝つが「まけてもうた」と表現したりと楽しむ。終了後，即，「もういっかいやろう」，「おもしろかったし」と繰り返しを求めてくる（4回行った）。

　[エピソード19]（5歳9カ月）　「アンパンマン」というので，「アンパンマンカルタ？」と確認すると，「いやや　トーマスカルタにしてくれ」（トーマス双六）と修正してくる。双六を出すと，「まつおせんせいハロルドにする」，「Hトーマスにする」と指定してゲームを開始する。

　[エピソード20]（5歳11カ月）　トーマスの双六をする。私の「H君は？」という問いかけに「トーマス」，H君の「先生は？」という問いかけに「ハロルド」と互いに応じゲームが開始する。「3（さん）つすすむ」と3つ進める，「いっかいやすみ」とトーマスを寝かすなどゲームのルールを理解して行う。

　[エピソード21]（5歳11カ月）　壁に貼ってある他児の絵を「これドラえもん？」と指さしをして聞いてくる（初めて）。H君に「ドラえもんやで」と応じると満足げに笑顔を示す。

　ホワイトボードに絵をかき，振り返って「ほら　みて」と笑顔で指さしして示す。私が「それは何を描いてるの？」と質問すると，「きしゃ」と答えて，「ほら　けむり　ほら」と汽車の煙突から煙が出ている様子を描き，さらに，「ここがスタートやしな」，「ここがゴールやしな」と線路の両端にスタートとゴールを描く。私が「駅の名前は？」と質問してもH君からの応答はない。

　その後，H君自身を描く。「これはH」，「わあーこれみて」と訴えてくるので，私が「H君そっくりやね」と言うと，「うん　じょうず」と言い，「ほらみて　Hくん　ずぼん」と足して描いていく。

　[エピソード22]（6歳0カ月）　H君は，いつものように，スタートからゴールまでのレールの絵を描いた段階で，「しゃしんとって」と求めてくる。私が「まだまだ描いてよ」と言うと，「まってくれ」と言い，再び描きだす。汽車の煙突から煙を出す様子を「けむり」と言い描く。そして，H君自身の絵を描き，その手に「これフーセン」とフーセンのひもを手に持っている様子を描く。完成した絵を見て私が「H君の絵上手やね」と褒めると，H君は「そうやで」

第5章　自己への〈問い〉，他者への〈問い〉

と笑顔で応じる。この段階で，私が「H君写真撮らせて」と申し出ると，H君は「いや　まだ」と断る。私が完成する絵を見て，「H君すばらしいな」と声をかけると，「なにいうてるの」と問い返してくる。私が「H君は，すごいなってこと」と言うと，「うんそ

図21　「時間の中のH君」

うやで」と納得する。汽車のレールに貨車を一両ずつ描きつつ「あとゴールやな」と言うので，私も「そう　ゴールやね」と共感する。私としては，車両について「それなんやった？」とあらためて質問する。「くるま」と応じ，「あともうちょっとでゴールやな」，「あとすこしでゴールやな」，「よっしゃ　ゴール」と完成し，「しゃしんとりたい」，「カメラもってきて」と要求する。

［エピソード23］（6歳1カ月）　スタートからゴールまでの線路を描き，その後，H君自身を描きながら「これHね」と緑のマーカーで描く。「H君だ」と応じると，「そうだね」と応じつつ，「かけるかな」と口を描き，「くつはかせる　ほらみて」と靴を足に描く。そして，「こっちがスタートやな」，「ほらみて」と汽車の煙突から煙が出ている様子を描き，「ほらみて　きしゃ」と伝えてくる。その後，貨車（H君は，「くるま」と言う）を線路の上に1台ずつ丁寧に描き込んでいく（図21）。個別療育の時間が後30分になり，「H君，早く描いて」と促すと，「いやや」と一旦は言うが，すぐに「わかった」と言い，少し急ぎだす。

［エピソード24］（6歳2カ月）　H君は，仮面ライダーカルタの箱を持ち，「かるたしよう」と誘ってくる。カルタの絵カードをH君に「並べて」と渡しH君と一緒に並べていく。「先生読もうか？」「どっちが読む？」と聞いても応答はないが，（私はカードを並べつつ）「並べたら読もうか？」と問いかけ続けると，少し間があったが，「よんで」と伝えてくる。「じゃ読もうか」と即答すると，H君は少し慌てて「まだやで」（絵カードが並んでない）と訴えてくるので，「じゃ並べたら読もうか」と伝えるなどやりとりが続いた。そして，カルタを

109

5，6枚取った後，椅子からお尻をあげつつ「しゃしんとる　えかく」と席を離れる。私は「絵を描いていいよ」と応じるが，H君は，さらに「だいじょうぶ？」と確認してくる。

［エピソード25］（6歳3カ月）　仮面ライダーウイザードのカルタをする。H君は「カルタやるよ」と言い，「まつおせんせい　あかはかじ　みどりはかぜ　あおはみず……」と仮面ライダーの色による属性を伝える。その後，少し間があり（H君は考えているという状態），「Hとらへんかったら　まつおせんせいとってな」と言うので，私は「わかった」と応じる。最初は私が読み，すぐに交代し，H君が読み手となる。計32枚読む。そして，ホワイトボードに『おおきくなったらウイザあどになりたいよ』と書く。

第3期まとめ

エピソード16（5歳8カ月）では，「ふみきりがない」という訴えに，私は「あるよ」と応じています。しかし，H君は私の応答に納得せず，「もう一つふみきりがない」と訴えています。まさに，"今ここという世界"を共有する形で会話が成立しています。そして，Hが保育園のお泊まり保育で頑張ったと母親が私に伝えたことを，おもちゃで遊びながらも，H君は聞いていました。私が「がんばったね」と声をかけると，H君からは満足げな笑顔が返ってきました。H君は，自身の体験を母親の語りを通して共有できるようになっていました。

エピソード17（5歳8カ月）でも，私が「トーマスの双六をしよう？」と言葉をかけると，「やりたい」と即答でした。私が「……しよう」と言葉で誘って，即答して応じたのは初めてのことでした。双六ということばに，H君はイメージを湧かせることができたようでした。その後，実際にトーマスの双六を出した際にも抵抗なく応じてくれました。私がふったサイコロで出た数に沿って，H君と一緒に進めたり，文字による指示を私が読み，その指示に従って行うことができました。次のエピソード18（5歳9カ月）では，2回目でもあり，「Hトーマスにするわ」「せんせいハロルドにする？」と前回の流れに沿って

第5章　自己への〈問い〉，他者への〈問い〉

問いかけました。ゲームを始めると，「いっかいやすみどこ？」「はやくはやくまけちゃう」など，勝負にこだわる様子がみられました。H君は，勝負へのこだわりからか，勝ったにもかかわらず，「まけてもうた」と表現したりしていました。すぐに，「もういっかいやろう」，「おもしろかったし」と繰り返し求め，計4回行うこととなりました。

エピソード19（5歳9カ月）では，H君は，「アンパンマン」と最初要求しました。私が「アンパンマンカルタ？」と問い返すと，「トーマスカルタにしてくれ」と修正をするやりとりになりました。私は，対話を通して，トーマスの双六を要求していることに気付かされました。さらに，エピソード20（5歳11カ月）では，トーマス双六を理解し「3（さん）つすすむ」，「いっかいやすみ」と文字を読みながら，トーマスのフィギュアを動かすことができていました。エピソード21（5歳11カ月）では，他の子どもたちの絵が訓練室の壁に貼ってあることについて，初めて「これドラえもん？」と絵を指さしして質問がありました。私が「ドラえもんやで」と応じると，予想通りと満足げな表情になりました。

H君の描く絵の世界において，エピソード21（5歳11カ月）から，描画にテーマが見られるようになっていきました。「ここがスタート」「ここがゴール」といい，レールの両端にスタートとゴールを設定し，汽車が煙を出して走る様子を描きました。そして「これはH」とふうせんを持っている男の子として自分を描き，まさに汽車がスタートからゴールへと走っているのを楽しそうに見ている様子として描きました。エピソード22（6歳0カ月），エピソード23（6歳1カ月）では，蒸気機関車に貨車を連結する形でゴールまで描き込んでいきました。そして，「あとすこしで　ゴール」，「よっしゃ　ゴール」と完成について喜びを表現しました。明らかに，トーマスの双六のイメージの再現でした。スタートからゴールへ時間が流れている様子を楽しそうに眺めているH君に，私は共感していました。

6 まとめと考察

(1) 〈問い〉の育ちを考える──「このひとだれ？」

　H君からの〈問い〉は，描画という主体的な行為を通して育っていきました。エピソード6（4歳9カ月）で，H君が「したがながい」と描いた絵について語ったことに，私が「上手にかけてる，おもしろい」と絶賛したことが始まりでした。H君は，相当に自信になったようです。それ以後，積極的に描画を通してアピールするようになりました。

　描画によるやりとりは，H君の言語発達，とくに言語によるコミュニケーションの成長を促したといえます。H君は，ことばを気楽に使い私に投げかけてくることが増えていきました。しかも，応答したくなるような発話です。エピソード8＊①（5歳0カ月）では，H君からの「まつおせんせい　おかたづけしよう？」という誘いに応じて片付け始めたにもかかわらず，H君は「いそがなくっちゃ」と笑顔で言いつつも，その素振りからは急いでいる様子は感じられませんでした。私は「もっと急いでいいよ」とH君を促しました。同じく，エピソード8＊②（5歳0カ月）では，H君は，ワーブルワークで玉が途中でコースから外れ落ちる様子を「だまされた」と表現しました。当然ながら，私は「だましてないよ」と応答しました。H君は，私の応答により，笑顔になるなど明らかに気分が高揚する様子がみられました。この時期から，H君は，ことばを意図（応答を期待）して伝達するようになっていきました。

　エピソード13（5歳5カ月）でのH君からの「このひとだれ？」ということばは，明らかに私への〈問い〉でした。エピソード8（5歳0カ月）のときに，H君は，私に「えんちょうせんせい」と呼びかけました。H君にとっては，自信を持った呼びかけだったと思いますが，私からの「園長先生じゃないよ，松尾先生」という修正は，H君を困惑させたのだと思います。

　私自身にとっては，H君からの呼びかけは関係の転換といえるものでした。私は特定の他者として自分自身を意識しました。同時に，H君自身も，自己を

意識することになったと思います。エピソード9（5歳1カ月）のときに，H君が描いた子どもの絵について（図17），私は「この絵はH君だ」と問いかけたことが，エピソード15（5歳7カ月）「これHやしな」と自らを絵で描いたことにつながったと考えられます（図20）。

H君からの〈問い〉は，〈問われる〉他者として，H君の主体的な活動を認め，その表現活動に応答していくことから生まれました。結果，"他者からの応答を期待する"という意図的なことばの伝達をH君は獲得していきました。〈問う〉という行為は，他者からの応答を期待する対話的な関係の中で生まれ，また，そのような関係を生みだします。その関係を通して，子どもの自己理解や他者理解が進むのだと言えます。私の「松尾先生」という修正は，H君という自己への〈問い〉になり，「このひとだれ？」という私への〈問い〉となったと考えられます。

（2）今ここの世界を超えて──「大きくなったら　仮面ライダーになりたい」

エピソード17（5歳8カ月）では，トーマスの双六が始まりました。「まける」と焦るなど勝負にこだわる姿に，H君が『時間』を意識し始めていることを読み取ることができました。そして，H君は，エピソード21（5歳11カ月）において，ホワイトボードに「きしゃ」，「ほら　けむり　ほら」と汽車の煙突から煙が出ている様子を描き始めます。「ここがスタートやしな」，「ここがゴールやしな」と線路の両端にスタートとゴールを描くことが始まりました。その後，にこやかな笑顔でその様子を見ているH君自身を描きました。H君は，スタートからゴールという形で時間の流れを肯定的な気持ちでとらえていました。

エピソード23（6歳1カ月）では，意図して，スタートとゴールの線路を描き，その後，H君自身を描きながら「これHね」とアピールしていました。H君は，絵を描くことで，私と時間についてのイメージを共有していたのだと思います。

エピソード24（6歳2カ月）で，H君は，仮面ライダーカルタの箱を持ち，

「かるたしよう」と自ら私を誘いました。しかし，うまくいかなかったことが，エピソード25（6歳3カ月）の「Hとらへんかったら　まつおせんせいとってな」というH君からの〈問い〉につながりました。このタイミングでH君からの〈問い〉が発せられるとは思ってもみなかったこともあり，一瞬の間があったのですが，私は「わかった」と力強く応答しました。私の応答で，H君は，安心してカルタを始めることができたようでした。【もし……したら】という仮定の話（この場合は，先行きに対する不安）についての〈問い〉を発しました。私とH君の間に共有された時間が流れていたのだと考えられます。そして，エピソード25（6歳3カ月）において，H君は，『おおきくなったらウイザあどになりたいよ』とホワイトボードに書いて私に示しました。H君は，今・ここの世界を超えていけることを示したのだと考えられます。

> **コメント　空間の共有から時間の共有へ**
> （1）時間の共有を図る遊び
> 　報告者の松尾さん（以下 Th.（セラピスト）と記す）は，子どもから園長先生と呼ばれるほど大ベテランの言語聴覚士ですが，単に言語活動に着目するのではなく，コミュニケーションの基礎となる関係性を重視して，個別療育の中で多くの子どもに出会ってきた方です。その経験知から生み出された療育上の工夫が，たとえば描画であったり，双六遊びであったり，写真を撮るといった形で，この報告にも紹介されています。
> 　定型発達の場合，3歳くらいまでには閉じた円が描けるようになります。そして，描画での意図的な構成ができるようになると，たとえ単なる円であっても，「リンゴ」と命名するなど，表現活動としても展開していきます。そして，そこに構図が加わることによって，ストーリー性のある描画となっていきます。ラスコーの壁画など，太古の描画の研究によると，単体で描かれていたものが構図を持つようになるまでには，一定の時代を経なければならないそうですが，そのような人類史の発展を，子どもは数年の内に遂げることとなります。H君も，5歳3カ月頃から構図のある絵を描くようになっています。そこでは，食べるものと食べられるもの，乗るものと乗られるものといったように，世界が対話構造を持って動き始めたということもできるのかもしれません。描いているときにはそう

第 5 章　自己への〈問い〉，他者への〈問い〉

思っていなかったとしても，描画の良さは，描いたものを対象化して見ることで，あらためて自分が表現したものの意味を深めていくことができるという点にもあると思われます。写真で振り返ることは，さらにその観点を育てます。そして，5 歳 7 カ月には，自画像を描くようになります。その背後には，すでに 6 カ月前に初めて描いた人物画を，Th. が H 君と意味づけていたことを無視することはできません。表現活動は，その表現の受け手によって意味づけられることで展開することも大いにあるのだと思います。

　描画と，H 君と Th. との実際の対話との関連をみると，4 歳 8 カ月に H 君が，「～しようか？」と言っていますが，この段階では，Th. の意図を確かめているというより，「～したい」という自分の意図の表明という側面が強いように思われます。ですから，「～乗ったことある？」という問いに，Th. が知りたがっている意図を配慮せずに，オウム返しのような返答をしてしまうのです。しかし，自画像を描くようになって以降の 5 歳 8 カ月には，双六をしようかという問いかけの意図を受け止めることができるようになっています。それに先だって，5 歳 5 カ月に，「このひとだれ？」という問いを発していますが，これは，相手の意図を知ろうとするものではなく，たとえ表面的なラベルであったとしても，相手について知ろうとしての〈問い〉だと言えます。そして 5 歳 7 カ月には自画像に対して，「これ H やしな」と言っています。第 I 部で見てきたように，自らを名乗るということは，そう呼ばれる自分を意識するということでもあり，単に人の名前を呼ぶこととは異なります。それが可能となったのは，自分の描画という表現を，Th. とともに眺めるということを行ってきたからかも知れません。

　このような時期を踏まえて Th. は，双六遊びを導入しています。私たちの人生の歩みを，スタートからゴールまで一望できるということはあり得ないことですが，双六の面白いところは，それが一度に空間的に見通せるということにあるのでしょう。Th. と療育という空間を共有してきた H 君が，ここにきて，双六の駒に自己を投影し，空間的に捉えられる時間経過のパースペクティヴを元に，時間の共有を図る遊びへと歩みはじめます。そして，6 歳 1 カ月には，「ほらみて」と，見られている自分を意識した発言をするようになり，さらに 6 歳 3 カ月には，「おおきくなったらウイザあどになりたいよ」と，将来展望を語るようにもなります。

（2）時間的な見通しも含めた自己像

このように，療育によって大きな発達的な変化を遂げたH君ですが，2回の発達検査結果から見えてくるH君の姿というものもあります。5歳4カ月の検査では，第4章のY君と同様に，「お腹の空いたときには，どうしたらよいでしょうか？」といった3歳台の課題である［了解Ⅰ］の問題が不通過であったのに対して，自分の左右の手や耳などを正しく認識するといった，5歳半以降の課題である［左右弁別］に通過しています。これは，自分の身体の軸を意識して，それを基準に身体の対になった部位に，新たに左右という区別を与えるといった，生活年齢以上の難しいことを認識する力がある一方で，この時点ではまだ，検査者から投げかけられたことばによって，その場の空間を離れたテーマに対応することが難しかったからだと考えられます。

しかし6歳2カ月には，「もしも，あなたの家が火事で燃えているのをあなたが見つけたら，どうしたらよいでしょうか？」といったような，［了解Ⅱ］の問いに答えられるようになっています。これは，検査場面において，おそらく特別な関係性を有していない検査者からの問いであっても，発せられたことばによって，その状況を思い浮かべることができるようになったからだと言えるでしょう。これが可能になった背景として，6歳1カ月の療育において，先述したように，「ほらみて」といったことばを Th. に投げかけられるようになっていたということが重要であったのではないかと考えます。この時点でH君は，Th. と築き上げてきた関係性を元に，自分のことを見てくれている Th. と，Th. から見られている自分というものを意識できるようになっていたのだと思います。そしてそのような他者と自己を意識する思いは，Th. とともにいる療育の空間だけで働いていたのではなく，おそらく，「次の療育で Th. とまた双六をしよう」と思ってみるなど，空間を離れて他者のことを思いうかべるということも可能にしていたのではないかと推察されます。

その場の空間を離れられるということは，単に同時に存在する他の場所を想定するだけではなく，時間軸の中で，過去や未来のことを想定することも可能にさせます。しかし，その場を離れた何かを思い浮かべるという力を得るにあたっては，自己という個体からだけの発想では難しく，誰かとともに行動することを通して，たとえその場にいなくても，相手のことを思い浮かべてみるということが，非常に重要なことではないかと考えられます。それを経てH君は，〈現在の自己〉

をも離れて，6歳3カ月には自分の将来展望を語れるようになっていったのです。

　私たちは，過去から現在を経て将来にまで至るような，時間的な見通しも含めた自己像を描き，それを大きな拠り所として生きています。しかしそれは，誰かと共有された想い出であったり，自分のことを待っていてくれる他者という存在があってこそ可能になるのです。だからこそ，関係性を築くことに困難を持つ発達障害のある子どもたちにとっても，むしろそうであるからこそ，自己形成のために，このように関係性を基盤とした療育的アプローチが不可欠なのです。この事例は，そのことを深く自覚させてくれるものだと思います。

（古田直樹）

> 第Ⅱ部のまとめと考察
> ——自閉症スペクトラム障害児の〈問い〉が育つとは
>
> 松 尾 友 久

　自閉症スペクトラム障害（自閉症）を持つ子どもたちは，相互的な対人的コミュニケーションの難しさゆえに，他者理解や他者との共有世界を築くことに困難があります。つまり，意図を持つ存在として他者を認めるという対人関係に課題があるといえます。それだけに，"今ここの世界"という空間を共有し，子ども自身が自らの主体的な活動を通して，共同世界を築くことを支援する必要があると考えられます。そのことこそが，自己理解や他者理解を育てると考えられるからです。他者と共同世界が構築されるとき，"自己の行為の意味を他者の意図に注目し探る"という共同性のメンタリティが育っていきます。

　共同性によって支えられた語りや描画という主体的な活動を通して，子どもたちの対話は形成されていきます。また対話を通して，子どもたちは生活者としての自己の歴史を表現し，他者と共有し，"今ここ"の世界を離れて，"時間の共有"をはかっていくのです。"時間の共有"が実現するとき，他者の心を推論することが可能になり，推論的コミュニケーションが育ちます。〈問い〉・〈問われる〉コミュニケーションとは，時間を共有する他者への自己の存在をかけた問いかけだと言えます。

1. 対話の前提としての共同性

　浜田（1999）は，「自他という相互の視点の交換性が対話性の基盤である」と指摘しています。しかし，自閉症の子どもたちにおいては，自他という相互の視点の交換性は，成り立ちにくい課題です。そこでまず，他者を特定の意図を持つ存在として認識する力が育つことが重要になります。他者の意図が理解できず，固まって動けない子どもたちにもよく出会いますが，他者の意図に応じることができたという成功体験こそが，対話としてのコミュニケーション関

係への第一歩になると考えられるのです。第4章のY君に限らず，自閉症の子どもたちは，数々の応答的コミュニケーションの失敗体験を繰り返してきていると考えられます。それだけに，まずは，特定の他者の意図に応じることができたというコミュニケーションの成功体験が必要となります。

　次に，遊びという共有世界をもつかかわりが重要となります。遊びの共有体験により，ともに楽しい体験を通して，子どもを褒め，子ども自身の自己アピールを引き出すことで，ことばによる自発的なコミュニケーションが育ちます。同時に，子どもからの自発的なコミュニケーションが他者との共同性を育てることにつながっていきます。Y君のエピソードでも，担当者がY君の意図を理解し問題の解決方法を提示し，Y君も担当者の提案を受け入れるという，共同作業が実現しています。岡田（2003）は，ロボット研究の視点から，他者との共同性とは，「自分の行為の意味を特定する情報を常に環境や他者とのかかわりに探りながら，その行為の意味や役割を調整している」状態だと指摘しています。　すなわち，他者との関係を通じて，「自分の行為の意味を他者の意図に注目し探る」という経験が，共同性の育ちの端緒となると考えられます。

　この共同性によって育つメンタリティを出発点とすれば，子どもたちのこだわりという興味も，主体的な行為として共有化されることになります。たとえば，扇風機が大好きであれば，相互主体的（互いに意図を認める）な関係を基盤として，徹底的に扇風機への興味を共有していきます。扇風機に関心を向けるという主体的な行為を通して，共同性を育てていくことができるからです。まずは，"特定の他者"との信頼関係を基盤として，こだわり行為であれ，子どもたちの主体的な行為として尊重し，共同性という関係を築くことが必要になります。子どもからの主体的行為なしには，自己を築き，他者理解を育てることは難しいと考えられるからです。しかし，子どもの注意がたえず転換し，主体的に遊びに集中できないような場合には，かかわる側の共有が難しくなります。

　このように，共同性を基盤として，他者の応答を期待して行う意図的な発話行為により対話が開始されていきます。対話とは，他者の支えなしには成立し

ないという意味で，他者と出会うということです。さらに，浜田（2009）が指摘するように，「身体が他者身体と出会う対話こそが，［私］が成り立っていく出発点」であるとも考えられます。共同行為の中から共同性というメンタリティが育つことで，他者の応答を期待した意図的な発話が増えていくのです。

　第5章のH君の事例においても，対話が成立する前に，他者の応答を期待しての意図的な発話が増えていきました。子どもたちは，意図的な伝達を行うことで，他者からの応答を取り入れ，対話ということばのやりとりの形式を育てていきます。さらに，対話の中で，発話が語りという形式を整えて発達していくことで，自己・他者意識が育ち，"今ここの世界"を超えていく契機となっていくと考えられます。また，"時間の共有"は，推論的なコミュニケーションを育て，他者の心を推論することを可能にしていきます。

2. 主体的な表現としての語りが時間を超えるとき

　内田（1994）が，物語るという行為について，「表象を表現するには，言語が発達していることが必要である」と述べているように，物語る力の発揮には文の形成という言語発達が前提条件となります。語りとは，"今・ここ"という世界を超え，時間を表現することであるといえます。長崎（2001）は，「物語ることにおいては，他者の心の状態への言及が重要な役割を果たし，また，逆に，物語ることが他者の心的状態の理解の重要な前提であるといえる」と指摘しています。

　このように，物語る行為は，ばらばらな出来事を時間的に連続した一つの流れとして意味づける行為であり，語り手は，聞き手との共同作業を必要とします。そして，物語を共有することで，生活者としての他者理解が育つといえます。たとえばH君は5歳8カ月時に，担当者と"今ここ"での世界において会話が成立し，担当者との"時間の共有"が可能になっていくと，双六ゲームの中盤で負けそうになることへの不安をことばで表現し，時間を意識した行動をとるようになっていきました。その後5歳11カ月のとき，「ここがスタートで，ここがゴールで，これがHで」と，双六の世界を描画で再現し，スタートから

第Ⅱ部　〈問い〉の育ちを考える――新たな関係の始まり

ゴールまで走る汽車と，その時間の経過を眺めて楽しむ自己像を描くようになります。それを見ながら担当者も共感し，2人の間で，描画に表現された，経過していく"時間の共有"が図られていきました。描画の中に自分を描くことで，十分に言語化はされていないもののストーリーが展開していく点で，H君はある種の"語り"を行っているのだと考えることができます。通常子どもたちは，見立てや象徴表現の力が育ち，文章の形式が整ってくると，過去の経験を語るようになりますが，H君の描画に表現された時間の経過とそれを眺める自己像は，"今ここ"という現在の時間を超える力の表れであると見ることができます。

　他の事例を挙げると，たとえば5歳11カ月の自閉症の女児N子ちゃんが，あるとき，療育室の壁に張ってある他児が描いたお姫様の絵（療育に通っている子どもが描いた）を見て，「おひめさまだいすき　ほてるでけっこんしきのときみた　めっちゃきれいなドレスだった」と担当者に経験を語りました。担当者は，「N子ちゃん，お姫様になりたいの？」と問い返したのですが，N子ちゃんからの応答は，「なりたくない　だって　それはね　がっこういかなあかんし」という意外なものでした。母親によると，N子ちゃんは，2カ月前に幼稚園の担任の先生のホテルでの結婚式に参加した経験を語っていたようです。さらに，1年先輩の子どもたちから小学校に入学しなければならないと教え込まれていたために，すぐにはお姫様にはなれないと考えており，それを担当者に答えたのだということも理解できました。すなわち"結婚式のお姫様みたいなドレスはとてもきれいだけど，小学校に入学しなければならないため，すぐにはお姫様にはなれない"と，"今ここ"での体験を超えた未来が視野に入ってきているのです。

　また，5歳4カ月のK君という自閉症の男児は，療育を行っている部屋の外の黒い雲を見て，「またあらしや」，「あさってあらしや　ずっとあめふってかみなり　せんせいいうてはった」と伝えてきたことがありました。保育園の先生からの情報を基に，K君は空の黒い雲を見て確信したのだと思います。担当者が「へえ　そうなの？」と多少びっくりした表情で応じると，自発的な伝

表3　共同性を基盤としたコミュニケーションの発達支援

関係性のレベル	関係性の変化と発達支援	子どもの自我発達
今・ここの世界の共有 ↓ 時間の世界の共有	①相互主体的な関係の形成（互いに意図を認めるコミュニケーションの成功体験もその一つ） ↓ ②他者との同型的（言語・運動等）基盤を整えつつ，遊びを共有するかかわりを行うことで，「自己の行為の意味を他者の意図に注目して探る」という共同性の形成 ↓ ③共同性を基盤とし，遊びの中で，応答を期待する意図的な伝達行為を通して，「他者の応答を期待して行う」対話という発話行為の形成 ↓ ［対話という関係の成立］ ↓ ④子ども自身の主体的な活動としての語りや描画を通して，自己の歴史を他者と共有する力の芽生え ↓ ⑤自らが生活者としての歴史を語り他者と共有することで，時間の世界を共有する力の形成 ↓ ⑥推論行為を基盤とした〈問う〉・〈問われる〉コミュニケーションの形成	○自己と他者を対とする自己の育ち ↓ ○生活者としての自己認識・他者認識の育ち

達が増え，他者の表情に注目することも増えていたK君は，担当者の心についても「しらんかった？」と推論して確認してきました。このK君の例でも，"今ここ"での黒雲から，嵐が来るという予想や，嵐がずっと続くという未来への見通しまで関心を広げると同時に，担当者の意図を推論する行為が発揮されています。

　N子ちゃんやK君の例のように，子どものことばによる語りを，保護者から得た情報によって理解し，子どもの体験や意図を再構成することで，物語として"時間の共有"を子どもと図ることが，支援者として重要であると筆者は考えています。山上（1996）は「物語る力は，自己実現の道と深く関わっている」と指摘していますが，語るという行為は，話し手と聞き手が共同して"時間を共有"して生きる行為そのものだと考えられます。

　以上のような共同性を基盤としてコミュニケーションが育ち，その後語りが時間を超える過程について，関係性のレベルとその変化，子どもの自我発達の

様相を示したのが表3です。

3. 〈問い〉の育ち——推論行為と〈問い〉のコミュニケーション

　Y君とH君の事例については，筆者が療育者として対応する間に約10年の時間が流れています。この2人とのかかわりの年月は，自閉症児にとっての対話という相互性の育ちを課題にして，共同性をキーワードにしながら療育のあり方を探っていた10年でした。彼らの療育で築き上げた視点は，それ以後の自閉症児への療育に適用し，表3にまとめたような「共同性への支援」を志向する療育に引き継がれていきました。さらに共同性への支援を実践していく過程で，"今ここ"という時間を超えて，"過去・現在・未来"の時間軸の中で，子どもの体験を共有することの重要性に気づくようになっていきます。

　表3に示したように，〈問い〉が育つ過程としてまず重要なのは，①相互主体的な関係の形成をめざす取り組みでした。その取り組みの中で，②他者との同型的基盤を整えつつ，遊びの共有を通して「自己の行為の意味を他者の意図に注目して探る」という共同性が育ちます。たとえば5歳1カ月の時期にH君は，描画の中に自己像を描き，5歳5カ月時のH君は「このひとだれ？」とよく知っている担当者に対して，あらためて〈問い〉を発し，自他意識が鮮明になってきたことを示していました。さらに担当者の名前が定着した時期の5歳7カ月には，自画像を「これHやしな」と自信を持って描きました。これは自己を強く意識するようになっている結果だと考えられます。またY君の場合は，5歳11カ月時に，馬の人形を動かして乗馬体験を再現していました。担当者が人形を「Yちゃん」と言って渡すと，Y君は人形を自らに見立てて「Yちゃんウマのっちゃった」と遊び出しました。人形を自らに見立てて対象化したことで，Y君は自己を担当者という他者との関係の中でとらえることができたのだと考えられます。さらに6歳0カ月になると，人形を使って，「Yちゃんがライオンさんがのった」と担当者にアピールするなど，まさに，"自己と他者を対としての自己の育ち"を示し，これ以後共同性を基盤にして，Y君には対話が育っていきました。

次いで，共同性を基盤として，③他者からの応答を期待する意図的な伝達行為を通して，対話という発話行為が形成されていきます。たとえばY君の療育経過で最も印象に残っているのは，6歳3カ月のエピソードの，「なんにもある？」という問いかけでした。それは，「なんにもない」という言葉から派生して，Y君が考えだした〈問い〉です。しかし，共同性の基盤の上に育ったこの〈問い〉を通じて，"自己の行為の意味を他者の意図に注目する形で明確にしていく力"が育つ様相がうかがえました。このことから，筆者は子どもたちの主体的な活動を支援することの重要性に確信を持つようになりました。

　さらには，共同性への支援を実践していく過程で，"今ここ"という時間を超えて，"過去・現在・未来"の時間軸の中で，子どもの体験を共有することの重要性に気づくようになっていきます。それが④子ども自身の主体的な活動としての語りや描画を通して，"自己の歴史を他者と共有する力"の芽生えの段階です。

　子どもたちが"今ここ"の世界を超えるためには，子どもが子ども自身の自発的な活動として，自己の歴史を語ることが必要です。ことばだけでなく，描画も含め，自分の歴史を物語として語る必要があります。しかしそのためには，療育者が時間を共有する他者にならなければなりません。たとえば子どもたちから，「どこで寝るの？」などの質問を受けたような場合，筆者は時間を共有する生活者として自分を認めてもらえたのだと考えるようにしています。"今ここ"の世界において，共同性を基盤とし，生活者として時間を他者と共有し，他者との関係に支えられた自己は，「もし……したら，どうしよう」と不安をかかえつつも，まだ起きていない未来の時間を，他者と共有することが可能になります。これが⑤の段階にあたります。たとえばH君の場合，6歳3カ月時に，「Hとらへんかったら　まつおせんせいとってな」と，前回の失敗をもとに担当者に問いかけを行っています。これは，過去の経験を踏まえ，取れないかもしれない未来への不安の中で，今現在の時点で担当者に助けを求めて問いかけたものであり，"時間を共有する"担当者への問いかけでした。担当者にとって，H君との時間を共有していることを，これほど意識したエピソードは

ありませんでした。

　また，自らが生活者としての歴史を語り，それを他者と共有することで，時間の世界を共有する経験を積み，⑥推論行為を基盤とした〈問う〉・〈問われる〉コミュニケーションが形成されていくという経過をたどっていきます。

　ディアドリ・ウイルソンとティム・ウォートン（2009）は，「人間のコミュニケーションは，相手の意図を推論で認識することに大きく依存しています。相手の伝えたいことを理解できるのも，相手が何かを伝えようと意図を示し，聞き手がその意図を察することができるからです」と意図を推論するコミュニケーションの重要性を述べています。自閉症の子どもたちにとっては，人の意図を推論するという行為そのものが苦手です。Y君やH君の例に見られた他者の意図を推論する力が育っていく様は，より言語が育ってきたときにさらなる展開を見せます。たとえば5歳3カ月時の自閉症児M君の療育場面にその様子をたどることができました。

　M君は，「さっき　あめ　ころころおちてた　せんせいにいって　すててもらった」と，担当者と出会う前の待合のフロアーで，落ちていた飴を見つけ先生に言ってゴミ箱に捨ててもらった体験を語りました。M君が飴を拾って渡したことを，担当者が「えらい」と褒めると，M君は，母親に「えらいって」と喜びを伝えていました。しかしながら，M君にとっては，なぜ飴がフロアーに落ちていたのかが不思議であったようです。その後，「そうじしているとき　あめがおちていたままやったん？」と担当者に問いかけてきました。この時点では，「お掃除の人も，掃除の時には，飴が落ちてることに気付かなかったと思うよ」と応答しました。M君の〈問い〉は，"なぜ，掃除のときに，お掃除

（1）ダン・スペルベル（Sperber, D.）とディアドリ・ウイルソン（Wilson, D.）が提唱した関連性理論は，関連性原理Ⅰ（認知関連性の原理）と関連性原理Ⅱ（伝達関連性の原理）の2つの関連原理に支えられています。関連性原理Ⅰとは，人間の認知とは，関連性を最大にするようになる，すなわち，人間とは，自分の認知環境の改善を願っている存在であるという原理に基づいて作られています。頭にある解釈の手がかりとなる記憶や一般常識を想定といいます。そして，想定を認知環境といい認知環境の変化を認知効果と呼びます。関連性原理Ⅱは，伝達的関連性原理で，伝達行為は，伝達意図にもとづくものと情報意図にもとづくものに分かれます（スペルベル＆ウイルソン，1999）。

の人は，落ちている飴を見つけなかったのだろう？"ということでした。"なぜ，掃除したのに，飴が落ちてるの？"という〈問い〉からは，その推論の前提となるM君の掃除に対しての想定"お掃除とは，ゴミなどを拾うこと"(1)を読み解くことができます。

　推論的なコミュニケーションの獲得に支えられることで，〈問い〉の育ちはよりいっそう深まっていくのです。

4．個別療育の重要性

　M君，Y君と"特定の他者"が出会い，子どもの主体的な遊びを共有することで，二者間の関係性が深まり，この関係性を通して〈問い〉が育つといえます。それゆえに子どもと"特定の他者"が出会う場としての個別療育が重要になるのです。他者が，"特定の他者"だからこそ生かせるアプローチがあります。たとえば馬の人形遊び，双六，写真を撮ること，描画などは，"特定の他者"からの提案だからこそ受け入れられたのでしょう。

　また，たとえばY君の唐突に思えるような「なんにもある？」という〈問い〉も，すでに「なにもない？」を共有した〈特定の他者〉だからこそ発した〈問い〉だといえます。

〈引用・参考文献〉
浜田寿美男　1999　私とは何か　講談社選書メチエ
浜田寿美男　2009　私と他者との語りの世界　ミネルヴァ書房
長崎　勤　2001　言葉の発達入門――「心の理解」とコミュニケーションの発達　大修館
岡田美智男　2003　ヒトとロボット　発達，**95**，61-70．
スペルベル，D．，& ウィルソン，D．　内田聖二ほか（訳）　1999　関連性理論――伝達と認知　第2版　研究社出版
内田伸子　1994　想像力　講談社新書
ウィルソン，D．，& ウォートン，T．　今井邦彦（編）　井門亮ほか（訳）　2009　最新語用論入門12章　大修館書店
山上雅子　1996　物語を生きる子どもたち　創元社

第Ⅲ部
ネグレクトを受けた子らの〈問い〉

ネグレクトという〈問い〉の受け手のいない中で育った子どもたちであっても，対話の受け手として継続的・応答的にかかわる人との出会いの中で，子どもの中にある自己形成を目指す力を土台として，釈然としないまま抱えられていたものを，〈問い〉として育てていくことが可能です。そして，その〈問い〉は，自己の存在に向けられた切実な〈問い〉なのです。

第6章

身体が発する〈問い〉
―― 人と人とのつながりの「ここちよさ」を目指して ――

峯　優子

> 　現在の児童養護施設には，多くの被虐待児が生活していますが，担当職員が交代勤務であったり，職員の入れ替わりなどもあり，人間関係の作り直しがより困難になることがあります。その対応として心理相談員によるプレイセラピーなども導入されていますが，人に対する不安感や不信感から，一対一で過ごすこと自体に緊張が高まる子どもらもいます。そこで著者は，まず人と人が触れあうことを気持ちよく感じられるような『ふれあいたいそう』を取り入れてみました。

1　はじめに

　本章では児童養護施設で生活する子どもたちとのかかわりについて報告します。

　児童養護施設の形態には大舎制，中舎制，小舎制とあり全国的に近年は小舎化していく傾向にあります。

　当施設は定員60名であり，2歳後半〜就学前の子どもたちが暮らす幼児ホーム（20名）・小学生〜高校生の女子が暮らす女子学童ホーム（20名）・小学生〜高校生の男子が暮らす男子学童ホーム（20名）という3ホームに分かれる中舎制となっています。それぞれのホームごとに台所，リビング，居室などが配置されています。

　そして複数の職員による交代制勤務という体制を取っています。そのため「おはよう」や「いってらっしゃい」を言った職員と「おかえり」「おやすみ」

を言う職員が代わったり，前日に「おやすみ」を言った職員と翌朝に「おはよう」を言う職員が代わったりするという点が生活の特徴としてあげられます。また，年度ごとに退職や新規採用に伴う担当職員の入れ替わりや，それに伴う担当ホームの移動も必ず起こってしまいます。

　子ども同士の関係を見ても，幼児期からずっと施設で一緒に暮らしている子どももいれば，学童になってから入所してくる子どももあり，あるいは入退所を繰り返す子どももあり，子ども間の入れ替わりもよく起こる現状があります。

　従って，年度ごとにも年度途中であっても職員や子どもの入れ替わりに伴って，人間関係を作り直す必要に迫られることが起こりえます。

2　子どもたちの様子と職員の思い

（1）心理相談員から見た子どもたちの特徴

　近年，子ども虐待の増加に伴い，児童養護施設の入所児童のうち被虐待児の割合も増加する傾向にあります。虐待を受けた子どもたちはその影響から様々な葛藤や感情の混乱を引き起こしやすく，施設内での日常の生活をかき乱しがちです。こういった問題が目立つようになり，対策の一つとして平成13年度から筆者が心理相談員（以下相談員）として配置され，心理療法を導入することになり，平成17年度からは常勤として勤務することとなりました。

　当施設において相談員は個別的なかかわりを重視し，プレイセラピーや心理面接を中心に実施してきました。その個別心理療法の場面を通して子どもたちと出会う中で非常に目立つ特徴として，一対一で過ごすという状況の中での緊張感が非常に高いことがうかがえました。

　たとえば，相談員の指示をじっと動かずに待ち，相談員の提案にはそのまま従い，何も言い出さずにいると次第に呼吸が荒くなっていく5歳の女の子や，初めて来室したときに担当職員に引きずられるようにして来室し，相談員と2人きりで会話をするときには静かな室内にもかかわらず，ささやくような小声しか出せない4歳の男の子，一見フレンドリーに明るくよく話してくるが相談

員の手の届く範囲には決して近づかず，相談員が偶然近づくとさりげなく横に避けてしまう小4の女の子，興奮気味にずっと一方的にしゃべり続け，相談員が口を挟む隙がないほどになる中2の女の子などです。

　これらの様子からは，人に対する不安感や不信感が非常に高いことがうかがえました。

　あるいは，相談員と遊ぼうとするときにボールを持って近寄ってきて「おれと遊ばんとコロスゾ」と言ってきた小1の男の子，他児が自分の意に沿わないときに腹を立てると4歳のときには「しばくぞ」と言っていたが，5歳になると「ころす」と言うようになった男の子もいます。

　非常に強いことばでしか人とかかわることができず，年齢が大きくなるほど，より強いことばを使わざるを得ないようになっていくことがうかがえました。

　このような子どもたちの様子からは，人との出会いに不安感や不信感を感じやすく，非常に緊張に満ちたものになりがちであることがうかがえます。そしてことばでのやり取りは意味よりも強さでもって用いることが身についていることが推測されました。相談員としては，人と出会うときに緊張はもちろん感じるものですが，同時に期待も抱けるようなイメージを育てたいと考え，そのためにはことばによるやり取り以前の，人と人が触れ合うことを気持ちいいと感じるような，人間関係の基礎になるような感覚を体験できるような働きかけが必要ではないかと考えていました。

（2）担当職員（直接処遇職員）の思い

　日常的に子どもたちの食事・洗濯など衣食住の世話をする職員を直接処遇職員といいます（以下，担当職員）。

　担当職員たちは，日常的に子どもたちにかかわる中で，子どもたちは集団生活となるため，「やらされている」という感覚が常に残ってしまっているのではないかということが気になっていました。子どもたちの成長のために，「自分で何かをしている」感覚や「自分から楽しめる」経験を積ませたいとの思いがありました。しかし自由遊びのみでは自分で何かをすることと好き勝手をす

ることとを混同して逆効果になる可能性もあります。自分がしたいことのために他児の動きを無視して自分のしたいことだけを推し進める様子も多くの子に見られ,「人と一緒に何かをする楽しみ」も経験してほしいと思っていたため,ある程度のルール（枠組み）の中で,子どもたちが参加したいと思えるような遊びの感覚の中でできるプログラムを実施できないかと考えていました。

3　『ふれあいたいそう』の試み

　以上のような相談員と担当職員の思いから,体をほぐし,緊張を解く動きややり取りを通して,体も心もリラックスさせ,そしてリラックスした状態で他人と息を合わせるたいそうを通して,人に対する緊張をほぐし,人と人とのつながりを楽しく気持ちのよいもの,「ここちよいもの」と感じる体験をし,人間関係を作る基盤作りにつなげることを目指して,数回の試行の後,平成18年4月より月2回程度の『ふれあいたいそう』を実施することとしました。

（1）『ふれあいたいそう』について

参加者

　子どもたちは昼間は保育園の年中・年長クラスに通うため,3歳から4歳児が中心となるが,時折途中入所やショートステイという短期入所のために保育園に通えない子どもや,退所する子どももいるため増減があり,参加児童の年齢は3歳〜6歳程度の幅があり,人数も4〜6名の変動がありました。スタッフの大人は担当職員1〜2名と心理相談員1名が中心となりました。時折空き時間を利用して他の職員が参加してくれることもありました。

プログラムの基本的な流れ

　プログラムは松井・やまむら（1994）を参考に,取捨選択したり手を加えたりして構成を考えました。

　子どもたちに見通しがつきやすいように『はじめの輪たいそう』で開始し,『おわりの輪たいそう』で終わりとなるようにします。そして『はじめの輪た

いそう』と『おわりの輪たいそう』の間に1～3つ程度のプログラムを挟むという流れを基本とします。

ある日のプログラム例
　①はじめの輪たいそう：みんなで手をつないで輪になって
・輪になってコンニチハァ：せーのでコンニチハ！
・大きな"あ"，小さな"あ"：「ああああ…」と大声を出しながら輪になって手をつないだまま右に左に走る
・ちょうちょでひらひら：それぞれ座って自分の両足の裏と裏をくっつけて『ちょうちょ』を歌いながら膝を上下に揺らす
　②あそぶ
・ひとりころがり，ふたりころがり：手を伸ばして床を転がる。誰かと手をつないで転がることも
・ぶらんこ：大きな布に乗せて左右に揺らす
・飛行機：大きな布に乗せて部屋中を走り回る
・足に足のせ歩き：大人の足の甲の上に子どもの足を乗せて息を合わせて部屋中を歩く
　③おわりの輪たいそう：みんなで縦に一列に並んで座って
・もしもしかめよ：歌いながら前の人の背中をごしごし
・ぎっちらこー：前から順に倒れていき，後ろまでたどり着いたら押し戻す
・"はい，おしまーい"："おしまーい"と声を合わせて後ろにゴロンと寝転がり脱力

　これらのプログラムは，体と体が触れ合い，触れ合ったりつながったりしながら一緒に息を合わせて動くことができるものを中心に選んでいます。

（2）『ふれあいたいそう』にまつわる子どもたちの様子から
　『ふれあいたいそう』実施時のエピソードや関係するエピソードを表4にまとめます。
　表にあるように，『はじめの輪たいそう』で輪になる際には，初期は大人と

表4 『ふれあいたいそう』に関するエピソード

1	実施中の子どもたちの様子から

初期	・『はじめの輪たいそう』のためにスムーズに集まってきたが，手をつなぐときに全員が子ども同士でつなぐことを嫌がり，大人と手をつなぎたがってケンカになった。 ・「つぎヒコーキする？」「今日はブランコしたい」「なわとびしたい」など，口ぐちに言う。 ・『足に足のせ』で初回に相談員の足の上に乗って歩いたときに，相談員が子どもを乗せている足の甲に痛みを感じるほど子どもの体に硬さが感じられた。 ・『足に足のせ』で挨拶をする際に，にこっと笑う。 ・『ごろごろきゅうりもみ』の最後の「いただきます」の際に，拒否する。 ・『ひとりころがり』で，1人ではどうしても嫌がって転がらない子どもがいたが，大人と手をつなぐと転がった。 ・『おおなわとび』で順番を争ってバラバラになる。あるいは縄を回すほうをやりたくてぐずりだし，結局跳ぶことができなかった。
3カ月目以降	・興奮気味に走り回ったり，大人を叩きにきたりしていた子が，他の子が『はじめの輪』で手をつないで走りだすとついてきた。 ・手をつなぐときに，大人同士がつなぐことがあるとその姿を見て面白そうに笑ったり，お気に入りのぬいぐるみを持ち出して手をつなぐ輪に加えた。 ・『足に足のせ』で初回には，相談員が子どもを乗せている足の甲が痛くなるほど体に硬さが感じられた子が，回を重ねるうちに軽くなり，相談員が動きやすくなった。 ・当日に不安定さがあり，赤ちゃん返りのように指を吸い寝転がっていた子が，『ふれあいたいそう』が始まると起き上がり，積極的に参加し，その日は一日機嫌よく過ごした。 ・『ごろごろきゅうりもみ』を数回経験した子が，ある回ではぬいぐるみを自分の前に座らせて，ぬいぐるみに対して『ごろごろきゅうりもみ』をしてあげた。 ・『ごろごろきゅうりもみ』を大人が子どもにしてあげた直後に，「こんどはねえちゃん！」（職員のこと）」と言って，子どもが大人に『きゅうりもみ』の真似ごとをした。 ・『おおなわとび』で，大人と2人で手をつないで一緒に跳ぶことができ，さらに子ども同士でも「○○ちゃん，手つなご」と誘いあって2～3人で手をつないで跳んだ。 ・『おおなわとび』で，まず1人でくぐり，次に2人で手をつないでくぐり，最後に子ども4人全員で手をつないでくぐるときには，大きな声で「せーの！」と声を合わせてくぐることができた。くぐった後には，手をつないだまま得意そうな顔で大人たちのほうに駆け寄った。

2	日常の中の子どもたちの様子から

■栄養士より：
・『ふれあいたいそう』のある日は子どもたちが昼食をよく食べる（早くて食べる量も多い）。

■担当職員より：
・『ふれあいたいそう』のある日は昼寝時にすぐに眠り，よく眠っている。
・なにげないときに職員の足に自分の足を乗せて「あるいて」と頼んでくる子がいた。（『足に足のせ』）
・『ふれあいたいそう』後に，その場にはいなかった職員に「ボールなげてるときだけ悪いこといってもいいねんで」と話し，『あっちいけポイ』のルールを教えてくれた。
・ぬいぐるみ1体を入れて，子ども2人とぬいぐるみ1体の3人で手をつないで輪になってうれしそうに走っていた。（『大きな"あ"，小さな"あ"』）
・「たいそういつ？」「明日やんな？」と『ふれあいたいそう』のある日を楽しみにしている。

手をつなぎたがって先を争って大人の手を奪おうとする子どもが多く見られました。回を重ねるにつれて子ども同士でも積極的につなぐ姿も見られ，ときには子ども同士がつないだために，逆に大人の手が余り，大人同士で手をつなぐ羽目になった姿を見て，子どもが面白そうに笑うこともありました。手をつなぐ場が争いの場ではなく，楽しい場面になったのです。

また，『ひとりころがり』のように一人で転がることができず，この動作が非常に身体感覚が不安定で不安感を引き起こしやすく，難しいのではないかと思われた子が，職員の一人が手をつないで一緒に転がることによってうれしそうに転がることができました。

『ごろごろきゅうりもみ』をされた子が，された直後に，今度はぬいぐるみに対してしてあげた，あるいは一度してもらった後，「今度は姉ちゃん（職員の呼称）」と言って，『きゅうりもみ』をしてあげた職員に対して子どもが逆にしてあげるというエピソードもあります。"してもらう"ことに対して，"して返す"という相互的なやり取りが起こったのです。

さらに『おおなわとび』では，初期には手をつなぐことを嫌がったり，自分が跳んだ後に縄を独り占めにしたり，回している大人の真似をしたくて縄を奪おうと争いぐずることがよく見られましたが，1年後には，1人でくぐり，次に2人で手をつないでくぐり，最後には「せーの」と声を合わせて4人全員で手をつないでくぐることができました。しかもくぐった後には手をつないだまま大人の傍に駆け寄って，得意そうにしていました。もちろん大人はここで目一杯褒め，その場にいた全員で喜んだのです。ここでは様々なつながりを経験し，しかも息を合わせてくぐるという体験ができ，それをうれしいこととして捉えることができたと思われます。

『足に足のせ』で，初回には相談員の足の甲の上に乗せて歩くと痛くなるほどの体の硬さが感じられた子がいましたが，回を重ねるうちに半年ほど経つと，痛さを感じることはなくなり，相談員と一緒にスムーズに歩けるようになりました。ここには子ども自身の緊張感が和らいだこと，大人の足の動きに自分の動きを任せ合わせるというような息を合わせることができるようになったこと

が考えられます。

（3）実施後の様子から

栄養士からは「たいそうのある日は子どもたちが昼食をよく食べる食べる」，担当職員からは「たいそうのある日はお昼寝のときに本当によく眠っている」との報告がありました。『ふれあいたいそう』をしてよく動いたため，昼食をよく食べ，よく昼寝をするという良い生活リズムにつながっているエピソードです。

また，『ふれあいたいそう』実施外のときに，子どもが職員に『たいそう』のルールを教えたり，『足に足のせ』のように職員の足に乗ってきたり，ぬいぐるみを使って『大きな"あ"，小さな"あ"』を子ども同士でして遊んでいる様子も見受けられます。これらは，『ふれあいたいそう』での体験を，その場にいなかった大人との間でや，子ども同士の間で再現しようとしている動きだと思われます。『ふれあいたいそう』の体験が子どもたちの中に残り，それを自分の力で再度体験しようとする行動だと考えられます。

4　事例①：鉄の足のC君

C君は両親とも学生のため養育が難しく，生まれてすぐに乳児院へ入所しました。祖母は責任感が強く，C君の面倒を見なければと母親を連れて面会等に熱心に来ました。しかし母親は祖母に従っているだけという風でC君に積極的にかかわることは少なかったです。母親，父親ともにまだ学生であり，C君に対する接し方がよく分からず，緊張感を持っていたことがうかがえました。

3歳になったC君は，じっとしていることが難しく，危険な場所へも平気で行ってしまい目が離せませんでした。大人と対面すると目線が泳ぎます。玩具で遊ぶ姿は散らかしているのか遊んでいるのか分からないような姿を見せることもありました。他児との衝突も多く，腹を立てるとすぐに叩いたり嚙みついたりという行動に出ていました。また入所して半年も経った頃に，実習生から

第6章　身体が発する〈問い〉

「あの子はごく最近入所してきた子ですか？」と言われたこともあります。それほど集団の中では浮いていたのです（のちにＡＤＨＤと診断されます）。

『ふれあいたいそう』初回は担当職員や相談員が何度誘っても決して輪に入ろうとはせず，壁際のロッカーの上に乗ったり中に入ったり，そわそわし続けていました。

ところが２回目には相談員が保育室に入った途端，飛びついてきて痛いほどしがみついてきたのです。理由がわからず相談員のほうが戸惑ってしまいましたが，『たいそう』を楽しそうだと思えたのかと考え，さっそく『はじめの輪』を始めました。しかしＣ君は相談員の手を独占しようと，手をつなごうとする他児の手を払い除け蹴飛ばしてしまいました。他児とも手をつなぐように促すと逆に相談員の腕にしがみつくような状態でした。以降も手をつないで輪になることがまず一苦労でした。

そのＣ君が大喜びで笑顔で参加したプログラムが『足に足のせ歩き』です。誰よりも先に相談員に駆け寄って足の甲に自分の足を乗せてきました。Ｃ君の体を支えている相談員の腕にしがみついて，早く歩こうとでも促すようにそわそわして，スタートしたのです。進みたい方向を「あっち」「こっち」と指示し，「オレみねえちゃんやー！」と他児にアピールしていました。Ｃ君の喜びが全身から感じられました。

ところがＣ君と歩き回っていると，Ｃ君の足を乗せている相談員の足の甲が痛くなってきました。一歩踏み出すとその上に鉄の棒のようなＣ君の足がドスンと乗ってきます。Ｃ君が踵を浮かしてつま先立ちで乗るため，突き刺されるような感覚もしました。Ｃ君の体の硬さ，人と接しているときの緊張の高さが身に染みて感じられました。相談員はその硬さと痛さが辛くて動きが鈍くなり，一方のＣ君はあちこちに一緒に動き回りたくて一生懸命でした。そのためお互いの動きがちぐはぐになり，相談員の足からＣ君の足が落ちてしまうことも度々ありました。何度も「右，左，右…」と前に踏み出す足を口に出すなど，２人の動きを合わせようと苦心したのです。

こうして回を重ね，半年ほど経つと，相談員はＣ君と『足に足のせ』をして

も痛みを感じることがなくなりました。C君を乗せていてもとても軽やかで，部屋中をスムーズに歩き回ることができるようになったのです。「C君，どちらにいきましょうか？」「あっち！○○くんのとこ」「じゃあ，右に曲がりまーす」などと会話を交わしながら，右に左に自由自在でした。C君の足の裏が相談員の足の甲にぴったりとくっついたまま歩き回っていたのです。

　C君は当初，他児と手をつなぎ，輪に入ることを拒絶し，相談員とのかかわりの中では体の硬さが非常に顕著に感じられ，非常に対人緊張が高いことがうかがえました。そのC君と相談員は足の動きを合わせようとする『足に足のせ』を通して，お互いに動きを合わせ息を合わせる試みを繰り返したのです。そしてC君の体が軽くなりスムーズに動けるようになったことは，体がやわらぎ，相談員に適度に体をあずけることができるようになったと考えられます。緊張が少しやわらいだことがうかがえます。

　『ふれあいたいそう』を始めて1年後，C君を含む同年齢の4人が参加した回での『おおなわとび』で，まず1人ずつでくぐり，次に2人ずつ手をつないでくぐり，最後には4人で手をつないで横に一列に並んで，「せーの！」と声を合わせて揃ってくぐったのです。そして跳んだ4人は手をつないだまま担当職員と相談員の前に走り寄ってきました。そのときの得意そうな4人の晴れ晴れとした笑顔は忘れることができません。

5　事例②：ひとりっこD君

　D君は母親が精神疾患のため情緒不安定で生活基盤も整わず，養育が難しいと，出生後半年で母子センター，1歳時に乳児院へ入所しました。母親は熱心に面会等に来ては，大量のお菓子をプレゼントし一緒に暮らそうねと熱心にD君に語りかけていました。しかし生活状況が安定することはなく現実には引き取りはできない状況でした。また母親の調子が悪くなると何カ月も音沙汰がなくなります。2歳下に弟が生まれると関心は弟へ向き，母親が弟を膝に乗せて熱心に話しかける間，D君は一人で傍で遊んでいるということもありました。

第6章 身体が発する〈問い〉

　4歳のD君は，集団のペースになじめず，よく1人で遊んでいました。いつもマイペースで，みんなの動きからは一歩遅れがちでした。玩具を出しても遊び始めが遅く，そのため片づける時間になってもまだ満足できずに遊び続けようとして遅れます。結局1人になってしまいます。

　『ふれあいたいそう』初回には『はじめの輪』での手をつなぐことを嫌がり，それなら輪の真ん中に入っておくようにと担当職員に促され，輪の中に座って過ごしました。以降も『足に足のせ歩き』も担当職員や相談員の足に乗ることを嫌がり，走って逃げて座りこんでしまうなど，輪に入ることを拒絶することが多く見られました。一人，輪の真ん中に座っているか，輪の外側で座っているかという状態でした。

　このD君が3回目には，『ごろごろきゅうりもみ』の背中のマッサージはじっと動かずに受けました。床の上にうつぶせにゴロンと寝ころんでいるD君の背中（全身）を担当職員が「切りますトントントン」と両手の平を合わせて包丁のようにして軽く叩いていくと，うっとりと目を細めていました。そして「食べますムシャムシャムシャ」と背中や足を軽くつまんで食べる真似をする際には，くすくすと笑い声も出ました。

　さらに回を重ね3カ月程経ったとき，『ごろごろきゅうりもみ』を受けた後，すぐに起き上がって「こんどはねえちゃん」と言って，担当職員を自分の前に寝かせて，自分がされたように「トントントン」「ムシャムシャムシャ」などとし始めたのです。担当職員の様子をうかがいながらマッサージをしてあげていたD君は，マッサージをされている担当職員と同じくらいうれしそうで，笑いがこみあげてきていました。担当職員は驚きつつも，「D君，お返ししてくれてありがとう」とお礼を言うことを忘れませんでした。

　その次の回では『はじめの輪』のときに大好きなピカチュウのぬいぐるみを持ち出して輪の中に加えました。最初は相談員は手が離れたら危ないと制止しようとしましたが，「絶対に手を放さない」という約束で輪の中に加えました。するとD君は手をつないで走りながら時折ピカチュウのぬいぐるみの様子をうかがっていたのです。手を離してはいけないという責任感がうかがえました。

そして『ごろごろきゅうりもみ』にも『おわりの輪』にもピカチュウを加えて最後まで参加することができました。

　後日，ホームでも『ごろごろきゅうりもみ』や『メリーゴーランド』をピカチュウのぬいぐるみにしてあげていたという話を耳にします。D君にとって，何かをしてあげるという行為が自然に生まれてきたことがうかがえました。

　以降のD君は『ふれあいたいそう』に参加する日は，準備も急いで済ませ，真っ先に走って来室することも増えました。ピカチュウも時折一緒に参加しています。

　そして5歳になった頃，2歳年下の弟の面倒を見る姿が見られるようになりました。運動会のお遊戯の時間に舞台に立って，後列でD君は踊っていましたが，しばらくすると前列で踊っている弟の隣に出てきて何か声を掛けながら一緒に踊っていたのです。少しおせっかいが過ぎることもあるようですが，面倒を見る場面が出てきているようです。

　マイペースで一人になることが多かったD君は，『ごろごろきゅうりもみ』を通して，体に触れられることの気持ちよさをじっくりと味わい，その次の段階として，してくれた人へ"して返す"ということをしたのです。そこから"してあげる"ことを広げていき，担当職員や弟へ自分から働きかけていくということができるようになったと考えられます。してもらう・してあげるという相互のやり取りへと広がっていったのです。

6　C君とD君と『ふれあいたいそう』

　C君に対して母親，父親ともに，遠巻きで遠慮がちな態度で，どう接してよいか分からないという緊張感を抱えながらC君とかかわっていました。C君にとっては母親も父親も存在感が遠く，人と接する場面を緊張感とともに経験することになったのです。

　そのC君との『足に足のせ歩き』は，当初は一体感にはほど遠く，ばらばらの動きであり，C君の体自体も硬く緊張感に満ちていました。まさにC君が抱

えている対人関係の取り方がそのまま表れていたのです。

　そのC君が相談員の足の上に乗って動くことを繰り返すことで、自分の足が下から支えられて動く感覚、息を合わせる感覚を体験しました。その体験をもっと味わいたいと繰り返し要求したところからは、非常に気持ちのいいものとして感じられたことがうかがえます。他人に体を預け、支えられて一緒に動き、息を合わせて一体感を感じることが「ここちよい」と感じられたのです。そして人に対する緊張感が和らぎ、体の緊張感も和らいでいったと考えられます。

　D君は母親から何度も一緒に暮らそうねと言われて期待を抱きながら、現実には無理という裏切りを繰り返し体験していました。そして弟ができ、母親から関心を向けられなくなった頃には期待をすることもやめてしまったように見えました。そのため人と積極的にかかわりたいという気持ちも起こりにくくなっていたようです。

　そのD君は『ごろごろきゅうりもみ』で職員から背中をさすられたりトントンと叩かれたりすることで、自分の体に触れて働きかけられる感覚を体験しました。その体験を味わうときのうっとりとした表情からは、やはり気持ちのいいものとして感じられたことがうかがえます。その「ここちよさ」を人から与えられることで感じることができ、そこから人を意識し、繰り返すうちに自分からも働きかけてみようという動きにつながっていきました。それが職員へ『きゅうりもみ』をしてあげるという行動になったのです。そしてさらに大好きなぬいぐるみへの関心、弟への関心へと広がっていったのです。人とかかわりたいという気持ちを取り戻していったと思われます。

　C君もD君もそれまでの経験から人との出会いに緊張感や絶望感を感じざるを得なくなっていました。ところが『ふれあいたいそう』の中で、人と何かを一緒にすることの気持ちよさ、人から何かをしてもらうことで味わえる気持ちよさを体験し、それまでの緊張感や絶望感とは違う、"人と何かをすると、もしかするといいことがあるかもしれない"という期待感へつながっていったと考えられます。そこから"人と何かをしよう""人に何かをしてあげよう"という人とのつながりを自分から求めていくという行動へと発展していったと思

われます。

7　まとめと考察

（1）人とのつながりを「ここちよい」と感じられるように

　児童養護施設における子どもたちとかかわる中で，心理相談員から見た特徴として，対人場面における非常に高い緊張感がまず第一にあげられます。そして日常的に「あほ，ぼけ，ころすぞ」ということばが挨拶代わりに使用され，強いことばがその強さの実感を伴わないまま使用されていることもよく見られました。そこからは子どもたちが人に対する非常に高い不安感や不信感を根本的に抱え，少しでも自分を強く見せながら生きていかなければならない現状がうかがえます。そのような中では人とやり取りをする中に楽しみを見出すような対人関係のイメージを広げにくいことが考えられます。

　また，日常生活をともに過ごしている直接処遇職員からも，子どもたちが大人からさせられるばかりになり，自分が楽しく，やりたいと思う自主性を育てられていないのではないかということが危惧されていました。

　そこでことばによらないやり取りを通して，人と何かをすると楽しい，人と何かを一緒にしたいという感覚を促す働きかけとして，『ふれあいたいそう』の試みを始めることとなりました。

　『ふれあいたいそう』の開始当初は大人としか手をつなぎたがらなかったり，足に乗せる大人が痛みを感じるほど体が硬かったりした子どもたちが，回を重ねるにつれて，子ども同士でも手をスムーズにつなげることが増え，逆に大人の手が余り，大人同士で手をつなぐ姿を見て子どもが面白がる場面も見られるようになったり，体を大人に預け緊張がやわらいだと感じられたりするという変化が見られました。

　もちろんうまくいくことばかりではなく，個々の思いを通そうとする子，精神的に不安定な子がいることから結果的に全員がばらばらになって終わることもありますが，大部分では様々なプログラムを通して，息を合わせて一緒に動

き，そして成功したり楽しかったり気持ちよかったりする体験を積み重ねていることがうかがえます。

そのうちに子どもたちから「ヒコーキしたい」「今日はグルグルせーへんの？」という希望も出されるようになり，子どもたちが取り組みたいと思えるような活動になってきています。今後は子どもたちからの要望も織り込みながら，一緒に体験するという感覚を広げていくことも考えたいと思います。そして少しでも人に出会うときに人に対して期待をし，人とのつながりを「ここちよい」と感じられるようになればと思います。

（2）子どもたちの生きる力をどう育てるか

児童養護施設を取り巻く状況はすでに知られている通り，養育者の経済状況，子どもたち自身が抱えている問題，職員を取り巻く状況など，どれをとっても楽観視していけるものはありませんが，その中でも，日々子どもたちも職員もお互いに衝突したり頼りにしたり慕ったり，様々な感情の中で混乱させられることも逆に気持ちが救われることもありながら生活をしています。

家庭から不適切なかかわりを学習してきた子どもたちにとって，児童養護施設は育ち直しの場であり，職員は子どもたちの人生にかかわるという大きな責任を持っています。ほとんどの子どもが18歳になれば自立していかなければならないという状況の中で，それまでに子どもたちの生きる力をどう育てるか，そのために何が必要で，何ができるのかを日々考えていきたいと思います。

最後に，『ふれあいたいそう』について日々協力をしてくださっている担当職員の方々に深く感謝いたします。

〈引用・参考文献〉
松井洋子・やまむら浩二　1994　からだでおはなし──親と子のふれあい体操　太郎次郎社

コメント　身体が発する〈問い〉
『足に足のせ歩き』を始めた頃のC君の足は，鉄の棒のように感じられるとあ

ります。ネグレクトを受けてきた子どもたちが示すこれらの身体のこわばりは，"外界は安全なのか？"という身体が発する〈問い〉なのではないかという気がします。一方で，C君はADHDの診断を受けたということですが，自分一人では，危険な場所にも平気で行ってしまうなど，かえって無軌道とも思えるような行動を取ってしまいます。子どもが通常危険認知を育てていくのは，まだ四つ這いをしはじめた頃からでも，信頼している養育者の様子をうかがいつつ行動していくという，"社会的参照"と言われる能力を備えているからだと考えられています。たとえ子どもが好奇心を抱いても，養育者が制御をかけるような様子を見せることで抑制がかかるのです。はたして，C君にそのような能力が備わっていなかったのか，それともネグレクトによって潜在的にはその能力を持っていても危険を学ぶ機会が得られなかったのかは，定かではありませんが，いずれにしても，何が安全で，何が危険かという判断力が養われずに育ってきたことは確かなようです。

　そのようなC君が，あらためて『ふれあいたいそう』という形で，直接人と接する二者関係の中に置かれたとき，当初は非常に緊張したのでしょうが，一方で，喜んで参加したとあるのは，そこで安全を確かめる〈問い〉を発してみたいという思いを持ったからかもしれません。そして，このような身体に直接はたらきかけるアプローチにより，半年くらいで軽やかに移動できるようになり，1年後には，他児らとの大縄跳びにも加われるようになるというすみやかな変化を見せたのでした。

　また，生後1歳時から乳児院で生活していたD君は，集団のペースになじめずにひとり遊びが多かったとありますが，『ごろごろきゅうりもみ』の背中のマッサージをしたところ，3カ月ほどたつと，担当職員にしてあげようとするようになったり，5歳になった頃には，2歳下の弟の面倒も見られるようになったということです。第Ⅰ部第2章のコメントで，定型発達の子らには，役割交替がスムーズに展開されることが多いと書きましたが，ここで見られるのは，自分がしてもらったことを相手にすることによって，自分がしてもらったことをあらためて客観的に捉えようとする，役割交替の中での〈問い〉と言えるのかもしれません。

（古田直樹）

第7章

自分の育ちへの〈問い〉
―― ネグレクトを理由に施設入所した幼児への
発達支援の取り組み ――

立 花 尚 美

> B子ちゃんは，1歳半健診で有意味語がなく未歩行でしたが，両親に療育に通わせる意思がなく，ネグレクトを理由に児童養護施設に入所した3歳半から筆者の勤務する療育教室に通うようになりました。セラピストは，遊びの様子を写真に写してB子ちゃんに持ち帰ってもらうなど，個別的な体験を共有して振り返ることで，特定の人との間に対人関係の基盤となる愛着関係を形成し，その関係の中でB子ちゃんが自己を〈問う〉ことができるようにとかかわりを持ちました。

1　はじめに

　現在，児童養護施設に入所している子どもたちの多くは，親が生存しているにもかかわらず適切な養育が受けられない等の理由で施設での生活を余儀なくされています。そのため，施設入所後も，親との不安定なかかわりが続き，そのことが様々な心理的ストレスや問題行動を引き起こすことも少なくありません。子どもたちの家族歴や主訴の変容とともに，施設処遇や心理的サポートのあり方については様々な実践の中から，従来の個別的心理療法の枠組みを越えて，施設職員と子どもとの間に愛着形成を目指す取り組み（大黒・安部，2001）や生活する環境そのものが治療的機能を果たしていく環境療法（西澤，1999；大迫，2003）が注目されるようになっています。

　今回とりあげる事例のB子ちゃんも，ネグレクトを理由に両親から離れて児童養護施設へ入所しています。B子ちゃんは，施設入所以前から発達の遅れを

指摘されていて，入所を機に筆者の勤務する療育教室へ精神発達遅滞を主訴に紹介されてきました。療育の中では能力の獲得という発達の一側面に加え，個別的な体験を共有し振り返ることで，特定の人との間に対人関係の基盤となる愛着関係を形成し，その関係の中で自己を捉えなおすことを重視しました。B子ちゃんとの2年余りのかかわりを振り返り，プレイルームで過ごす意義について見直し，施設と家庭という2つの生活を送るB子ちゃんの，自己，母，家の問題を考えたいと思います。

2　生育歴と主訴

初回面接時，B子ちゃんは3歳6カ月でした。30代半ばの両親，B子ちゃんよりも5歳年上の兄の4人家族です。母親は頭痛薬の薬物依存と抑うつ症状のため精神科へ通院し，父親は収入が不安定で心理的には母親に巻き込まれている状態であったようです。また，母親自身が実親からの被虐待児であったことが分かっています。B子ちゃんは1歳半健診で有意味語がなく未歩行でしたが，両親には療育教室へ通わせる意思はなく，児童相談所での経過観察になっていました。また，児童相談所では，それ以前から兄への母親による身体的虐待を理由に家族のフォローをしていたため，B子ちゃんの保育所入所後も関係者協議を行いました。B子ちゃんについて，保育所からは，無断欠席が多い，同じ服を続けて着ている，風呂に入っていないようで体臭がある，爪が伸びている，など，十分な養育を受けていないネグレクトの状態であるとの報告がありました。暴力を受けたような痕はなかったようです。その後，両親の方から，生活を立て直したいので兄とB子ちゃんを施設へ入所させたいと希望があり，B子ちゃんが2歳9カ月のときに児童養護施設へ入所することになりました。兄は，母親からの身体的虐待を受けていた経過から，別の児童施設を経て，その後B子ちゃんと同じ施設の別棟に入所しました。両親の面会や週末・長期休暇の帰宅は，施設入所当初は不定期でしたが，その後ペースが安定したようです。

B子ちゃん3歳6カ月時に，施設からの要望があり，療育教室へ紹介されて

きました。3歳3カ月時の新版K式発達検査では，姿勢・運動面は発達年齢1歳11カ月，認知・適応面は2歳2カ月，言語・社会面は1歳9カ月で，軽度の精神発達遅滞の状態でした。

　B子ちゃんの入所している施設（以降，ホームと表記）では小舎制をとっていて，2歳から18歳までの10人弱の子どもに対し，基本的に2人の保育士が担当しています。初回面接時，担当保育士によると，B子ちゃんはことばの遅れは心配だけれど生活面のことはなんとかやっている，頑固で以前は自分の意が通らないと1時間でも泣き続けていた，この頃は少し納得できるようになってきた，ということでした。基本的に毎週末に帰宅していますが，母親は「疲れた」と予定よりも早くに兄とB子ちゃんをホームに連れ戻すこともあるようでした。

3　療育教室としての方針

　以上のことから，B子ちゃんにとっては個別的な応答関係の経験がまず必要であると考え，原則的に隔週1回1時間の個別療育を実施することとしました。通所には特定の施設職員に付き添ってもらうよう要請し，普段の生活では持ちにくい個別的関係を経験し，通所の行き帰りも含めて体験を共有してもらうことで特定の職員との間で共同記憶の形成を促すことを目指しました。その際，遊びの様子を撮った写真等を使って，体験の言語化，振り返りをしやすいように配慮しました。B子ちゃん自身の課題としては，集団生活の中では出し切れない力を発揮し，自己効力感を高めることを目指しました。

4　筆者が引き継ぐまでの療育経過

　以下，1回目から8回目までの経過です。
　ホームを出るときには機嫌が良く，またプレイルームでも職員F（B子ちゃんの生活担当保育士）と過ごしているときには落ち着いていますが，1回目

（3歳9カ月），2回目（3歳10カ月）と筆者の前任の保育士のスタッフ（以下，前任Th.）がかかわろうとすると泣く，ということが続きます。職員FとB子ちゃんの遊びを保障するように働きかけると，3回目（3歳11カ月）には前任Th.が直接かかわれるようになり，前任Th.がアンパンマンの指人形とドールハウスでトイレやお風呂など日常の場面を再現すると，注目し，自分でもそれを模倣して人形を動かします。最後にB子ちゃんが自ら，椅子に人形を座らせ，一列に並べたので，その場面とB子ちゃん自身を写真におさめ持ち帰らせました。以降，筆者が引き継いでからもほぼ毎回，写真を撮り持ち帰るようになります。4回目（4歳0カ月），5回目（4歳0カ月）では，「じゅんばん」と言いながら人形を並べるなど，B子ちゃんが日常の中で経験していることが出てきます。6回目（4歳1カ月），7回目（4歳3カ月）には，通所を楽しみにしている様子がうかがえ，玩具を自分で選ぶなど積極的になります。生活の流れは表現されませんが，物の用途は理解して動かし，順に人形を風呂に入れるときには，施設職員のような口調でセリフを言います。8回目（4歳3カ月）はB子ちゃんが緊張している様子なので，職員Fとの遊びを中心にすると，人形，家具など必要なものだけを選んで扱い，ホームの他児の名前を言って皿を並べるなど，日常の様子を表現し，職員Fと内容について理解しあっているようです。

　日常では，電車を見て「でんしゃ，のったな」と職員Fに前回の通所のことを思い出して伝えたり，B子ちゃんがここでのことを伝えようと他の職員へ「アンパンマン，トントン」と言ったりするということです。プレイルームでは，徐々に遊びの中にB子ちゃんの日常経験が表現されるようになり，職員Fも「こんなことを知っているとは驚いた。日常の姿からは想像できない」との感想を言います。さらに，週末に帰宅していますが，その頃，ホームに戻ってから夜泣きをして「おかあさん，きて」「おかあさん，きらい」と言ったようです。一方，7回目に，職員Fが3月で退職するため，担当保育士が変わるとの報告があります。

5　第1期：試し（新しい関係の構築）

第1期は，9回目と10回目です。

療育担当者，ホームの担当保育士（職員O）が変わり，約2カ月ぶりに通所を再開します。これ以降，職員異動に伴い，前任Th.から筆者（以下，Th.）が担当を引き継ぎました。

9回目（4歳6カ月），10回目（4歳6カ月）は，泣いてほとんど遊べません。とくに，これまで前任Th.と遊んでいた玩具を提示すると抵抗し，新しい玩具では少し遊んだことから，新しい関係を築くためにTh.を試しているように感じました。職員Oは，ホームでも，ふとんの端がめくれている等，ちょっとしたことで大きな声で泣いて怒ると言います。物の取り合いなどでは，年下の子どもにも負けるようです。また10回目（4歳6カ月）は来所するときの洋服を自分で選んだということでした。"自分で"というのは強くなってきた，との報告があります。

6　第2期：日常生活の再現（体験の語り）

第2期は，11回目から16回目までです。

11回目（4歳7カ月）からは，プレイルームでB子ちゃんが職員Oと2人で落ち着けるようにするとスムーズに遊び始めるようになり，生活場面や経験を再現するようになります。入浴場面や家具の配置など，ホームの様子が細かく表され，職員Oが「ああ，そうなっているね」と共感する場面もあります。15回目（4歳10カ月）では，赤ちゃん人形に対して「ちょっとしんどい」「まだネツあるわ」と治療した際，自身の経験として「ちゅうしゃ，したな」と職員Oへ言います。16回目（4歳11カ月）は，トランポリンの上で幼稚園のお遊戯を再現し，Th.に対して先生のような口調で話します。ホームでもよくしているそうです。しかし，プレイ全体に，その後の展開よりも遊びの準備の段階に時

間を費やすことが多くなっています。第2期の中では，次のような家族に関する遊びがありました。

　13回目（4歳9カ月）　職員Oも知らない体験が再現される。ハサミとブラシでリカちゃん人形の髪を切るふりをして，夏休みの帰宅中にB子ちゃんが体験したと思われる美容室の細かい様子を再現する。B子ちゃんが「こうしてな（と後ろに反り返る），あらう」「ママ，みえたねん」等と髪を切ったときの様子を語る。

　14回目（4歳10カ月）　リカちゃんシリーズの小さい人形を「あかちゃん」，大きい人形を「ママ」あるいは「おねえちゃん」，男の子の人形を「おとうさん」と呼ぶが，役割を感じさせる扱いはない。父―母―子どものユニット，とくに母―子の結びつきを大事にし，「あかちゃん」の人形を「おかあさん」の隣に「ねんねしときなさいね」と寝かせる。しかし，一方で，「おかあさん」と「パパ」，「ママ」と「パパ」の2組が登場したり，2種類のハウスを出してどちらも「おへや」「かえる」と言ったり，B子ちゃんの現実の生活が投影されているかのような表現も見られた。

　また，16回目からは，写真に加えて，B子ちゃん自身が将来への見通しを持てることを目指し，次回の日程をメモ用紙に書いてB子ちゃんに手渡すことにしました。Th. としては，プレイルームが，B子ちゃんが"連れられてくる場所"ではなく，B子ちゃん自身が主役であり，"Th. とB子ちゃんとの間で約束して来る場所"であることを実感できるように，との意味も込めました。

7　第3期：治療と食事（ケアの繰り返し）

　第3期は，17回目から24回目までです。
　この頃から，Th. に対して指示的にかかわるB子ちゃんの姿が見られるようになります。まだ一つのテーマで遊ぶということは難しく転々としますが，赤ちゃん人形の治療や世話というテーマが繰り返し出てきます。世話の具体的内容は，ホームでB子ちゃんが受けた経験に基づいているようです。物を整理す

第7章　自分の育ちへの〈問い〉

ることに時間を費やすこともありますが，両親との関係にストレスが生じたときにとくに長い時間をかけるようで，その立ち直りの意味があるように感じられました。この時期の遊びをいくつか抜き出します。

17回目（4歳11カ月）「ち，でてる」「びょういん，いこうか」と言っては，病院に見立てたトランポリンまで連れて行き，B子ちゃんが医者役になって治療する。その後，家のスペースに戻ると「おふとん，ひいたろな」「さき，ひいてくるしな」と人形の世話をして，寝かせる。寝ている間にB子ちゃんは買い物をしてご飯の用意をする。

19回目（5歳0カ月）　ハム太郎の指人形を出すと，リボンちゃんを「B子のハムタロウ」，ハム太郎を「おにいちゃんのハムタロウ」と言い，他の人形と一緒にバスに丁寧に乗せ，「ねんねする」とバスごとふとんをかけるが，「かぜひくし，さむいしな」「なかよし」と隙間ができないように，何重にもふとんを重ね，少し崩れるとまたやり直す，ということを執拗に繰り返す。

20回目（5歳1カ月）　リカちゃん人形の髪の毛を手入れするが，冷蔵庫を整理棚のように使い，中に道具類をしまう。出し入れの度にきれいに並べることに時間を割く。

21回目（5歳2カ月）「パパ」「ママ」「赤ちゃん」の組み合わせを2組用意するが，赤ちゃんは病気だと言っておかゆを食べさせる。

また，病院から連想されるのか，電話を取り上げて「おかあさん，しんどいって」あるいは「おかあさん，びょういん，いってるって」，とぽつりと言うことがありましたが，これはB子ちゃんの母親について言っているようで，日常の母親の状態を表していると思われます。18回目では，シルバニア人形が階段の上から叫ぶ様子を表現して，「おーい，おかあさん，おとうさん，ママ，おにいちゃん，B子ー」と言いますが，B子ちゃんの実際の家族が出たのは初めてでした。

職員Oからは次回予定の手紙を楽しみにしているという報告がありました。週末に帰宅した後，家であったことを話してくれるようになりました（5歳2カ月）が，一方では，5歳6カ月時に経過をみるために児童相談所で受けた発

達検査では,物の名称もあいまいなところがあり,小学校に入るとしんどいかなと思った,と言います。発達年齢3歳を越えきれていないようでした。

8　第4期：自己像と役割遊びの出現

第4期は,25回目から27回目までです。
　この時期には,セッションのほとんどの時間を一つの遊びに費やすようになります。自己の対象化ができるようになり,役割を意識した遊びが展開され始めます。

25回目（5歳7カ月）　ホワイトボードで描画,丸の中に目鼻口を描く。Th.と協同で自己像を描く。幼稚園のカバン,帽子を描かせ,「ようちえん」「B子ちゃん」と言う。隣にB子が「ママ」「かみのけ,すごい,おっきい（長いという意味か）」という人物を描きかけるが,完成させずに消す。代わりに「バスかいて」とTh.に要求。中に,「○○さん（園バス運転手）。メガネ」「△△せんせい。バスのせんせい」「B子ちゃん」「○ちゃん」「△ちゃん」を描くように要求し,それぞれの外見について言う。職員Oも人物の特徴をよくとらえている,との感想。

26回目（5歳7カ月）　「B子ちゃん,ママ」,職員Oを指差し「おねえちゃん」と言い,初めて役割を明言する。他に,赤ちゃん人形を用意して,「あかちゃん,ほら,つかれてる」「おねつやし,おかゆさん,つくったげるな」と言い,赤ちゃんを寝かせると「ママ,おしごとやし」と辺りの整理をする。買い物に行った後,赤ちゃんを病院に連れて行き,B子ちゃんが医者役となって赤ちゃんの診察をする。言葉足らずだが,役割を意識したセリフを言う。

27回目（5歳9カ月）　ハム太郎シリーズの指人形で遊ぶが,一つの人形が,並んでいる他の2体を「えいえい」と蹴る。Th.が「いたたた～」と応じると,ちらっと同室にいる職員Oの視線を確認する。Oが見ていないことを確認すると遊びを続ける。その後,ハウスと組み合わせ,家に帰ってご飯を食べ,お風呂に入り,寝て,再び起きて遊具で遊ぶという,時間軸に沿った遊びを展開す

る。

　27回目では，自分の遊びが職員Oに咎められないかと心配する様子が見られ，B子ちゃんが現実を離れて象徴的世界でネガティブな感情を表現して遊ぶようになってきたこの段階では，生活をともにしている職員の存在はそれを表現しにくくさせると思われました。そこで，Th. の方から分離プレイを提案し，了承を得ました。

9　第5期：居場所の模索と自己効力感の高まり

　第5期は，28回目から34回目までです。
　職員Oに別室で待っていてもらうという説明にB子ちゃんは納得してプレイルームに入り，より伸び伸びとした様子で遊ぶようになります。この後，最終回まで毎回，トランポリンで遊ぶことから始めますが，B子ちゃんがリードしつつ，周囲にあるものに「あ，みて！」と Th. の注目を求めたり，動作の相互模倣を楽しんだり，応答関係を確かめているようでした。その中で攻撃的な言動が，徐々に Th. に向かうようになってきます。31回目（6歳0カ月）などは，ビニールの剣で Th. を叩きます。しかし，33回目（6歳0カ月）のように描画やかくれんぼをして過ごす穏やかに落ち着いたセッションもあり，Th. への攻撃は，両親との関係に影響を受け，波があるようでした。また，29回目（5歳10カ月）からは，プレイルーム内の決まった場所（二段ベッド上段やその側にある小屋）にバリケードのような"家"を作るようになります。家作りは「B子ちゃんがするし」と仕切り，Th. には「もう，おねえちゃんはちらかして！　B子ちゃんがかたづけるわ」等と怒ってきます。そのようなときのB子ちゃんの表情は硬く，Th. に何もさせずそのくせ何もしないことを怒るというダブルバインドに，Th. は追い詰められた気持ちになります。31回目（6歳0カ月）は，B子ちゃんが「おねえちゃん」，Th. を「おかあさん」と言い，他に赤ちゃん人形も用意しますが，Th. へは「はい，もう，おうちかえり」「もうヨルやし，ねとき」と強い口調で言い，赤ちゃんの家とは別のスペースを指

差します。「あかちゃん」と「おねえちゃん」「おかあさん」の帰る場所は別々のようです。

　職員Oからは，就学時検診を受けて障害児学級に進路を決め，両親もそれに同意したとの報告があります。ホームでは，他児（発達のゆっくりした児であるそう）と張り合うようになったそうです。

　また，34回目（1月）には，療育教室の規定上，3月末で通所が終了することを，B子ちゃんへカレンダーを見せて伝えました。カレンダーには今までB子ちゃんが通所した日に印をつけ，そのことで今後の見通しをB子ちゃんが持ちやすいようにしました。B子ちゃんは，ニコニコとしたままで「うん」とうなずきます。

10　第6期：怒りの対象

　第6期は，35回目から37回目までです。

　B子ちゃんからTh.に向けられていた攻撃的な言動が，35回目（6歳2カ月）には，B子ちゃんが母親役となって子ども（Th.）を叱るようになります。また，36回目（6歳3カ月）には，遊びの様子ががらりと変わり，B子ちゃん自身が怒りを向ける対象（母親）が言語化されます。最終回の37回目（6歳3カ月）は，転々と遊んだ後，「きょうは，（Th.の）おたんじょうびかい」と言い，Th.とともに折り紙を使ってケーキなどを作り，パーティーをします。自分たちの席の他に空席を2つ作り「ここはヒト」と言います。途中で「きょう，きょうしつ，おしまいやんな」「さみしいな」とポツリとつぶやきました。最後にテーブルの上をきれいに片付け，作ったものは大事に持って帰ります。Th.よりメッセージカードを，B子ちゃんから絵入りの手紙（B子ちゃんと職員Oとで用意してくれていたもの）をお互い渡し，終了しました。

　印象的だった36回目のセッションは次のようでした。

　36回目（6歳3カ月）　机で絵を描くが，机の周りに部屋にあるだけの椅子5つを並べ，B子ちゃんの隣にTh.を座らせる。絵を描きながら，"おねえさ

ん"のことを"おとうさん"が怒っていると言い，"おとうさん"のセリフとして「もう，おねえさんはあかんよ！」と怒る。Th. が「えー，あかんの？」と困ったように言うとB子ちゃんは「ちがう，ちがう。あっちにおねえさんがいるの」と空席を指差す。次に少し離れた鏡の方を指差し，「おとうさん，いる。おとうさん，おこったり，いじめたらあかんよっていって」と Th. へ言う。Th. が鏡の前へ行き，B子ちゃんの指定したセリフで怒って見せると，ニコニコ喜ぶ。続いて，「おかあさんに，B子ちゃんをおこったり，ないたり（注・B子ちゃんのセリフのまま），いじめたらあかんよ，ふんっていってきて」と。Th. が力強く言ってみせると，満足そうにする。B子ちゃんは「こんどはおねえさん」と，Th. にB子ちゃんに対して指示をだすよう要求。B子ちゃんが先ほど Th. に言ったのと同様のセリフ「おかあさん……」を繰り返すと，B子ちゃんが鏡の前へ行き，照れたような表情で，Th. を繰り返し確認するように見ながら，セリフを言う。以降，これまでに見せていた Th. への攻撃はなく，描画と折り紙の制作をする。

11　まとめと考察

（1）遊びの変化とセラピスト（Th.），担当職員，母親の位置づけ

　通所に付き添った2人の担当職員が言うように，ホームの集団生活の中では，玩具を独占することも，じっくりと自分の遊びを展開する機会も少なく，「表現する場がない」のでしょう。B子ちゃんは表現する場とそれを理解して受けとめる他者（担当職員，Th.）の存在を得て，その関係の中で遊びを通して様々なことを表現していきました。十分な言語表現力を持たないB子ちゃんにとっては，プレイルームという表現の場，玩具という道具を得たことは重要なことであったと思われます。そして，遊びの変化に伴って，Th.，担当職員，母親の位置づけが変わっていきました。

ホームでの生活場面や家での経験の再現（図22）

　B子ちゃんは，プレイルームと Th. という存在を試しながら自分の中で意

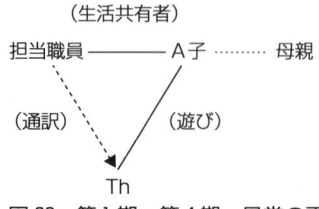

第Ⅲ部　ネグレクトを受けた子らの〈問い〉

```
       （生活共有者）
担当職員 ――――― A子 ……… 母親
      ↘       ↙
    （通訳）   （遊び）
         ↘   ↙
           Th
```
図22　第1期〜第4期　日常の再現と共有

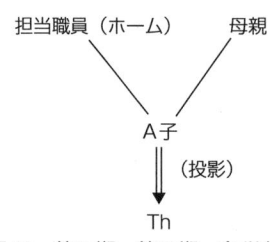

```
担当職員（ホーム）　　　母親
      ＼       ／
         A子
         ‖ （投影）
         ⇓
         Th
```
図23　第5期〜第6期　象徴的世界での遊び

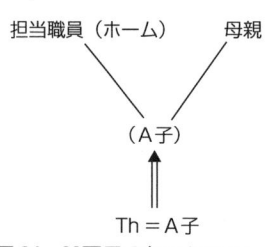

```
担当職員（ホーム）　　　母親
      ＼       ／
        (A子)
         ⇑
       Th＝A子
```
図24　36回目のセッション
　　　"ともに世界を眺める"

味づけ，徐々に日常で経験していることを人形で再現するという遊びを展開していきます。この段階では，職員OがB子ちゃんの表現の内容に理解と共感を示し，Th.は遊びを通してそれを知るという位置づけにあったと思われます。その際，Th.にとっては，職員OがB子ちゃんの表現の通訳者の役割を果たしていました。実際の母親はエピソード的に登場すること（たとえば，17回目で電話を手にして「おかあさん，しんどいって」とぽつりと言うなど）はありますが，断片的でしかありません。

日常の再現を，理解してくれる他者との間で繰り返すことで，次第にごっこ遊びの世界が広がっていきました。遊びとしては，赤ちゃん人形の治療や世話を繰り返し，『母なるもの』のイメージが表現されるようになります。具体的なケアの内容としては，自分がホームで受けて経験していることが表現され，施設職員が一つの母親モデルとなっていると考えられます。しかし，そこでは情緒的なケアについての表現があまりなく，『母なるもの』との情緒的な絆の弱さが示唆されました。

象徴的世界での遊び（図23）

役割をイメージした遊びから，徐々に象徴的世界での遊びが広がってきたとき，B子ちゃんは遊びの中でネガティブな表現を出し始めます。その際，現実の生活をともにしている職員Oに咎められはしないかと気にしている様子だったので，Th.から分離プレイを提案します。分離プレイの中でB子ちゃんはより伸び伸びと象徴的世界を広げ，母―子をテーマに遊びを展開し，役割はいま

第7章 自分の育ちへの〈問い〉

ひとつ明確化されないものの，B子ちゃんがTh.を叱責するということを繰り返すようになります。位置づけは弱いですが，「母親─B子関係」が「B子─Th関係」に置き換えられ，自分が母親の役割をとったり，Th.に母親の役割をとらせたりすることで母親と自己を対象化するようになってきたと言えます。

遊びの中では，家をバリケードで護るように作り居場所を求めますが，『母』の帰る場所と『赤ちゃん』のいる場所は別であり，そこに『赤ちゃん』を継続的に見てくれる人は存在しません。また，Th.に向けた攻撃性は，役割や方向性がはっきりせず，B子ちゃんの中のモヤモヤとしたネガティブな感情が，吐き出し口を求めているようでした。

36回目のセッション（図24）

終結の近づいた36回目は，位置づけが大きく変化しました。そのセッションで，B子ちゃんは鏡の向こうに母親を置き，Th.とともに「B子ちゃんをおこったり，ないたり，いじめたらあかんよ」と言い，母親に対する怒りと期待の混じった感情を表現します。Th.は"B子ちゃんの隣に立ち，ともに世界を眺める人"という位置づけに変化しました。ここで，B子ちゃんは母親を対象化して捉えることができていますが，母親の中身は漠然としたものであり，その上で，鏡の向こうに母親を想定し一定の距離を保って見るということをしています。研究会での発表の際には，鏡というアイテムの持つ遊びにとっての意味について興味深い示唆をいただきました。B子ちゃんは，鏡に映った自分の姿を通して，母親に対する自分を見ていたのでしょうか。しかし，ここではプレイの終結に向け，問題をいったん棚上げしたという印象をTh.は持っています。B子ちゃんは母子葛藤をようやく対象化して捉えることができるようになった段階であり，その意味づけはこれから，というところでしょう。

（2）B子ちゃんにとっての家・母・自己

家族としての一体感と不安定さ

適切な養育環境とは言えないが2歳9カ月まで家庭で育ち，その後も不安定

ながらも面会、帰宅が継続しており、13回目の美容室でのエピソードなど、B子ちゃんにとって心地よい体験もできているようです。その中でB子ちゃんは基本的な対象関係は形成できていたと考えられます。遊びの中にも、初期から人形遊びに父、母、赤ちゃんのユニットが登場し、遊びとして表現はされませんが実際の家族の名前を言うこともあり、家族としての一体感を感じていることがうかがえます。

しかし、一方で父母との不安定な関係が続くということは、ホームと家を行き来するたびに期待を裏切られるという体験にもつながると考えられます。B子ちゃんの遊びの様子も、父母との関係によって変化し、父母との間で受けるストレスからの立ち直りに時間をかけている様子もありました。また、父母との関係は生活を基盤としたものではなく、プレイの中では、B子ちゃん(あるいは赤ちゃん)のいる家と母が帰る家は別に存在するという形で表れています。また、「おかあさん」「おとうさん」「あかちゃん」のユニットが2組登場し、「おかあさん」と「ママ」という2つの呼び方・存在が登場するということは、ホームと家庭というB子ちゃんの二重生活を示唆しているように思われます。B子ちゃんの本当の居場所は定まっていません。

母親像『ケアしてくれる母』『病気で世話ができない母(夜になると帰る母)』『子どもを叱責する母』

ケアの具体的内容としては、施設職員から受けた経験に基づいていると思われ、施設の担当職員が一つの母親モデルとなっていると考えられます。しかし、実際の母親は、B子ちゃんの心の拠り所としたい存在でもありますが、病気で「しんどい」と言って自分を世話できない母であり、また、自分を強く叱る存在でもあります。遊びに表れた Th. に対するダブルバインドから推察すると、その叱り方は、B子ちゃんにとって理不尽なものであるのかもしれません。しかし、遊びの中のB子ちゃんの言動は、はっきりとした役割を持たず、誰から誰に向けたものなのか、方向性が定まっていないという印象を受けます。それには、B子ちゃんの基盤とするところが定まらないということが関係しているのではないでしょうか。ホームの職員も、母親も、自分を継続的に見てくれる

存在ではありません。

自己像『あずけられる子』

　B子ちゃんの遊びに特徴的に表れる赤ちゃん（自己）像は，『あずけられる子』です。第3期で治療と世話を受ける赤ちゃんは，病院で治療を受けた後は寝かされているだけです。また，第5期では，赤ちゃん人形は「おうち」に置かれたまま，B子ちゃんやTh.は夜になると別の場所に帰ってしまいます。赤ちゃんにとっては，必要な実質的ケアを受けることができ，バリケードで護られた環境ではあるが，基盤となる人のいない環境です。施設職員を具体的な"母業"モデルとし，ホームでの生活から"家庭生活"の具体的イメージを形成しつつも，ホームと家庭を行き来する生活を送る中で，どちらがB子ちゃんにとって本当に帰る場所（自らの拠り所とする場所）にはなり得ずにいるようです。

　B子ちゃんにとっては，家，母，自己の意味を問い直す作業は始まったところであり，今後に残された課題は大きいと思われます。

（3）プレイルームでの試みと意義

　筆者らは，B子ちゃんの発達を支えるうえで，その基盤となる個別的な関係が必要と考えましたが，その際，従来のプレイセラピーという枠組みを外し，施設の担当職員に同室で遊びを共有してもらい，またそれを生活の中で振り返ることで担当職員との間で共同記憶を形成し，自我発達の基盤となることを目指しました。また，児童養護施設の子どもの多くは生活の様々な場面で受動的にならざるを得ませんが，B子ちゃんの場合はとくに，能力的な問題とも関連して，他児とのやりとりでも受身になることが多いようでした。そこで，プレイルームにおいてはB子ちゃんが能動的に活動できるよう援助し，自己効力感を高めることを一つの目標としました。

　遊びの振り返りを容易にするために，その様子を写真に撮って持ち帰らせるということを試みましたが，これは，経験の振り返りを促し積み重ねるという点においては，十分に意義があったと思います。B子ちゃん自身も写真を楽し

みにしているようでした。しかし，本事例では期間も短く，共同記憶から自己の歴史性を形成するというには不十分でした。

　また，次回の予定を書いた手紙については，"B子ちゃんが主体である"と確認する良い機会になったようです。その結果，B子ちゃんはプレイルーム内で主体的・能動的な自己を発揮し，自分の行動に対して応答的に受けとめてくれる他者の存在を確かめ，その中で，自己の存在を肯定的に受けとめていくことができるようになったと思われます。実際の生活の中でも他児と張り合うようになっています。

　同室プレイについては，担当職員が感想として述べていたように，日常では見られない子どもの姿を見て子どもへの理解が深まるという点で，意義がありました。また，子どもにとっては，生活場面を共有していることで遊びの意味を容易に読み取ってくれる他者がいるということが，遊びの展開の手助けとなりました。そのほか，本事例では十分にできませんでしたが，セラピストが子どもへの接し方を職員へガイダンスするということにもつなげられるでしょう。児童養護施設は日々の生活に追われ心身ともに疲弊する職場であり，職員へのサポートは非常に大切な問題です。生活を安定したものにし，そこに治療的意味を持たせるためにも，心理士などの専門家が，子どもと生活担当職員との関係を援助していくという視点でかかわることも，今後ますます必要となると思います。

　現在では，施設入所にいたる理由として親の死別や行方不明という例は減少し，B子ちゃんのように，親が存在し施設入所後も不安定な関係が継続しているケースが多くなっています。2000（平成12）年に児童虐待防止法が施行されて以来，児童虐待に対する社会的な関心が高まり，児童相談所の介入によって子どもを保護するケースも増えていますが，その後の家庭復帰に向けた支援プログラムはまだケースバイケースで試行錯誤している段階です。親との関係が続くということは，家庭との分離を繰り返し体験することにつながります。B子ちゃんのように，親との面会，外泊が比較的安定して継続しているケースであっても，それだけでは十分な自己の基盤とはなっていきません。自分の拠り

所とする場所が定まらず，それが子どもの人格発達に影響を及ぼすことは十分に考えられます。家族，子どもへの援助のあり方について，今後に残されている課題は大きいでしょう。

教室運営上の規約から，短期間での終了を余儀なくされましたが，B子ちゃんはやっと自己や母，家を問い直す作業に取り組むだけの力をつけたところです。今後，成長とともに，また様々な困難に出会うことになるでしょう。そのときに，B子ちゃんの隣に立ってともに世界を眺め，困難に向き合うB子ちゃんを支える他者にめぐり会えることを願ってやみません。

〈引用・参考文献〉
西澤哲　1999　トラウマの臨床心理学　金剛出版
大黒剛・安部計彦　2001　虐待を受けた子どもの治療──愛着対象としての施設職員のかかわり　子どもの虐待とネグレクト，**3**(2)．
大迫秀樹　2003　虐待を受けた子どもに対する環境療法──児童自立支援施設における非行傾向のある小学生に対する治療教育　発達心理学研究，**14**(1)．

コメント　思いに動かされた〈問い〉

　療育開始当初は，泣いてしまい遊べなかったB子ちゃんでしたが，次第に生活場面や経験を再現するような遊びをし始めます。セラピストは，プレイの写真に加えて，次回の日程をメモに書いてB子ちゃんに渡すことで，B子ちゃん自身が主役であって，セラピストとB子ちゃんとの間で約束して来る場所となるように配慮しました。B子ちゃんにとっては，自分のことを確実に待っていてくれる他者と出会うことによって空間的・時間的つながりが生まれ，他者と共有できるナラティヴを生じさせることができたのだと思います。

　赤ちゃん人形の治療や世話をする遊びを繰り返した後，自己像を描いたり，自分が母親になったつもりの遊びをするようになります。次第に自分のネガティブな表現を施設職員に見られていることを気にする様子が出てきたので，職員とは分離をしてプレイをするようになってから，自分の課題に向き合うようになっていきます。そしてやがて，B子ちゃんが母親になって子ども役のセラピストを叱ったりするようになり，次に，空席に父親や母親がいることにしてセラピストにいじめたりしたらだめだと注意するように求めます。そして最後は，セラピスト

の後押しを受けながら，自分が注意するセリフを言うことができました。これはまさに，ゲシュタルトセラピーのエンプティーチェアーを用いたセラピーそのものと言えますが，ここでは，セラピストがそのようなワークを促したわけではなく，私がどのように育ってきたのかということを，自分がされたことを相手に体験させてみたり，自分がして欲しかったことをしてみることによって〈問う〉のだというＢ子ちゃんの思いが創り出したものです。発達が遅れていて療育に通い始めたＢ子ちゃんではあっても，自分の育ちとはいったい何であったのかということを〈問う〉思いに動かされたとき，このような表現活動が可能になるのだということに驚かされます。

　もっともＢ子ちゃんは，ことばでの充分な表現力を持っていないからこそ，プレイルームという表現の場と，セラピストという表現の受け手が必要だったのだと思います。しかし，表現手段が未熟だということは，表現内容が乏しいということでは決してないということも，この事例が教えてくれています。ここでの表現内容は，すべてＢ子ちゃんという主体から発せられた，非常に意味深い〈問い〉であったからです。

　徐々に象徴的世界での遊びが広がっていったＢ子ちゃんは，最終回近くでは，セラピストをＢ子ちゃんの隣に立つ，ともに世界を眺める人という位置づけとし，ようやく自己や母，家を問い直す作業に取り組み始めたのだと言えます。

（古田直樹）

第8章
心の受け皿としての他者と「私」
―― N子ちゃんにとっての「家」「母」「自己」――

古田直樹・本　明子

> 　両親が若年婚で離婚してしまい，父方祖父母宅に引きとられたN子ちゃんは，3歳3カ月健診で発達の遅れを指摘され療育に通うようになりましたが，かつては母親が夜間帰宅せず，子どもを置いて父親が仕事に行ってしまうなど，ネグレクトを経験していました。そのようなN子ちゃんが，自分が育てていくのだという祖母の決心に支えられ，また，プレイルームでのセラピストとの出会いを通して〈問う〉ようになったのは，「家」とは，「母」とは，そして「自己」とはという，「私」の存在にかかわる，大きな〈問い〉でした。

1　はじめに

　2000（平成12）年の児童虐待防止法施行以降，児童相談所の虐待相談件数は急増しました。家庭内で虐待行為が行われるということは，幼児にとっては，安定した安全な場所が得られないということであり，そのことが自己形成に及ぼす影響は計り知れません。また，虐待にいたらなくても，近年増加している離婚によって両親の離別やそれに伴う転居などを体験する子どもたちも，安定した基盤の築きにくさといった問題を抱えているはずです。

　母親との離別，転居などを体験したN子ちゃんは，発達の遅れを主訴として父方祖母と療育教室に来所しましたが，祖母の話やN子ちゃんがプレイルームの中で表現する内容から，祖母に引き取られる3歳までの間に，非常に深刻なものではないにせよ，虐待（ネグレクト）を体験したことが疑われました。N

子ちゃんが，祖母との生活やプレイセラピーの中で問いかけてきたことは，「家」とは何か，「母」とは何かということでした。

わたしたちは通常，「家」や「母」といった概念を自明のこととして考え，ことさらそれらをテーマ化しようとしませんが，実際は，自分の居場所としての「家」や自分を育ててくれた「母」という存在に支えられており，それらを基盤として「自己」を形成しています。そのことを本事例は，あらためて示してくれました。

ここでは，N子ちゃんのプレイセラピーと祖母との面接過程を振り返り，N子ちゃんが「家」「母」「自己」ということについて，誰にどのように問うていくのか，また誰がどのように答え得るのかということについて見ていきたいと思います。

2　プロフィール

父親は，当時交際中であった母親が長女を妊娠したため，若くして結婚。父方実家の隣家に暮らしていましたが，N子ちゃんが生まれた頃から夫婦仲が悪くなりました。N子ちゃんが2歳のときに他市に転居し，母親が働くということで保育園に入園させましたが，実際には勤めず，母親は頻繁に母方実家に行っていたようです。N子ちゃんの出生時の異常はありませんでしたが，母親は妊娠中も喫煙しており，妊娠中毒症にもかかっています。予防接種などを受けておらず，1歳半健診に行ったかどうかも不明でした。祖母は，歩くのが遅いのを心配していたと言います。

転居後，不仲となった母親が外泊をし，父親が出勤した後に帰宅することがあり，その間N子ちゃんは，2歳上の姉と2人だけで過ごすこともありました。両親の別居により，3歳直前に父方祖父母が引き取ります。母親が，3歳児健診の通知を放置していたのを祖母が見つけ，3歳3カ月健診を受けたところ，発達の遅れを指摘され，3歳11カ月から療育に通うことになりました。

3歳3カ月より，市内の保育園に転園。行くのを嫌がりますが，園に行って

表5　発達検査結果（新版K式発達検査）

生活年齢	3：5		4：5		5：7		6：5	
	発達年齢	発達指数	発達年齢	発達指数	発達年齢	発達指数	発達年齢	発達指数
姿勢・運動	2：4	68	―	―	―	―	―	―
認知・適応	2：2	63	2：11	66	3：8	66	4：9	74
言語・社会	2：0	59	2：10	64	3：4	60	4：3	66
総　合	2：1	61	2：11	66	3：8	66	4：5	69

しまうと楽しそうにしていたそうです。父親は，失業して求職中で，N子ちゃんの養育は，ほとんど祖母が行っていました。

姉が希望したため，月1回くらい母方の実家に行き，そこで母親に会っていました。

療育は，隔週のペースで，本Th.（セラピスト）がプレイセラピーを担当し，古田Co.（カウンセラー）が並行して祖母の面接を担当。5歳3カ月まで，全28回行いました。療育終了後も含めて，4回行った発達検査の結果は，表5の通りです。

3　第1期：〈問い〉の始まり

［1回目］（3歳11カ月）　N子ちゃんは，人と一緒に何かをすることを楽しんでいる様子で，穏やかに過ごします。

祖母は，今までの経過を語りました。N子ちゃんは，保育園で先生の真似をしたり，乳児クラスに行ったりして遊んでいるということでした。

［2回目］（4歳0カ月）　N子ちゃんは，"何してるの？""これ何？"など，Th.によく尋ねます。ドールハウスの家具や人形を配置し，足りないものを見つけてTh.に繰り返し求めますが，ストーリーのある遊びにはなりませんでした。祖母は，N子ちゃんが赤ちゃんを連れた保護者にかかわろうとしたり，赤ちゃんに触ろうとするので困ると言います。数や色がまだ分からないのに，一方で，祖父母が言い争ったときに，祖母を名指しで，"○○子，いけません！"とはっきり言ったので，ドキッとしたとのことです。Co.から，N子ちゃんの

誕生日を祝うことと，アルバムを整理するようにとすすめました。

　［3回目］（4歳1カ月）　N子ちゃんがTh.に，"なんで？"と問うことがよくあります。Th.に，部屋にないものを外から持って来るように主張しますが，理由を説明すると納得します。目的を持って来所しているという感じになりました。

　祖母は，冬休みを経て，よくしゃべるようになったと言います。姉が，ここが自分の家かと尋ねたり，不足しているものをやたらと訴えるということでした。

　［4回目］　N子ちゃんは，必要なおもちゃと不要なおもちゃをはっきり区別してTh.に片付けるように言います。2体のイヌの人形を手にします。また，自分と同じことをTh.にさせたり，自分と身体の部分を対応させたりしました。祖母は，園からなかなか帰ろうとしないことや，担任を頼りなく感じると訴えます。

　［5回目］（4歳2カ月）　Th.に自分と同じものを持たせて遊びます。Th.の足に触れてきたり，Th.の名前を尋ねます。

　祖母は，N子ちゃんが，性別は理解するようになったが，数や色は依然としてわからないと言います。療育に来るのは，楽しみにしているようだとのことでした。

　［6回目］　やや不安定で，"〜したらあかん"とよく言います。ないものがどこに行ったのか尋ねもします。祖母のところに行きたがりますが，一方で，Th.の服の中を見たがったりもします。

　祖母は，失業している息子のことを話し，子育てに失敗したということを語ります。

　［7回目］（4歳3カ月）　少しおもちゃで遊んでは片付けるということ自体が遊びとなります。

　園で，他児の薬を飲んでしまうということがあったそうです。見知らぬ親子に声をかけたり，わかりきったことを尋ねたりするので困るということでした。家では，祖母にくっついていたがると言います。

第8章　心の受け皿としての他者と「私」

［8回目］（4歳4カ月）　プレイルームにないものを要求してきます。また，Th.の家やTh.の父親のことを尋ねてきます。

祖母も，同じことを繰り返して尋ねるので疲れるということでした。けれども，応じないと，自分のことが嫌いなのかと切り返してくると言います。

［9回目］　おもちゃを出してはきちっと片付けます。Th.と一緒にすること，一人ですること，Th.にさせることなど，バランスよく行います。"これ何？"と，わかりきったことを尋ねることが減りました。

祖母によると，見知らぬ人に話しかけることは減ったということです。自分の家がどこか尋ねるようになりました。

［10回目］（4歳5カ月）　円を描いて"おばけ"と言います。"これは？"という問いが，本当に中身を知りたいような問いになりました。

祖母によると，母親の実家に泊まったときに，誤って母親を"ばあば"と呼んだということです。テレビ番組の「お母さんと一緒」を真似てＮ子ちゃんが，歯みがきをして"ママー"と呼んだときに，ドキドキせずに，"仕上げはばあば"と言えるようになったと言います。家でも，出したものを片付けることを繰り返し，おばけの絵も描くということでした。

［11回目］　療育前に，祖母から，Ｎ子ちゃんが落ち込んでいるという説明がありました。Ｎ子ちゃんは，Th.を寄せ付けない感じです。やがて，治療することや髪をとく遊び，シロフォンなどを交代でやりますが，Th.が間違えると怒ります。鬼の絵を描いてもらいたがり，Ｎ子ちゃんが鬼になります。Th.が泣く真似をすると，"泣いたらあかん"と怒ります。一人で行くからと，Th.を部屋に残して祖母のもとに戻ります。

祖母によると，園で他児からきついことを言われたということで，祖母も一緒に落ち込んでいる様子でした。また，療育手帳を申請して検査を受けたときに，遅れを取り戻すのは難しいと言われたということでした。

［12回目］（4歳6カ月）　入室すると，鍵をかけることを要求します。"オニ"と言ってなぐり描きをします。Th.の家に行きたいと言ったり，Th.の父親は怖くないか尋ねます。怖くないと答えると，どこにいるのか尋ね，家にいると

言うと，"お母さんは？"と初めて尋ねます。"お家にいるよ"と言うと，"誰のお母さん？""先生のお母さん""お母さん，いるの"と会話します。

Th.をイヌにして，N子ちゃんがなでたりエサを食べさせた後，位置と役割を交代します。

祖母によると，女の子の友達の家に遊びに行くようになったということです。ここに来るのに，"モト先生，嫌い"と言ったとのこと。Co.より，楽しいだけのプレイではなくなって来ていることを説明しました。

4　第2期：〈居場所としての家〉の確立

［13回目］　入室を嫌がり，祖母から離れたがりません。Co.の声かけで部屋に入りますが，その後，大泣きします。"N子ちゃん，おばあちゃんが好きなんやなあ"に深くうなずきます。トランポリンで一緒に寝転ぶと，Th.の服の中を見たがり，ボタンを外そうとします。トイレに行って鍵をかけますが，Th.にそばにいるよう要求します。クマの人形の治療をしますが，荒々しく，"がまんしなさい"と何度も言います。今回も，イヌにエサをあげる遊びを交代でします。また，Th.のことを"モトノ先生"と呼ぶようになります。

母親にキーホルダーを買ってもらい，園のカバンにつけているということでした。子連れの人に声をかけることがまた出てきています。友達の家に行くのを断られたときに，祖母の胸をまさぐって泣いたということでした。

［14回目］（4歳7カ月）"遊ぼう！"と意欲的に入室。Th.に何度も鬼の絵を描かせます。"お母さんになる"と，エプロンを持って来るように言いますが，つけるだけで満足し，ごっこ遊びにはなりません。Th.の家がどこか尋ねたり，自分の家は父親が怖いので来られないが，我慢するように言います。Th.が泣き真似をしながら，我慢すると言うと，嬉しそうに笑います。またここで遊ぼうとN子ちゃんが言います。

家の中でかくれんぼをしたがりますが，何度も同じところに隠れるとのこと。また，祖母に，"お母さん，どこにいるの？"と尋ねてくるのに，どう答える

か迷う。誰もきちっと母親のことを説明していないだろうということでした。

　[15回目]（4歳8カ月）　2つの家のおもちゃで，イヌの人形を使ってストーリー性のある遊びをします。イヌの赤ちゃんになって，フードの好き嫌いを言います。バンドエイドをはって遊んでいるときに，大きな音で雷がなり，Th.が抱き寄せると，Th.の膝に顔をうずめます。

　母親が連れ出して3泊してきたが，ケロッとして帰って来たとのこと（後で，姉の話から，母親が同棲している男性の家だと分かります）。毎日，園から帰って来ると，ここが自分の家だと念を押すように言うそうです。N子ちゃんは，父親のことをあまり言わなくなります。もともと，祖父は結婚に反対していたのを，祖母が泣き落とされるような形で承諾してしまったとのこと。結婚することで2人が成熟することを期待した面もあると言います。Co.から，本児の居場所は祖母のところであり，母親とは暮せないことをはっきり伝えた方が良いと思うと話しました。

5　第3期：「母」を〈問う〉ことと〈赤ちゃんの自己〉

　[16回目]　入室を嫌がりますが，祖母に促されて応じます。小さなクマの人形にミルクを飲ませたり，いかにもお母さんのようにままごとをします。イヌになって遊びますが，わざとフードを落としてふざけたり，魚の骨をとって欲しいと甘えたりします。おどける余裕が感じられました。

　祖母が，姉とN子ちゃんに，もうお母さんは帰って来ないと告げたと言います。姉は，できることなら戻って来て欲しいと言いますが，N子ちゃんは何も言いません。けれども，後に2人になったときに，自分が赤ちゃんだった頃のことを毎日のように尋ねるようになりました。祖母におっぱいを求めたり，自分は祖母のおっぱいを飲んでいたのかなど尋ねます。祖母が，ミルクのにおいのするN子ちゃんの顔をイヌがなめていたことや，N子ちゃんがいつもニコニコしていたことを話します。"ばあばは，お母さん？"とも尋ねたそうです。Co.から，N子ちゃんが，聞きたいことを聞くタイミングや，相手を見計らっ

て尋ねているのだと思うと伝えました。

　[17回目]（4歳9カ月）　スムーズに入室しますが，すぐに排便をしに行きます。鬼を描いてもらいたがったり，バンドエイドを求めたりと，今までやったことをなぞりますが，イヌの人形ではなく赤ちゃんを使い，"ワンワン，ならへんで"と言います。石けんを手にぬって鏡に手形をつける遊びをしながら，Th.の赤ちゃんのことを尋ねます。Th.にはいないと答えると，"赤ちゃんとき，笑ってた"と言います。2人で雑巾がけをしますが，絞るのが上手なので誉めると，嬉しそうにします。N子ちゃんの生活が感じられるようでした。

　祖母に，"ばあば，N子のこと好きか？"とか，自分が赤ちゃんのときどうしていたかを頻繁に尋ねるようになります。ただ，祖母は，あまり赤ちゃんのときのエピソードを知りません。Co.より，内容の多さよりも，安心感を与える方が大切だと伝えます。N子ちゃんは，アルバムを見るのを好みますが，赤ちゃんのときの写真は，まだ手に入っていません。家で，少しごっこ遊びをするようになりますが，夜は寝が浅く，夜泣をすることもあるそうです。Co.より，誕生を意識し始めた子は，死についても思いめぐらし，そういった頃に夜泣をすることもあると話します。

　[18回目]　入室後，すぐにトイレに行って排便をします。赤ちゃんの人形をハウスの中に，"イナイイナイバア"と言いながら入れることを繰り返します。後に，Th.にお母さんになってもらい，N子ちゃんが赤ちゃんとなり，イナイイナイバアを求めます。タオルケットをかぶって中に入り，Th.がお母さんになってミルクを与えたりします。外で物音がすると，"地震"と言って恐がりますが，Th.がなぐさめることで落ち着きます。初めて，Th.と交代することなく，部屋にあるもので表現遊びを始めました。

　園で，運動会がありましたが，去年と比べて，大きく成長したと思うと言います。Co.より，前回の様子から，本児の中で基盤がしっかりしてきた印象を受けたと伝えました。

　[19回目]（4歳10カ月）　Th.と一緒に鬼を描きますが，初めてN子ちゃんが顔を描きました。同じ種類のものを集めて分類したり，色の名前を言います。

第8章　心の受け皿としての他者と「私」

　家では，パズルに取り組んでいますが，次第に上達しているということでした。数はまだ理解できていないと言います。乳児期のことについて，近所の人から，いつも母親に抱かれていたと言われたのを思い出したと言います。ただ，1歳を過ぎても授乳していたとのこと。Co.より，母子が一体化はしていても，その間に物を入れていくような関係まで育たなかったのかもしれないと話しました。

　[20回目]（4歳11カ月）　もう一つのドアから入り，パズルをします。服に笛をつけているので，誰に買ってもらったか尋ねると，"お母さん"と言います。今回も，Th.に赤ちゃんがいるか尋ね，自分は赤ちゃんのときに笑っていたと言います。

　祖母は，よく対話ができるようにはなったが，買物に行ったときに，勝手にいなくなることがあると言います。ピアノ売場に行きたいらしいが，以前に，母親とそこによく行っていたようだとのこと。笛は，園の担任と同じものを見つけて欲しがったので，祖母が買ってあげたものだということでした。

　[21回目]　スムーズに入室しませんが，嫌がっている様子でもありません。排便をして，便の始末をTh.に要求します。ボウリングをしながら，以前言ったことを思い出して，"先生のお家はバス（バスで帰る）"と言います。"先生のお家，誰？"と言うので，"N子ちゃんのお家，誰？"と聞くと，それには答えず，"N子のお母さん，おばあちゃん"と言います。

　今まで使ったことはないのに，知っていたかのようにピアノのおもちゃを要求します。Th.が取って来ると，とても嬉しそうに弾きます。

　Th.に鬼を描くように言い，そこから戦いの遊びとなりますが，刀で一人で何かを相手に戦う様子。倒れて，"死んだ"と言います。Th.が身体に触れると，しばらくして起き上がり，服を脱いで裸になってまた戦います。隠れてはまた出て来ることを繰り返します。Th.が相手になって倒れるふりをすると，Th.の足と足の間に刀を突き刺します。終了を告げると服を着て"鬼はおしまい""お誕生日，おめでとう"と言います。

　祖母は，このところN子ちゃんが荒れていると言います。ことばで言えな

からか，他児に手を出したり，園から帰りたがらないのを自転車に乗せると，お母さんのところに行きたいと言い出します。はっきり言うのは初めてだということです。姉の誕生日に母親のところに行きましたが，別れた後に，お母さんのところに行きたいとぐずったそうです。祖父が，"ここにいた方がいいやろ"と言ってくれて，その場はおさまったと言います。Co.から，祖母の辛さに共感します。今までは，あまり反抗したことはないと言います。Co.より，特定の人に反抗できるのは，関係が築けてきたからで，家に帰りたくないと言えるのも，家という居場所があるからだと伝えます。

泣いたときに，N子ちゃんが祖母のことをつねってきたが，そういえば，なぜか母親に抱かれながらもつねっていたことを思い出したと言います。また，N子ちゃんは，恐がりで，隣家にあったゴリラの縫いぐるみを非常に恐がりますが，母親から脅されることもあったのではないかと思ったとのことです。

［22回目］ 今回も，もう一つのドアから入り，ピアノを弾きます。楽譜を要求したので，楽譜のついた本を渡すと，"おじいさん，おばあさんの本持って来て"と言います。聞くと，桃太郎の本だということですが，探しても見つかりません。自分の家にはあると言います。その後，Th.にお母さんになるように言っておうちごっこをします。赤ちゃんの人形をお風呂に入れると，服を脱がせます。おしりからウンコが出ていると言い，ティッシュでふきますが，止まりません。プレイの終了を告げると，"ウンコ"と言っていつものドアから出ますが，おしっこだけをしました。

祖母は，今まで可哀相だからと甘やかしていた面があるが，しつけも大切と思い少しやり方を変えたと言います。もうすぐ5歳になるけれども，数の理解ができないし，ケンケンは少しできても，三輪車にも乗れない。幼い頃の写真を見ると，笑顔が少なく顔つきが奇妙に感じられると言います。けれども，祖父が撮った運動会の写真は良い表情だったということでした。Co.から，個人の能力だけでなく，関係によって引き出されるものもあると話します。

［23回目］（5歳0カ月） Th.をお母さんにしておうちごっこをしてから，誕生日ごっこをします（この日の2日後が本児の誕生日）。おもちゃのカタログを

見ながら，誕生日に「イヌのおうち」を買ってもらいたいと言います。その後，かくれんぼをします。たくさん布団を重ねてははがしていくという遊びを交代でします。

祖母は，祖母のことも思いやるようになったN子ちゃんのこの1年の成長を振り返って，引き取ったときには5kgもやせたが，最近は少し余裕がもてるようになった。子どもたちから楽しませてもらうこともあり，自分も学んでいると言われます。

[24回目]（5歳1カ月）　もう一つのドアから入り，"モトノ先生とお誕生日したなあ"と前回のことを言います。ウンコをすると言い退室。初めて自分で始末します。Th.を相手に戦いごっこをしたり，布団の中に一緒に隠れます。また，その回りを走り回ったりしながら，"N子のせい，ちがうで"と言います。"戦い，面白かったなあ"と言いながら，情動が高まっていき，"エイエイオーッ"と言います。シールを持って帰りたがったので，Th.が止めて紙で包んでおくことを提案します。名前らしきものを書いて，"誕生日のカード"と言います。

母親が，誕生日のお祝いに連れ出した日の夜，布団をかぶって"お母さん"と言ってシクシク泣きだしたそうです。姉から聞いたところでは，母親のところで大便をもらしたということです。Co.より，大便をするというのは，自分のことをどこまで引き受けてくれるかを無意識に試しているのかもしれないと話し，子どもを育てるのは，子どもが好きなものを与えるだけでなく，嫌な面も引き受けたり，悲しんでいるときにもともにいることだと伝えます。

6　第4期：自己形成

[25回目]　泥棒が来るからと，部屋の鍵をかけます。誕生カードを要求し，Th.に名前を書いてもらいます。"ウンコごっこしよう"と，糊をマットにつけたり，自分やTh.の体にもつけます。Th.に，自分と同じものを作ったり持つように要求し，誕生カード，紙のピストル，紙の電話などを用意します。2

人のものを流しの下の戸の中に入れておいて，実に楽しそうに退室します。

祖母は，園の先生から発音の問題があると指摘され，困惑したと言います。Co.より，発達の順序としては合っているが，その過程に時間がかかるのだろうと伝えます。ときどき，お母さんは今どうしているか尋ねるけれども，行きたがったり淋しがることはないということでした。Co.より，一緒に何か怖いものに立ち向かえるようになっているので，もう一歩踏み込んで，淋しくてもちゃんとここで暮していけると語ってあげても良いと思うと話します。

［26回目］（5歳2カ月）　今回も，泥棒が入って来るというので鍵をかけます。前回の続きで，誕生カード，電話，ピストル，糊，シール，スポンジ，ペン，クレヨンを箱に入れ，Th.のものも同じように用意します。それから，隠さないといけないと言い，箱にガムテープをぐるぐると巻きつけます。

N子ちゃんは，ここに来るのをとても楽しみにしていたということです。園で，他児らが文字を書いて手紙を交換したりしているのを見ると，祖母としては焦りを感じるということでした。Co.より，N子ちゃんが一番楽しそうにしていることを尋ねます。かくれんぼが好きだけれども，自分から出てきてしまったりするということでした。手伝いもしたがるが，うまくできないと言います。Co.より，手伝いを通して，周辺から学んでいけることもあると話します。

［27回目］（5歳3カ月）　嬉しそうに来所します。Th.から，次回で個別が終了となり，グループに移行することを伝えます（職員異動の事情によります）。N子ちゃんは，前回の箱のガムテープを剝がした後，石けんを要求し，手につけて遊びます。鏡に手形をつけ，"許してあげへん"とか"出ていき"とTh.に言います。ぬれたタオルをTh.の頭からしぼったりもします。それから，自分にも同じようにします。最後は，Th.を部屋に置き，一人で祖母のところに戻りました。

母親と旅行をしてきて，夜にまた泣くことがあり，"お母さんがいい"と言ったそうです。Co.から祖母に，辛くはないかと尋ねると，祖母としても迷いながら会わせているということでした。祖父は，大きくなれば，頼るべき人が誰なのか分かるだろうと言っているということでした。

[28回目] 最終回だと告げると，なぜかと尋ねますが，Th.の説明を聞かないまま離れて行きます。Th.にイヌになるように言ったり，Th.の顔にハサミを向けます。Th.が嫌がると，Th.の髪の毛を切ります。そしてTh.の顔にバンドエイドをはります。指が痛いと言うので，Th.がN子ちゃんにバンドエイドをはると，Th.に寄りかかって甘えます。それから，Th.に指示をし，うまくできないことを責めたり，出て行くように言ってはまた呼び寄せたりします。箱から誕生カードを出し，何が書いてあるか尋ねます。名前が書いてあると答えると，「お母さん」と書いてもらいたがり，そして，"お母さん，大好き"と言います。遊びがまとまらないまま終了の時間となりますが，遊び続けたがります。片付けることにも納得しませんが，Th.が電気を消すと部屋から出ます。階段を降りながら，Th.の"バイバイ"に，"また遊ぼうな"と言いますが，最後に少し大きな声で，"バイバイ"とはっきり言います。

祖母は，今までを振り返って，ここに通って来た間に随分成長はしたが，就学のことを考えると，まだまだだと思うと言います。Co.より，N子ちゃんは，祖母が大切に育てたことで，桃太郎のように急速に成長したと思うと伝え，今後，友達関係が育っていくことを期待したいと話します。

また，母親と会うことについて，祖母が関係を切らずに来たことに，祖母の大きさを感じたとも伝えます。祖母としては，悩みもするが，ごまかすのも嫌だということでした。そして，息子の未熟な結婚が引き起こしたことなので，自分の責任としてこの子らを育てないといけないと思ったと言います。N子ちゃんの中に，たくましさを感じることもあり，それは，母親から引き継いだもののように思う。それだけに，母親のように，何とかやっていくのではないかとも思うと言われます。

7 まとめと考察

（1）「家」を〈問う〉行為

N子ちゃんは，祖母に自分の家がどこか尋ねる（9回目）ことや，友達の家

第Ⅲ部 ネグレクトを受けた子らの〈問い〉

表6 療育経過

時期	セッション No. C.A.	「家」を〈問う〉行為 プレイ場面	「家」を〈問う〉行為 生活場面	「母」を〈問う〉行為 プレイ場面	「母」を〈問う〉行為 生活場面	「自己」を〈問う〉行為 プレイ場面	「自己」を〈問う〉行為 生活場面
〈問い〉の始まり	# 2　4:0				赤ちゃん連れの女性にかかわりに行く		
	# 5　4:2					Th.に同じことをさせたり体の部位を対応させる	
	# 6			GMo.のところに戻りたがる Th.の服の中を見たがる			
	# 8　4:4	Th.の家がどこか尋ねる					
	# 9		GMo.に自分の家がどこか尋ねる				
	# 12　4:6	Th.の家に行きたいと言う。N子の家に来たいか尋ねる	友達の家に遊びに行くようになる	Th.の母親がどこにいるのか尋ねる	友達の家で友達の母親の様子を見る	Th.と交代でイヌにエサをあげる役をする	
〈居場所としての家〉の確立	# 13		友達の家に行くことを断られ泣き，GMo.の胸をまさぐる	GMo.との分離を嫌がる。一方でTh.のボタンを外そうとしたりTh.の母親のことを尋ねる			
	# 14　4:7	N子の家は父親が怖いから来られないので，Th.に我慢するように言う	何度も同じ場所に隠れてGMo.に見つけてもらう遊びを繰り返す	エプロンをつけてお母さんごっこをする			
	# 15　4:8	2つの家のおもちゃを使ったストーリー性のある遊びを始める	母親と同棲中の男性の家に3泊してくる一方でGMo.に，ここが自分の家だと言うようになる			好き嫌いを言うイヌを演じる	

に遊びに行く（12回目）ことを通して，「家」について問い始めました。そして祖母との関係の中で，〈居場所としての家〉が確立（13, 14回目）することで，ここが自分の家だと言えるようになり，同時にプレイルームで家のイメージに基づく遊びが始まりました（15回目）。

（2）「母」を〈問う〉行為

　Th.の母親がどこにいるのか尋ねたり，友達の家で母親の様子を見ることから〈問い〉が始まりました（12回目）。そのことから，母親の記号としてエプロンを身につけますが，内容が伴わないため，ごっこ遊びは発展しませんでし

段階	# 回/年齢							
「母」を問うこと〈赤ちゃんの自己〉	# 16					GMo.が,母親はもう戻って来ないことを告げる GMo.に,"ばあばは,お母さん?"と尋ねる	ふざけるイヌを演じる	GMo.に,乳児期の頃のことを尋ねる
	# 17 4:9						Th.に,"赤ちゃんとき,笑ってた"と語る	
	# 18	Th.に,N子の家に遊びに来てもいいと告げる		Th.にお母さんになってもらい赤ちゃんを演じる			タオルケットの中に入り,Th.に世話をしてもらう。赤ちゃんになってイナイイナイバアをしてもらう	
	# 21 4:11		姉の誕生日に母親に会いに行った日に,母親のところに行きたいとぐずる	Th.に,"N子のお母さん,おばあちゃん"と言う			鬼との戦いPr.で裸になる 隠れて出て来る遊びをする	
	# 22	Th.とおうちごっこを始める						
	# 23 5:0						誕生日ごっこをする	
	# 24 5:1						Th.と誕生カードを作る	
自己形成	# 26 5:2						箱の中に大切なもの(誕生カード,電話,ピストル,ペン等)を入れて隠す	
	# 27 5:3					母親と旅行に行く。夜に,"お母さんがいい"と言って泣く		
	# 28			誕生カードに「お母さん」と書いてもらい,"お母さん大好き"と言う				

GMo.=祖母。Pr.=プレイルーム。

た(14回目)。ところが,祖母が,もう母親は戻って来ないと告げたことにより,祖母に"ばあばは,お母さん?"と尋ねるようになります(16回目)。それ以降,Th.にお母さんになってもらい,赤ちゃんを演じるようになります(18回目)が,「母」を問うとは,対としての〈赤ちゃんの自己〉を体験することであったのだと思わされます。

（3）「自己」を〈問う〉行為

プレイの中で，食事を与えられるだけの存在であったイヌ（12回目）から，関係を楽しむイヌへの変化（15，16回目）が見られましたが，母親が戻って来ないと告げられたこと（16回目）によって，本格的に祖母との関係で自己史を築こうとし始めます（16，17回目）。そして，乳児期の自己像を得たことで，初めて赤ちゃんごっこができるようになります（18回目）。

その後，攻撃と再生がテーマの遊び（21回目），誕生日ごっこ（23回目）を経て，自分の中に大切なものを蓄える遊び（26回目）へ発展しました。

（4）N子ちゃんの発達の遅れをどう考えるか

発達検査上では，指数がわずかに上昇して行っていますが，未だに軽度から境界線級の発達遅滞の範疇であると言えます。しかし，4歳8カ月に祖母から母親が戻って来ないと告げられたとたんに，自己の歴史を尋ね始めます。尋ねるべき相手が得られたからでしょう。4歳台で自己の歴史性を意識するということは，決して遅れているとは言えません。

また，療育開始当初，N子ちゃんのごっこ遊びがうまく展開しなかったのは，必ずしも象徴機能の問題ではなく，ストーリーを築くための生きられた体験が希薄だったからだとも考えられます。

ただし，N子ちゃんのプレイルームでの表現は，明確なことばで表されたわけではなく，遊びを通してのものであり，また，読み手としてのTh.を通して理解されたものでした。検査場面のように，誰にでも通じる回答が求められる場面では，まだ充分な力を発揮するのが難しいのかもしれません。そのことがN子ちゃんの遅れと言えるかもしれませんが，いずれにしても，充分な言語化ができない子にこそ表現の場が重要であることには変わりないでしょう。

（5）"お母さん，大好き"と言わしめたもの

N子ちゃんは，最終回にこのことばを言いますが，おそらく，心から言ってみたかったことばなのではないかと思われます。けれどもそれには，まず，信

第 8 章　心の受け皿としての他者と「私」

頼できる人との一体感を体験し，家やプレイルームといった居場所を確保し，乳児期の自己像をもって，赤ちゃんの自己を追体験することが必要でした。

　「母」とは，楽しい思いをさせてくれるだけでなく，子どものことを引き受け，辛いときにもともにいてくれる存在として重要なのでしょう。Ｎ子ちゃんにとってその役割を果たしたのが祖母でした。

　心から"お母さん，大好き"と言えたＮ子ちゃんには，ようやく自分自身の存在への自信を持つことができたのだと感じさせられました。

> コメント　心の受け皿と〈問い〉
> 　Ｎ子ちゃんは，祖母が自分で育てていく決心をし，母親はもう戻って来ないと告げたとたんに，「ばあばは，お母さん？」と〈問う〉たり，乳児期の頃の自分のことを〈問う〉ようになります。子どもがこのように重大なことを〈問う〉ときには，相手がそれに応える準備ができているかどうかを見極めているように思うことが多々あります。自分の存在にかかわるような大きな〈問い〉は，相手がそれをしっかり受け止めて応えてくれるという確信がなければ，とても〈問う〉ことができないものなのかもしれません。しかし，それにしても，祖母が決心をしたとたんに〈問う〉というタイミングの良さに驚かされます。おそらくＮ子ちゃんにとっては，自己の歴史性を確かなものにするために，本当は問いたくて仕方なかったことだったのでしょう。
> 　そして，その〈問い〉を育てたのは，プレイルームにおいて，心の受け皿となったセラピストでした。Ｎ子ちゃんは，自分の存在を認めてくれる相手との関係において，自分の存在を繰り返し確かめようとします。それが，隠れては出てくる"イナイイナイバア"のような遊びでした。また，生活において自分の基盤となってくれる祖母との関係の中で，乳児期の自分はどのようであったのかといった自己の歴史性を〈問う〉ようになります。そしてさらに，自分の身に降りかかった釈然としない思いを，"鬼"をやっつけるといった象徴遊びの中で表現し，決着をつけようとします。それはあたかも，来歴のわからない「桃太郎」が，祖父母によって大切に育てられ，やがて鬼退治に出かけていったお話そのもののようです。
> 　最後にＮ子ちゃんは，「お母さん，大好き」と表現します。それは，実際の母親に向けられることはなくても，心からＮ子ちゃんが表現したかったことであり，

第Ⅲ部　ネグレクトを受けた子らの〈問い〉

そのように言えるような自分になりたかったのだと思わされます。

（古田直樹）

第Ⅲ部のまとめと考察
——〈交替やりとり遊び〉と〈問い〉

古 田 直 樹

1．〈交替やりとり遊び〉の重要性

（1）〈一緒にする〉ということから

　第Ⅲ部に登場した子どもたちにとって共通のテーマであったことは，まず安心して人とともにいられるようになるということでした。その点では，第Ⅰ部の子どもたちと共通していると言えます。しかし，第Ⅰ部の子どもたちが，他者とかかわるときの予測しがたさを不安に思っていたのに対して，ここに登場したネグレクト状態にあった子どもたちが体験してきたことは，安心を与えてくれるはずの人が不在であったり，あるいはともにいても安心を与えてくれないことからくる不安だったと言えるでしょう。そして，外界に対して自分自身で身を守ろうとしたときに，子どもの体はこわばってしまいます。

　そこで第6章のように，人と人が触れ合うことを気持ちよく感じられるようにと，からだをほぐしていくようなアプローチが重要になります。身体が大きく育っていったり，こわばったからだで生き続けた経験が長くなればなるほど，からだをほぐすことは困難になります。ですからこれは，幼い子ほど抵抗なく受け入れられて，また有効なアプローチであると言えるでしょう。第6章の報告は，とくに幼い子にとって，からだをほぐして外界に開かれていく上で，人と直接触れ合って気持ち良いと感じられる体験の重要性を示しています。

　第7章では，B子ちゃんをプレイルームで待っている存在としてのセラピストが，写真やメモなどのアイテムも用いて記憶の保持や再生を促すことによって，B子ちゃんの生活に空間的・時間的なつながりを作りだし，セラピストと共有できるナラティヴを作り上げていくことに成功していますが，その経過の中で，動作の相互模倣を楽しむということがあります。同じように第8章のN

第Ⅲ部　ネグレクトを受けた子らの〈問い〉

子ちゃんは，より積極的に自分の模倣をさせようとしたり，自分とセラピストの身体の部位を対応させるということもしています。このように，第Ⅰ部の子どもらとは不安が生じた原因が違ったとしても，人とともにいて安心感を得る過程で，まずは〈一緒にする〉ということが重要であるということも共通していると言えます。

　発達につまずきを持つ子らと第Ⅲ部の子どもらとの大きな差異は，〈一緒にする〉ということから〈交替やりとり遊び〉に展開していく点だと思われます。第6章のD君は，職員からしてもらったことを職員にしてあげるようになったり，弟の面倒をみるといったことを自発的に行うようになりました。B子ちゃんは，自分が母親からされたであろうことを，母親の役になってセラピストを叱責するという形で再現しています。N子ちゃんについては，実に17回目のセラピーまで毎回役割を交替するプレイがありました。

（2）一緒であるということを確かめて，立場を入れ替える
　第Ⅰ部にも登場した私の息子（M）の記録から引用します（古田，2006）。

2歳6カ月2日　家族でコタツに入っているとき，Mが自分の股間から何かをつかむふりをして母親の股間に持って行き，「オチンチン，ドーゾ」と言う。何度か繰り返す。母親が，「お父さんにもあげて」と言うが，父親には渡さず，自分の横に置くふりをする。その日の夕食時，父親と母親を指差して，「コレ，Mクンノオトーチャン」「コレ，オカーシャン」と言った後，父親を差して「コレ，オカーチャン」と言い，母親を差して父親だと言う。

　これは，Mがおそらく男性器の有無ということで性別を意識しはじめたり，両親を違う性を持つ存在と意識した上で，あえてそれを交替させてみたりしたというエピソードとして記録されたものです。しかし，自他の性器自体への注目は，入浴中の10カ月と29日という，まだ言語を持たない時期から，同型性を確かめるかのように父親の性器と自分のものに交互に手を伸ばすといった行為によって見られていました。ここでMが父親に渡そうとしなかったのは，父親

は自分と同じ性の同型的なものとして捉えていたからだと思われます。

約3カ月後の2歳9カ月18日の入浴中には、父親に「オトーチャンノオチンチン、チョーダイ」と言います。「じゃあ、M君のちょうだい」と言うと、「ドージョ」と差し出すふりをし、交換するような形となりました。次に父親に替って母親がお風呂場に入って来ると、母親の股間を差して、「オカーチャン、オチンチン、ナクシチャッタノ？」と尋ねました。

まだことばを持たなかった時期には、同じように触れてみるといった行為で〈一緒のもの〉ということを確かめていたのに対して、ことばを用いたりふり遊びができるようになったこの段階では、お互いの性器の〈交替やりとり遊び〉に発展しています。また、自分と父親にはあるのに母親にはないということを、"失くした"のではないかという洞察をし始めています。このように、自他についての理解を深めていく上で、まずは一緒であるということを確かめること、そして次に立場を入れ替えてみるということが、とても重要な意味を持っているようです。

2.〈内なる課題〉に基づいた〈問い〉

（1）特定の他者とともに〈内なる課題〉に取り組む

ここでMは、女性という性を理解しようと〈問い〉を発していますが、セラピストとともにいることに安心感を得たB子ちゃんやN子ちゃんも〈問い〉を発するようになります。その〈問い〉とは、自分自身という存在に向けられたものと言ってよいでしょうが、不安を抱えた育ちの中で自己を〈問う〉ということは、本当に切実なものであり、辛さを伴うものだと思われます。しかし、セラピストが自分とナラティヴを共有し、辛いことにともに立ち向かってくれるのだと分かったときに、子どもは実に真摯にその課題に立ち向かおうとするのだということを、これらの事例は教えてくれます。

B子ちゃんは、象徴的世界でネガティブな感情を表現するようになった段階で、実生活をともにしている施設職員がプレイに同席していることにためらいを感じている様子をセラピストが察して、職員と分離したプレイへと導いてい

ます。また，N子ちゃんは，セラピストの母親のことについて初めて尋ねた回のことですが，そのような重大な〈問い〉に向き合おうとしたときに，自らプレイルームの鍵をかけることをします。そうしながらも，次の回には入室を嫌がり祖母から離れようとしなかったということが，いかにこの〈問い〉に向かうのに勇気がいるかということを示しているかのようです。序章でとりあげた，"一人暮らし？"と〈問い〉を発した男の子の決意の大きさについて，あらためて教えられる気がします。

　ところで，B子ちゃんもN子ちゃんも，もともとは発達の遅れということから療育に通うようになった子どもでした。発達検査上，ある程度の遅れが認められ，発達促進的なかかわりが必要と考えられてのことでした。療育での発達支援といったときに，たとえば就学してからの集団参加がスムーズになるように，指示通りにルーティーンなどがこなせることや，順番を守るといったことを目指すということも考えられるでしょう。そのような療育の場で子どもに「問われる」ことは，設定された環境を正しく認識して行動できるかということになるのだと思います。それはいわば，〈外なる課題〉への適応と言ってもよいでしょう。しかし，ここでB子ちゃんやN子ちゃんが〈問う〉ているのは，自分とは何かということを捉えたいという〈内なる課題〉に基づいた〈問い〉です。そのときに大切なのは，たとえば将来の教師やクラスメイトのようなこれから出会うであろう誰かではなく，固有の歴史を生きる者として，自分とナラティヴを共有してくれる特定の他者です。

　また，そこで扱われる内容は，子どもたちが得体の知れない大きな不安の中で体験してきたことであり，当然簡単にことばに集約できることではありません。体験は常に言語より豊かなものです。言語化できるのは，体験のごく一部だと言えるでしょう。けれども，言語化できないものも含めて，そのナラティヴを共有できる他者と出会ったときに，遊びという形の表現活動が生まれます。そして，たとえば不安定な母親像であったり，自分が体験してきたよりどころのなさといったことが，表現活動によって形を得ることで，ようやく眺められる対象となるのだと考えられます。また，そのときに〈交替やりとり遊び〉に

よって，自分がされていたことを，自分がする立場に立ち，されているセラピストを見ることで，初めて自分が体験してきたことを対象化して捉えられるのだと思います。

（2）誕生日を祝ってもらうということ
　B子ちゃんとN子ちゃんの遊びは，ともに主体的に展開されたものでしたが，その中で共通して登場するのが，誕生日にまつわる遊びです。B子ちゃんは，プレイセラピーが終了することを予告された次の35回目のセッションで，セラピストの「おたんじょうびかい」をして，プレイが終了することの寂しさを訴えつつ，カードと手紙の交換をしています。これは，おそらくこのセラピストと出会えたことを記念しつつ，一つの節目を表すものであったのではないかと思われます。N子ちゃんは，祖母がもう母親が戻ってはこないことを告げてから3カ月後，養育者である祖母のことを「N子のお母さん，おばあちゃん」と宣言した21回目のセッションで，それまで何度も登場してきた鬼に対して，「鬼はおしまい」と言って，「お誕生日，おめでとう」と言います。そして23回目からほとんど毎回のように誕生日にまつわる遊びをするようになりますが，この23回目の2日後が実際の誕生日だったということでした。
　かつて私が母親面接を担当していた女の子も，6歳になる3日前のプレイセラピーで「おたんじょうび」ごっこをしました（古田・東山, 2003）。その子の母親自身が自分の母親から充分な母性的なケアを受けずに育ってきた中で，なかなか娘を素直に抱き止めたりすることができず，ときとして椅子に縛りつけてしまうといった虐待行為も行ってしまっていました。けれども，面接を繰り返す中で内省が深まってきたその母親が語ってくれたところによると，その子は，実際の自分の誕生日に帰宅が遅くなった父親が，「おめでとう」と言ってケーキを食べてくれなかったということをこっそりと起きて見ていて，後で母親に訴えてきたということでした。子どもの思いに寄り添えるようになってきていた母親が，そのことを父親に伝え，後日父親が「おめでとう」と言ってあげると，とても喜び，母親もその感性を嬉しく感じられたと話されました。

実はこの子は、プレイの中で、自分に見立てた人形の首をヒモで絞めたり、自分自身が殺されるといった表現を繰り返していました。それは、自分自身が生まれてきて良かったのかということを命がけで〈問う〉ているかのようでした。そのような中で、実際に自分の6歳の誕生日を両親が祝ってくれるかということに、賭ける思いがあったのでしょう。両親から誕生日を祝ってもらうということは、自分というものが存在していること自体を喜んでもらえるということだと思います。また、そのことを一年に一度確かめる節目でもあるのでしょう。

B子ちゃんにしてみれば、おそらく唐突な感じでやってきたプレイセラピーの終了に踏ん切りをつけるためにセラピストの誕生会を行ったのでしょうが、もっと続いていれば、おそらく自分の誕生会をして欲しかったのではないかと思われます。誕生日を楽しみに待つことや、誕生日を祝ってもらうということは、祝ってもらえる自分を見つめることでもあります。それによって、自分という存在に自信を深めていけるという点で、子どもの誕生日を祝うということは、非常に重要なことだと言えます。

ネグレクトを経験した子どもらにとって、誰からどのように誕生日を祝ってもらえるかということが、いかに重要なことかということに異論はないと思います。しかし昨今、ネグレクトには至らなくても、たとえば親が離婚した場合、それは子どもにとっては、両親そろって誕生日を祝ってもらえなくなるということであり、実際にそのような中で育つ子が増え続けていることもまた事実です。

3. 〈特定の他者〉の重要性

(1) 重なりから自他理解へ

〈交替やりとり遊び〉は、相手の立場に身を置くだけでなく、自分自身を見つめ、自己を形成していく上でも重要であると言えます。浜田(1994)の解説によるとワロン(Wallon, H.)は、1歳前までの情緒的共生の段階から、3歳前後に始まる自己主張の段階へ至るあいだの過程で、投影的活動に注目してい

ます。これは、現実的行動への心的なものの投影であり、〈交替やりとり遊び〉からはじまり、やがて〈一人二役遊び〉へと発展していくと言います。また、それに先だって意識の根を姿勢・情動の働きに求めることによって、意識が最初から共同的であるという着想により、もともと自己という個体があってそれが社会化していったり、個体発生的に自他未分化な状態から認知的に自己というものが区別されていくというよりも、自他交感に基づく情緒的共生というもの自体を重視していたということです。

　繰り返しとなりますが、第Ⅰ部においても、第Ⅲ部においても、子どもたちにとって、人と一緒にいて安心できるということがまず重要であり、そのときに、〈一緒にする〉というアプローチが求められるという点では共通していました。まずは、他者と重なり合うことや、ナラティヴを共有するということが始まりとなります。そして、重なっていると感じられるからこそ、他者とのズレも感じられるようになるのでしょう。そのようにして自他が分化していく過程においては、単に自己という意識が育つだけではなく、同時に他者についても知ろうとするようです。それは、その他者が、けっして自分以外の者全般ということではなく、〈特定の他者〉という存在であるからだと思われます。

（2）〈問い〉をめぐる〈問い〉
　ある1歳11カ月の男児と母親の、ごく日常的なひとコマからです。

> 男児が「ママ」と言って母親に駆け寄り、ドアを指差して「アッチ」と言った。母親が、「あっちか？」と言うと、「ウン」とうなずいてドアに向かい、母親に開けてもらって一緒に出て行った。

　単にこれだけのエピソードではあっても、これがきわめて対話的な行為であることが分かります。それはこの男児が、ドアを開けて外に出るという自分の要求の遂行のためだけに道具的に他者を用いているのではなく、自分のことを理解してくれるであろう母親に要求を伝え、なおかつ自分の意図を確認してくれた母親への応答を含んでいるからです。しかし、男児の意図を確認する母親

からの〈問い〉と，それに同意するというやりとりには，必ずしも無条件に意図が共有できるのではなく，それぞれは別々の意図を持ち得る存在であるという自他の分化の始まりを見てとることもできます。母親という〈特定の他者〉が，常に自分の意図を理解してくれるわけではなく，だからこそしっかりと受け止めてくれたことを嬉しく思えるのでしょう。

ところで，新版K式発達検査の中に，発達年齢が1歳3カ月から1歳6カ月の課題で，2つの伏せたコップの一方に人形を入れた後に左右を入れ替え，人形が隠されている方を見つけてもらうという課題があります。正答の基準としては，人形が入っていた方に手を伸ばせば良いのですが，まれに直接コップを開けるのではなく，指差して答えてくれる子どもがいます。この課題に通過するためには，目の前から隠されたものについてのイメージを保持しておくことが前提とはなりますが，単にコップに手を伸ばした子の場合，人形を取り出すという欲求に基づいた対物行動として行っている可能性もあります。しかし，コップを開けるのではなく，指差して答える子は，検査者が尋ねた〈問い〉に答えていると言って良いでしょう。1歳半という比較的早い時期からであっても，検査者というけっして〈特定の他者〉ではない相手に向けてでさえも，その者からの〈問い〉を受け止め，それに対する応答として振る舞える子も確かにいるのです。

同じように，どちらかの手の中に物を隠して，両手を握って示し，「どっちだ？」と〈問う〉遊びがあります。そのときに，見つけることだけを目的としている子どもは，一方になければもう一方を開けさせようとしたりはしても，この遊びを繰り返そうとはしません。しかし，〈問い〉に対する応答という形で楽しめる子どもは，たとえ予想が外れたとしても，そこで，〈相手から挑まれたけれども誤ってしまった〉というナラティヴを形成し，予測の破綻自体も楽しめるようになります。そして，役割交替を求めて，下手ではあっても自分の手の中に隠して〈問い〉返してくる子もいます。

なぜそのようなことができるのかということ自体が，子どもの発達ということから投げかけられている大きな〈問い〉のようにも思えます。情緒的共生と

いうものが重要であったとしても、どのようにしてそこから自他というものが立ち上がってくるのかということは、いまだに明らかにされているとは言えないでしょう。しかし、第Ⅱ部で見てきた発達につまずきのある子らにとっても重要であったように、第Ⅲ部で登場した子らのように一見スムーズに他者の〈問い〉を受け止めたり、他者に〈問い〉を発することができる子どもであったとしても、その成長過程において、〈特定の他者〉という存在が不可欠であったことは確かではないかと思われます。

〈引用・参考文献〉
古田直樹　2006　発達支援　発達援助──療育現場からの報告　ミネルヴァ書房
古田直樹・東山敬子　2003　I子ちゃんが母親の腕のなかに戻るまで　山上雅子・浜田寿美男（編著）　ひととひとをつなぐもの　ミネルヴァ書房　pp.3-20.
浜田寿美男　1994　ピアジェとワロン　ミネルヴァ書房

終　章
発達臨床における「関係性」の視点の復権

山上雅子

　第Ⅰ部から第Ⅲ部までを通じて，発達臨床の現場での支援の実践事例を取り上げ，子どもと子どもにかかわる他者との関係の中で起こる発達的変化について検討し，考察を加えてきました。本書で取り上げられたのは，発達障害のある子どもたちや被虐待の子どもたちなど，育ちの過程に困難を抱えている子どもたちです。報告された臨床事例やそれらについての考察を通して，私たちが共有しているのは，発達という現象は社会的関係の中で起こるという理解です。私たちは岡本（1982）が考えるように，特定の一人の子どもと，その子どもに出会う他者との関係の中で，発達という現象は起こり，その関係性を基盤として，人は自己形成をしていく存在なのだと考えています。さらに，自己意識と他者意識は表裏一体となって育ち，他者との関係の育ちを除外しては主体的な自己は育たず，子どもの「自己」は他者に向けられる〈問い〉という主体的行為に，最も典型的に発揮されると考えています。

　しめくくりの本章では，関係性の視点からの発達支援が，なぜ今あらためて重要になっているのかを，主として自閉症スペクトラム障害（以下自閉症と略記）に焦点を当て，発達臨床の今日的問題と絡めて考察します。

1　発達の視点──「心の理論」障害説と共同注意

（1）自閉症という発達障害の特性

　私たちは，「発達」と「関係性」は切り離して論議することはできないと考えていますが，まずは発達の視点に焦点を当てて，自閉症という発達障害を例に検討を加えることにします。

今日，自閉症は「発達障害」の一つとして理解され，その中核障害は「社会的相互作用の障害」とされています。しかし，「発達障害」の中身としては，"計算ができない"，"ことばが話せない" などのように，"社会的な相互的関係が持てない" 能力の障害として，固定的に理解されているように見えます。しかし，発達障害であるということは，人間の「発達」というまだ充分に解明されていない心的現象にかかわる障害だということです。とりわけ自閉症は，この「発達障害」が「社会的相互作用の障害」とどのようにかかわって症状形成に至るのかという課題を突きつけてくる障害です。したがって，「発達」の視点と「社会的関係性」の視点は，自閉症の障害特性の理解にとってだけでなく，自閉症という発達障害への支援にとって不可欠だと私たちは考えています。

　自閉症の子どもの発見と発達支援の現状を振り返ると，一般的には1歳半健診で関係性の障害が疑われる子どもが発見され，継続的な相談活動でフォローされ，療育機関に紹介され，療育や保育の場に在籍する幼児期後期に，診断を受けるのが一般的です。また高機能自閉症の場合は，問題への気づきや診断が幼児期後期以降にずれる傾向があります。1歳半健診時の年齢では自閉症の症状はまだ固定化していないため，相互的なやりとり関係の弱さ，指さしの発達状況，ことばや象徴遊びの発達状況などを手がかりに，自閉症の疑いがある子どもが発見されていますが，近年は共同注意行動の発達状況が重視されるようになっています（大神，2002）。

　自閉症児の早期発見の指標として「共同注意」に関心が向くようになったのは，自閉症の中核障害をめぐる論議の中で，バロン・コーエンら（Baron-Choen et al., 1985）が，自閉症では「心の理論」の獲得に特異な障害があると提唱したことに始まっています。「心の理論」とは，他者にも心が宿っているとみなすことができ，他者の心の状態を理解し，それに基づいて他者の行動を予測することができる心の機能を意味します。「心の理論」をもっていると言えるためには，他者が自分とは違う誤った信念（誤信念）をもつことを理解できなければならないとされ，「心の理論」の有無を調べるための課題として提案されたのが誤信念課題です。バロン・コーエンらは，4歳の発達年齢で統制

終　章　発達臨床における「関係性」の視点の復権

した健常児，ダウン症児，自閉症児に「サリーとアン課題」と言われる誤信念課題を実施しています。サリーとアン課題は，「サリーとアンが部屋で一緒に遊んでいます。サリーがボールをかごの中に入れて部屋を出て行きました。サリーがいない間に，アンがボールを別の箱の中に移しました。しばらくして，サリーが戻ってきました。サリーはボールを見つけるために，どこを探すでしょうか？」という課題です。「心の理論」に障害がある自閉症の子どもは，サリーがいない間に起きたことについて，サリーが抱くであろう思い込み（誤信念）を理解できないために，知っていること，すなわちアンが入れた「箱の中」と答えることになりがちです。バロン・コーエンらは，自閉症ではこの誤信念課題を通過しない者が圧倒的に多いことを見出し，自閉症は「心の理論」の獲得に障害があると考えました。

（２）「心の理論」の発達的起源――共同注意行動

　その後，自閉症であってもこの課題を通過する人や，通常の発達年齢より遅れて獲得する人がいることが知られるようになります。すなわち，自閉症の中核障害を「心の理論」の障害だと固定的に捉えることはできず，自閉症児では「心の理論」の獲得が特異的に遅れるという発達特性があると理解されるようになります。では自閉症児では，どのような発達要因が，「心の理論」の獲得を遅らせるのでしょうか。健常児でも4歳ぐらいにならないと通過しない，誤信念課題を解く力の発達的起源をたどるなかで，バロン・コーエンらが注目したのが共同注意行動でした。すなわち，バロン・コーエンらは，「心の理論」の獲得が特異的に遅れる傾向は，通常18カ月頃に顕著に発揮される共同注意の発達障害にかかわっていると考えたのです。彼らが作成した，18カ月児をターゲットとする自閉症の早期発見のためのチェックリスト（CHAT：Baron-Cohen et al., 1992）においては，「まねをするか」「何かを要求するのに人差し指で指さすか」「何かへの興味を示すのに人差し指で指さしたことがあるか」「遠くの物を指さして，『見て，あそこに○○があるよ』と言うと，指さした物を見るか」「おもちゃのカップで飲むまねなどをするか」「○○はどこと聞か

れて，人差し指で指さすか」など，共同注意行動の発達状態を確認するための項目が並んでいます。ごっこ遊び，叙述の指さし，指さしを追う，まねる，指さしを産出する，の5つがキーアイテムであり，それらは共同注意とごっこ遊びに関連した発達を確認する項目になっています。

(3) 共同注意行動の発達的起源

　ただし，4歳ぐらいに獲得される「心の理論」の発達的な前機能が，18カ月頃に顕著に発揮される共同注意行動にまでさかのぼれるように，共同注意行動である指さしの理解や産出も，その発達的起源は18カ月以前の発達段階にまでさかのぼって捉える必要があります（大神, 2002）。すなわち共同注意行動は，18カ月頃に一気に獲得されるのではないからです。共同注意行動それ自体にも発達的変化があり，生後9カ月頃からの他者の指さし理解や他者の視線の追従，次いで動作模倣や手渡し行動などの他者の行動の追従を経て，他者の注意を操作する指さし行動へと発達していくと考えられています。また，指さし行動に限っても，欲求を指し示す「要求の指さし」，見つけたものを相手に知らせようとする「叙述の指さし」を経て，聞かれたことに指さして答える「応答の指さし（可逆の指さし）」が発達するのは，象徴機能の獲得時期と重なる18カ月頃と考えられています。そうした共同注意行動の発達的前段階として，たとえば大藪（2004a）は，「構成形態からの分類」を提案し，誕生から15～18カ月までを5つの発達段階に分け，前共同注意（新生児），対面的共同注意（生後2～6カ月），支持的共同注意（5・6カ月以降），意図共有的共同注意（9～12カ月），シンボル共有的共同注意（15～18カ月）を区分しています。大藪の共同注意の発達段階は，「人間の乳児は人指向特性をもって誕生する」ことを前提としており，親子の関係性の視点からその発達をたどったものです。また大神・実藤（2006）は，共同注意行動の発達と障害を検討する中で，乳児に生得的に備わる知覚能力とその乳児にかかわる母親に特有の行動によって，文化を越えて生じる相互的注目や相互的調整を通じてコミュニケーションの通路が開かれ，社会的認知の基盤として機能する母子間の関係が，共同注意の前提となると指摘

しています。

　このように，共同注意行動はある時期に突然獲得されるわけではなく，誕生以降の発達過程を経て，生後9カ月頃から18カ月頃にかけて発達する行動だと考えられています。したがって，バロン・コーエンらの「心の理論」障害説に由来する，生後18カ月に焦点化した共同注意行動の発達障害への注目は，さらにより早期の，共同注意行動の発達を導く下位段階に発達障害があるという見解に繋がることになります。このため，自閉症における共同注意の障害という発達特性を検討する際，共同注意の発達阻害をもたらすより早期の要因がいつ頃どのように起きているかという，発達的兆候の把握が必要になります。

2　共同注意の認知的側面と関係的側面

（1）共同注意の2つの側面

　共同注意行動は，子どもと養育者が第三の対象や事象への注意や関心を共有するという，関係的であると同時に認知的な発達行動です。関係的側面としては，大藪（2004a，b）や大神・実藤（2006）が共同注意行動の前提として母子関係に注目しているように，共同注意行動は養育者との相互的な関係形成を基盤として発揮される力です。子どもと養育者との間で築いてきた情意的で相互的な関係発達の歴史と，その歴史を基盤に成り立つ愛着関係，その愛着関係を前提として，養育者が子どもと興味や関心を共有しながら特定の対象や事象に子どもの注意を向けようと働きかける，そのような情意的な二者関係を基盤として発達するのが共同注意なのです。

　また認知的側面としては，養育者と子どもの間で第三の事象を共有する力（他者の指さしの対象に注意を向ける，他者に自分の興味対象を指して教える，聞かれたことを受けて理解を指して答える等）が，社会的記号としてのことばの力を獲得する発達的基盤になると考えられている力です。わが国の発達心理学の領域では，共同注意行動というよりは，乳児期後半の「三項関係」として知られてきた力です。ことばの発達をたどった岡本（1982）は，母親が示した関心

やその関心対象に自分も関心を向けようとしているところに，社会的情動的存在としての子どもの姿を見ることができるし，「視線の共有」というより，「対象の共有」とよぶのがふさわしいとして，三項関係（共同注意）はその基礎において関係的であると指摘しています。したがって，「心の理論」障害説の根拠とされる他者の意図理解の障害が，発達的には生後9カ月頃から18カ月頃にかけて発達する共同注意行動（三項関係）の発達阻害に由来する（熊谷，2004）ということは，見方を変えると，自閉症の発達障害は社会的関係面と認知面の発達が，相互に深く関連し合って達成されるような発達課題にかかわっていることが示唆されています。

（2）認知的側面と関係的側面の発達的乖離

たとえば，自閉症における共同注意行動の発達阻害を顕著に観察できるのが，新版K式発達検査の中の，1歳6カ月から1歳9カ月の発達年齢に配置されている，絵や身体各部について訊かれて，指さして検査者に答えるという課題です。自閉症の子どもは，提示された絵の名称を知っていて言うことができる場合でも，訊かれた絵を指でさして答えることが困難な場合があります。自分の身体各部を指さして答える課題は，目に見える絵を指さして答える課題よりも，よりいっそう困難です。さらに，2歳3カ月から2歳6カ月の発達年齢に配列されている図形の弁別Ⅱは，印刷された10個の図形の中から刺激図形と同じものを捜して検査者に指さして答えるという課題ですが，同じ図形を見つけてじっと見つめたり（視線による同定），重ね合わせようとするなど，図形弁別ができることは示しても，その力を検査者に向けて指さして答えるという，関係的な解決ができない傾向が際立ちます。この傾向も一過性の困難として経過し，いずれは指でさして解決するスキルを獲得してはいきますが，他の課題解決の力が飛躍的に伸びる場合でも，学童期にまでその困難が持続する子どもがいます。すなわち，認知的に図形の弁別はできるけれどもそれを他者との関係の中で発揮することができないという，認知的側面と関係的側面の力の発達的乖離が，検査を通して顕著に観察されるのです。

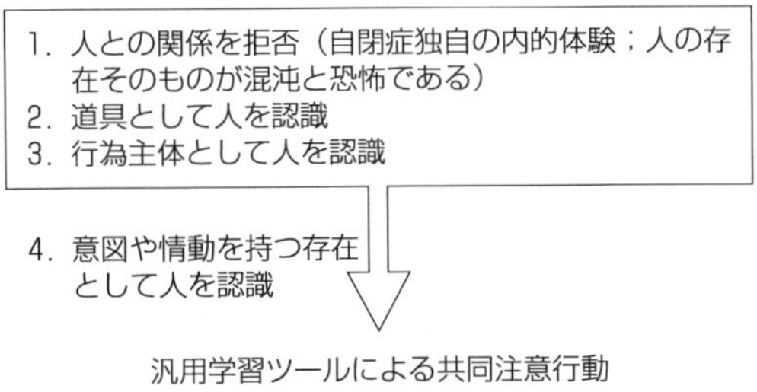

終　章　発達臨床における「関係性」の視点の復権

```
┌─────────────────────────────────┐
│ 1. 人との関係を拒否（自閉症独自の内的体験；人の存 │
│    在そのものが混沌と恐怖である）                │
│ 2. 道具として人を認識                         │
│ 3. 行為主体として人を認識                     │
└─────────────────────────────────┘
                      │
 4. 意図や情動を持つ存在    │
    として人を認識        ▼
           汎用学習ツールによる共同注意行動
```

図25　自閉症の共同注意の発達
（出所）　別府（2005）をもとに筆者作成

　ところで別府（2005）は，自閉症の子の共同注意行動は，健常児とは異なる経過を経て発達すると述べていますが，別府の見解を筆者が図化したのが図25です。すなわち，自閉症の子どもは，他者との情意的な共有関係をもちにくいために，代償的方略として，自分の行動と相手の行動の関係の随伴性を学習する「汎用学習ツール」によって，共同注意行動を獲得すると指摘されています。他者との関係性を迂回し，情動や意図を備えた主体としての他者理解は欠いたまま，認知的共有経験を積み上げていくことで，行為主体としての他者が理解されるということです。その上で別府は，自閉症の子どもの共同注意行動の障害は，従来は認知的機能の側面から言及されてきたが，情動的共有経験の困難さゆえに代償的に認知的共有経験を形成するという特異な過程は，情動の障害としての側面を強くもっているのではないかと指摘しています。そうした指摘は，関係論的な視点から共同注意の障害に注目している研究者が，三項関係の障害というより，より早期の母子二者の相互的な情意関係（二項関係）にむしろ障害があると指摘していることにも通じる見解です。

（3）愛着形成の意義

　母子の情意的関係に注意を向けると，共同注意行動の発達が顕著となる生後9カ月頃は，母子の愛着関係の形成が顕著になる時期でもあります。愛着形成も共同注意行動と同様，乳児期後半になっていきなり発達するわけではありません。誕生後の母子二者間のかかわり経験が蓄積され，相互性が育っていく中

で，生後8カ月頃に母親を「重要な他者」として他の人から区別し，母親を心理的安全基地とする探索行動が活性化し，母親の働きかけを取り入れて手遊びや仕草が育つという発達的経過をたどるのです。そのような一般的な愛着関係の特徴に対し自閉症児においては，愛着対象は心理的安全基地にはならず，欲求充足のための「道具的安全基地」として利用される特徴があると，別府（2007）は指摘しています。すなわち生後8〜9カ月にかけての発達課題において，自閉症児は「道具的安全基地」という愛着関係と，「汎用学習ツール」による認知寄りの共同注意とが重なり合うという，特異な発達的様相を示すということになります。

　愛着形成という発達課題は，単に母子の情意的な関係性の面においてのみ重要なのではありません。愛着形成は，心をもった存在として他者を理解する，間主観的なやりとり関係（Stern, 1985）の発達を実現する発達基盤であり，認知機能の社会化にとって重要な要となります。園原（1980）は，母親という愛着対象は意味的に重要な停泊点（anchor）となり，これが子どもの世界での停泊の中心点を作っていく中で，この停泊点が子どもの自己とか自我とかになっていくのだと考えています。愛着対象の存在が，外界との交渉活動のエネルギー補給源となり，三項関係の発達や，自己形成の契機になっているという指摘です。その意味で，自閉症の発達特性を検討する際に，愛着形成や対人相互作用に重きを置くということは，自閉症を心因論的な愛着形成の障害に起因していると考えるからではないのです。

（4）自閉症ハイリスク児の発達

　以上のような見解を踏まえ，自閉症ハイリスク児の，乳児期の愛着関係をめぐる発達の相について，筆者の見解を表したのが図26です。また，症状が顕在化し始め，診断を満たす症状が出揃う幼児期の発達特性を表したのが図27です。自閉症という発達障害が先天的な生物学的要因によって起きていることはすでに明らかになっています。しかも，先天的要因だけで自閉症が発症するのではなく，誕生後の経験にかかわる環境要因（筆者たちの視点で言えば発達的要因）

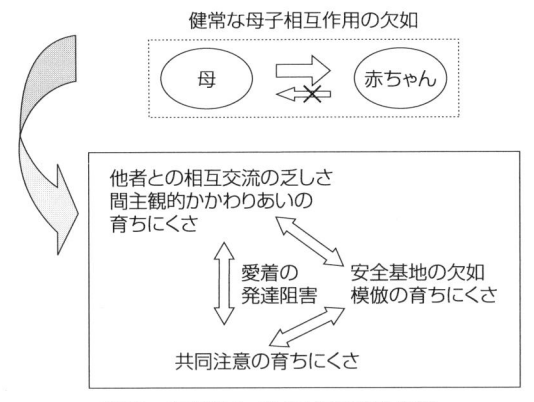

終　章　発達臨床における「関係性」の視点の復権

健常な母子相互作用の欠如

図26　自閉症ハイリスク児の乳児期

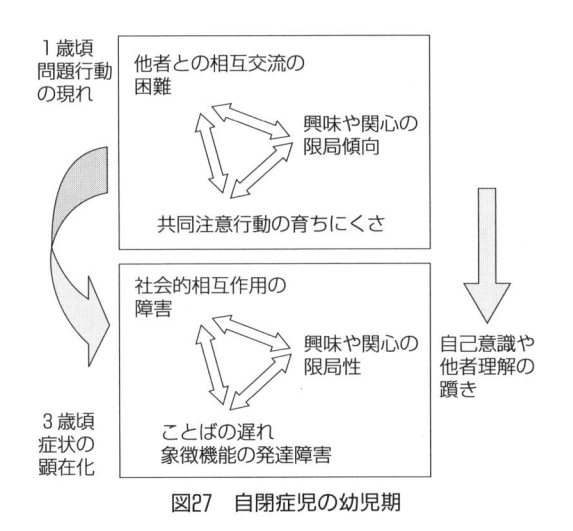

図27　自閉症児の幼児期

が関与することも知られています。先天的要因と環境的要因が，発達過程において相互にかかわりつつ，症状形成にかかわるという見解は，すべての発達障害について言えることです。山上（1999）は，自閉症児50例の調査や発達経過の追跡を通じて，自閉症の発症にはなんらかの生理学的阻害要因が関与し，発達阻害は「関係性の障害」を軸に情意的側面と認知的側面の双方で，問題が発達的に関連し合う中で，「初期兆候，症状の顕在化過程，症状の典型化過程を経て，症状が発達的に形成される」と考え，この過程への支援的介入によって，

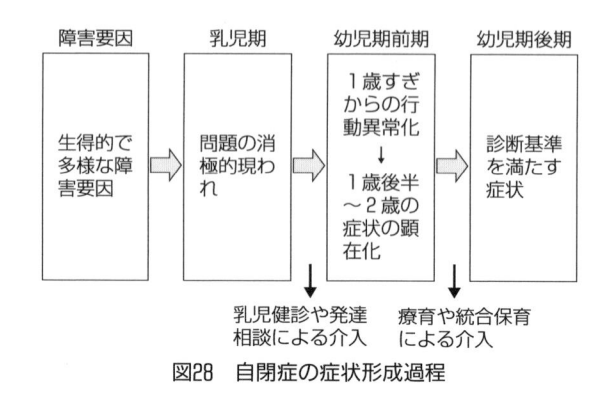

```
障害要因        乳児期         幼児期前期              幼児期後期

生得的で      問題の消       1歳すぎ                診断基準
多様な障  ⇒  極的な現   ⇒  からの行動異常化    ⇒  を満たす
害要因        れ           ↓                      症状
                           1歳後半
                           ～2歳の
                           症状の顕
                           在化

                           ↓                      ↓
                      乳児健診や発達        療育や統合保育
                      相談による介入        による介入
```

図28　自閉症の症状形成過程

「症状は改善される」という見解を示しました。この見解を元に，症状形成過程を図にしたのが図28です。

生物学的に未熟な状態で生まれるヒトの赤ちゃんは，無力であるゆえに親に深く依存し，親の世話を受け，他者との相互交渉という経験を積みながら，認識の力を鍛え，自己を形成していく存在です。本書で取り上げた実践事例はすべて，他者が子どもにかかわることをとおして，子どもに寄り添い，心の動きに応答し，子どもの主体的な表現を励ますような，関係性を基盤とした発達支援の試みです。それは岡本（1982）の言うように，「人間の赤ちゃんは人との関係の場に生れ落ち，社会的関係を生きることによって，自己を形成していく存在だ」ということを，発達という現象の基本理念にしている臨床実践なのです。

3　象徴機能

（1）発達の変わりめと象徴機能

1歳半から2歳にかけての時期は，人間の精神発達における重要な変化の時期と理解されていますが，その質的な変わり目はことばの発達的土台となる象徴機能の獲得によって特徴づけられます。象徴機能はことばの発達だけでなく，「ままごと」や「○○ごっこ」などの象徴遊び，「ふり」や「つもり」などの

象徴的身振り，空想やイメージなどの表現世界を切り拓く発達的基盤になる力です。自閉症の症状の三つ組の一つとして，ウィング（Wing, L.）が「想像力の障害」を挙げていることはよく知られていますが，発達的観点から言えば，「象徴機能の発達障害」と表現した方が，より適切ではないかと考えられます。1歳半が大きな発達の変わり目であり，象徴機能が人間的な精神機能の広い領域にかかわる力だからこそ，その力の発達阻害は特異な発達的様相を形成していくことになるのです。

ところで，通常1歳半頃に獲得され，ことばの発達的土台となる象徴機能は，その時期にいきなり獲得されるわけではありません。ピアジェ（Piaget, 1953）は，感覚運動段階の発達を6段階に分けて捉え，記号の発達という観点からみれば，シグナル（信号），インデックス（標識）を経て，1歳半から2歳にかけての時期にシンボル（象徴）が発達すると考えています。生後9カ月から18カ月にかけて顕著になる共同注意の発達が，新生児以降の幾つかの発達段階を経て実現するように，象徴機能もまた幾つかの下位段階を経て獲得されます。下位段階レベルから発達が全般的に遅れる知的障害の場合，象徴機能の獲得が通常より数年以上遅れることもあります。どのような機能であれ新たに獲得される発達の力には形成期があり，形成期における発達を土台として獲得されるということです。したがって，現在の発達の力はその後に獲得される新たな力の土台になりますし，今現在，なんらかの発達阻害の兆候や症状が見られる場合，それは後の発達の力の獲得を阻害し，発達阻害の固定化を意味する症状形成の契機になる危険性があるということです。

（2）ことばの記号的側面と象徴的側面

共同注意行動（三項関係）の認知的側面で触れたように，共同注意は言語機能獲得の発達的土台として重視されてきた機能でもあります。「子ども」と「他者」と「三項目の対象」の内，三項目をりんごとした場合，子どもは親が発する「リンゴ」を対象となるりんごの実物と結びつけて理解し，音声の「リンゴ」は対象と結びついた社会的記号としてのことばとして獲得されていきま

す。このとき，おやつという状況，赤い色や形，皮をむく母親の手の動き，それを待つ間の期待やワクワク感，甘酸っぱい味覚など，りんごを共有する親との関係性と子ども自身の情動や感覚，それらのイメージなどが，りんごと結びついたことばの意味として包含されます。そうしたことばの意味的側面を内包した象徴が，意味するものとしての「りんご」なのです。

　しかし，関係的な経験を迂回する形で，対象と言語記号が「汎用学習ツール」を介して繋がっていく「リンゴ」は，実物のりんごと音声記号の「リンゴ」がセットで反復されることで学習されたラベル的記号です。そこで獲得された「リンゴ」は，象徴性を備えたことばとしての「りんご」ではありません。記号的「リンゴ」と象徴性をはらむ「りんご」が別物であることは，「リンゴ」は特定の対象を指示するだけですが，象徴性をはらんだ「りんご」は，他の別のもの（たとえば丸いボールや赤い積み木や砂団子）で代替可能であり，「おやつ」とか「お母さん」とかの連想を呼び起こす意味を包含していることから明らかです。このように，共同注意の障害で際立つ情動的・関係的側面の障害は，ことばの意味的側面の障害に発達的に連関していく様相が見られるのです。

（3）自閉症児の遊びの特徴

　ある実物をある社会的記号（たとえば，日本では「リンゴ」，アメリカでは「apple」）で表示するという言語の記号的側面と，その社会的記号が具体的な対象指示の機能から自由になり象徴性をはらむ象徴的側面とは，通常の言語獲得の様相においては重なり合っています。しかし，自閉症の子どもたちにおいては，ことばの記号的側面と象徴的・意味的側面が乖離を起こし，記号的言語が独自の発達経過をたどる傾向があります。その典型が，意味が分からなくても機械的に他者のことばを再生するオウム返しや遅延反響言語であり，辞書的知識が豊富であるが意味が理解できていない，年長の自閉症児の姿に現われるのです。それはまた，経験を土壌として育ち，主体的な意味をはらみ，"私が私である"ことの現われとなる，内的な象徴世界が育ちにくい傾向としても現われます。そのため，言語記号の操作が可能になった自閉症の子どもたちは，

終　章　発達臨床における「関係性」の視点の復権

内的な象徴遊びを展開するよりも，外界から絵本やテレビなどの記号的言語世界を取り入れ，それらを常同的に再現する遊びに熱中しがちです（山上・浜田，2003）。つまり，絵本を丸ごと一冊暗記したり，テレビのアニメ番組などから取り入れた情報をそのままコピィ的に再現するような遊びが目立ち，"借り物性"や"コピィ性"（山上・浜田，2003）がめだつのです。

そうした遊びが，イメージやことばなどのある種の象徴表現の力に依拠していることは否めないのですが，特徴的なのは"既製性"や"借り物性"であり，限りなく記号操作に依拠した現実のコピィ遊びに終始するところです。コピィ遊びはモデルが忠実に再現されるところに重きが置かれますので，台詞やストーリーが，子ども自身の興味や情動にそって，自由に展開することはありません。誰かが台詞や身振りを変えたり，台詞の順番を変えたりすると，自閉症児の多くは拒否反応を示し，それがすみやかに訂正されないとパニックに陥ります。

たとえばA君は2歳過ぎに保育所に入所しましたが，入所当初から不明瞭ながらしゃべっていたものの，走り回って部屋には入らず，集団参加はできませんでした。共働きで多忙な当時の両親は，A君の育ちにとくに問題は感じていませんでした。興味は2歳頃から電車に集中しがちで，豊富な車両の知識をブツブツ独り言で反復し，何らかの機会に取り入れた運転手や車掌の挙動を再現する一人遊びが目立ちました。電車が好きな他児たちがA君の一人遊びに加わるようになるにつれ，並行的に一緒に遊ぶ機会が増え，4歳頃には電車を介した他児とのやりとりが増えていきました。ただし，他児が加わることで電車遊びに集中できなくなると，混乱して「ミンナ，黙ッテ」と叫んで耳をふさぎます。また，自分が再現している電車の操作や車掌や運転手の挙動パターンが，他児が介入することで崩されたり，別の動きや別の展開が加わると混乱し，「ソウジャナイデショ」と怒り，「ウルサイ，黙ッテ」と抑えようとします。自分が保持している電車遊びの固定的なストーリーから逸脱することには耐えられない様子です。そうしたA君の発達課題を明らかにするために，保育所の勧めで医療機関を受診し，5歳前にアスペルガー症候群の診断が出ています。

4　関係性と意味形成

（1）ことばの記号論的意味と存在論的意味

　「発達」とはなんでしょうか。岡本夏木は一貫して「発達」を，①人との関係を生きることを通して，②自己を形づくりながら，③世界についての認識を深めていく過程，として捉える立場から研究を展開しました。そして，発達研究で構築された理論の評価は，発達に障害のある子どもへの支援を試金石として定まるのだと考えていました。さらに，「発達」にはなお分からないことが多いという前提の上に，発達過程に見られる多様な個別性，躓き，困難性に目を向け，研究成果を，援助を必要としている場に，関係を通して繋ぐことが，発達臨床の課題であるという立場を取り続けました。

　たとえば，「乳児期は感覚運動的段階と言われるが，コミュニケーションの問題としては，子どもが感覚運動的活動を，人とかかわるための手段としてどう使いこなしていくかということが中心になる」のだと指摘しています（岡本，1982）。そこに，認知機能と社会的関係性の機能を便宜的・無機的に分断するのではなく，関係性を軸に発達現象を有機的に捉えようとする姿勢が現われています。さらに，ことばが成立する条件として，「音声が意味を担い，それによって物や事象を表示することが可能になる」ことはいうまでもないのですが，「問題はそれがコミュニケーションの場をとおして機能する点にある」のだと注意を促しています。

　遺作となった論文で岡本（2009）は，発達過程を「言語」と「意味形成」の視点から論考し，発達心理学の基礎学的研究で扱われている意味と臨床的実践の場で問われている意味は，その質が大きく異なっていると指摘しました。前者で扱われているのは狭義の語義的意味であり，言語的記号体系の整合性が中心として問われている「記号論的意味」です。これに対して後者は，ケースの個別性に基づく当事者の「行為者」「存在者」としてもつ意味であり，それは本人が社会に対してもつあり方や価値の文脈の中で意味づけられるものであり，

これを「存在(行為)論的意味」と呼んでいます。岡本は「この一見極めて対照的な意味のつながり」に注意を促し，両者をつなぐ手がかりのさきがけとして提示したのが，第Ⅰ部のまとめと考察で紹介された「意味の成層化モデル」(図3)です。

(2) 象徴機能の発揮の難しさ

臨床の場で子どもの発達支援にかかわってきた筆者の問題意識から見ると，岡本の問いかけは，自閉症の子どもの発達特性の解明にかかわる問いかけでもあります。たとえば，「ことばはどのようにして育つのか」という問いに答えようとするとき，自閉症の中核障害は社会的相互作用の障害であるという理解と，彼らが象徴遊びや象徴的身振りの発達に大きな困難や壁を持つという特性のあいだの，発達的関連性を検討する必要が出てきます。

象徴機能の獲得期を例にとると，一般的には象徴機能の獲得以前と以後では，子どもの心理的世界には質的変化が生じ，子どもの認識世界は，具体的な感覚運動的操作の対象であることを越えます。積み木がトラックになり，泥団子が飴や饅頭になり，棒切れが人形になりえます。象徴機能を獲得するということは，モノが名前を持っていることの理解と使用に限られるのではないのです。

これに対して，社会的記号としてのことばを獲得しても，象徴機能の発揮に特異な困難を示すのが自閉症の子どもです。自閉症児においては，象徴機能と社会的記号操作の力が乖離しつつ，象徴機能の弱さを補償するかたちで，記号操作の力に依存して認識の世界を広げ，社会的適応スキルを蓄積していくという発達特性が見られます。たとえば，ことばはしゃべるようになっても，象徴機能の発揮が難しい現象を代表するのが遅延反響言語です。遅延反響言語は，状況や意味に関係なく自動的に反復されるものから，状況や自分の意図や欲求を伝達するためのある種の適応性を備えたものまで，幅広く観察されます。たとえば，飲み物を欲しがっていると推測した母親が子に問いかける「ジュース欲しいか?」をそのまま取り入れ，"ジュースが欲しい"という欲求表現としての「ジュースホシイカ?」を，遅延反響言語として言う場合がその例です。

しかし，他者への伝達性を備えるようになったとしても，遅延反響言語は意志伝達用の音声記号，すなわちコミュニケーション・ボードの音声版に他なりません。

従来，象徴機能とは，「あるものを別のあるもので表示する力」と定義されてきました。それをそのまま当てはめれば，高機能自閉症の子どもが要求として使う遅延反響言語や豊富な辞書的・事典的知識等は，象徴機能の純粋な発現であると言えるかもしれません。電車を「デンシャ」と言い，りんごを「リンゴ」と呼ぶことは，あるもの（具体的対象）を別のあるもの（音声記号）で表示している点で，いかにも純粋な象徴機能の発現だと言うことができるからです。しかし自閉症のそうした言語は，「意味するもの」と「意味されるもの」の関係が社会的に決定されている「記号」として学習されるところに特徴があります。先にあげた遅延反響言語の場合であれば，他者の発話を丸ごとコピィした「ジュースホシイカ？」が，意図伝達のための記号となります。

（3）自閉症児とごっこ遊び

他者のことばのコピィではなく，「意味するもの」と「意味されるもの」が主体の興味や関心によって自由に選択されるような，象徴機能の自由な発揮は，自閉症の子には難しい傾向があります。たとえば，具体物のボールを「ボール」と呼び，具体物のりんごを「リンゴ」と呼ぶことはできるけれど，具体物のボール（意味するもの）を使って「りんご」（意味されるもの）を表すという，主体が「意味するもの」と「意味されるもの」の関係を恣意的に選択していく象徴機能の自由さが発揮されにくいのです。象徴遊びにおいては，意味するものとしての具体物は，意味される対象と似ている必要はありません。ときには何もない空を摑んで，「りんご」がある"ふり"をすることで，そこにない「りんご」を表示することもあります。それだけではありません。私が私ではない他のものや他の誰かになることもあります。私が象さんになったり，お母さんになって赤ちゃんの世話をしたり，赤ちゃんになっておっぱいを求めることもあります。また，お母さんになった他児とお父さんになった私がままごと

をすることもあるのです。それが象徴的な"ごっこ遊び"ということです。ごっこ遊びでは，自分自身が自分以外の誰かを「意味するもの」となり，自分の行動や仕草を通じて誰かの存在が「意味される」ことになります。このように，象徴機能の表れとして一般に理解されている，見立て・ふり・つもりなどの行動は，子ども自身の興味や関心，主体的な意味づけの力と切り離しては実現しない遊びです。しかし，自閉症の子どもでは，そうした主体の情動や関心から発する，あるものを別のあるものに見立てる象徴遊びが難しいだけではなく，自分（主体）が他の誰か（他者）を意味する役割を担って行為するというごっこ遊びが，よりいっそう難しいのです。

　先に触れた岡本（2009）の「意味の成層化モデル」では，上が「用語的意味」の層，中間が「辞義的意味」の層，下が「含意的意味」の層を形成しています。この内，「用語的意味層」はその意味が言語的に定義され，できるだけ明示的に客観化されることが求められる点で，個人的把握を超えて用いられることが眼目となります。これに対して「含意的（象徴的）意味層」では，むしろ暗黙裡に個人が言語外に持つ主観性や解釈性，生成性が大きい役割を果たすとされています。通常は3つの層にわたって，そのときの状況や目的に応じて，そのどこかのレベルにおいて言語を用いるのが一般的ですが，自閉症児では，含意的（象徴的）意味層の育ちに特異な落ち込みが見られます。そのような特異な意味層の発達傾向を，顕著に表したのがK君です。

5　K君の意味世界

（1）K君の言語発達

　自閉症のK君（山上，1999）は，幼児期には言語的コミュニケーションの乏しさと対照的に，早くから独りで文字を習得し，数字の4に濁点をつけて，「シニ　テンテンダカラ　ジ」と言って面白がったり，苗字に含まれる漢字が場合によって音読みになったり訓読みになるなどの違いに興味を示すなど，視覚言語優先の興味の世界を楽しむ子でした。小学2年生になった頃，ことばに

は意味があることを発見した様子が見え，他者の語ることばや，自分がすでに使っていることばの意味を，あらためて「‥ッテ何？」と聞き返すようになります。たとえば面接中の筆者が「やんちゃ坊主やなあ」と言うと，「ヤンチャ坊主テ，ナンノコト？」と質問します。また，母親に学校の話しをしていて，自分で「センセイ」と言った後で，突然「先生ッテ，ナニ？」と質問します。K君は「先生」という用語を状況に応じて適切に使っていましたし，その意味を知らなかったとは思えません。しかし，K君はそれまで使っていたことばに意味があることを発見し，あらためて語義を問うようになったのです。こうしてK君は質問魔になります。母親が「まるで外国語の単語を一つひとつ覚えるようだ」と形容するような態度で，ことばの意味を問い，それらを蓄えていきました。K君の質問に辟易した母親は，小学生用の国語辞典を買い与え，「分からなかったら辞書を引きなさい」と教えます。それがきっかけになり，K君は小学3年生の頃には国語辞典一冊を丸暗記し，「間違うとか忘れるとかいうことがない」と言われるほど，日常生活では使うことのない難しい漢字を読み，その辞書的語義を丸暗記していました。しかも，ことばの語義を辞書通りに母親に答えさせることに，強くこだわるようになります。母親が間違うとK君はカンシャクを起こし，母親が正しく答えるまで執拗に責めました。

　難しい漢字を読み，その語義を丸暗記していたK君は，岡本の「意味の成層化モデル」に単純に当てはめると，一見，高次の意味層の力を発揮しているように見えます。しかし奇妙なのは，K君が保持していた用語の意味は，根底をなす主観的な「含意的象徴的意味層」や，含意的象徴的意味層が内化され言語記号を象徴的記号として再構成しなおした「辞義的意味層」の様相を欠いており，さらには，辞義的意味層を拠り所にしながら拡大深化していくことで成り立つ「用語的意味層」の特徴も示していないことです。すなわち，岡本(2009)の「意味の成層化モデル」で言えば，基底層から最上位の層までを貫く中軸となる，含意的な象徴的意味層が空白状態なのです。岡本は，高機能自閉症において含意的言語使用の困難が指摘される発達的背景として，「含意性の中核をなす象徴性の形成は，乳児期からの自己と他者の二重化，虚実の二重

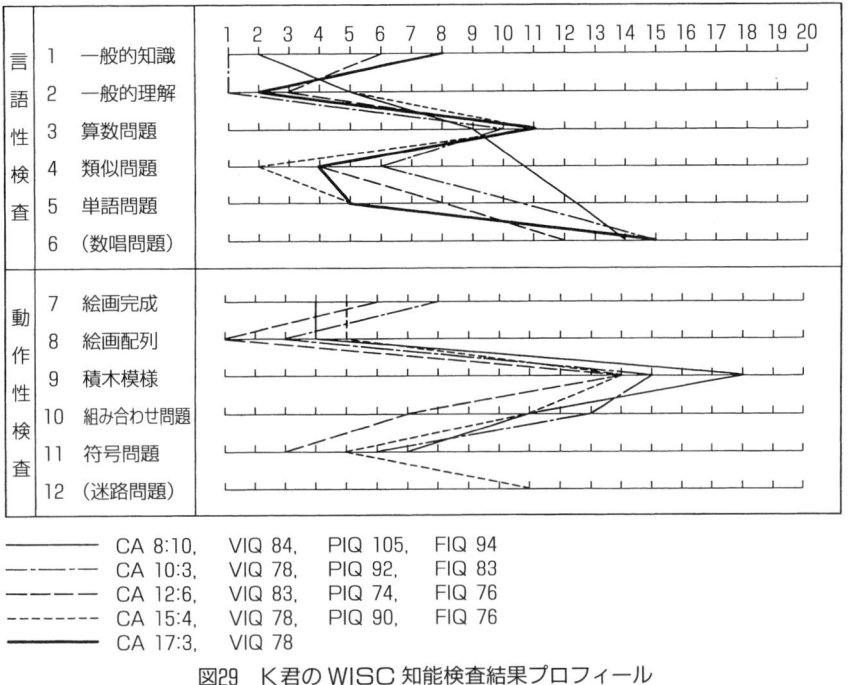

終　章　発達臨床における「関係性」の視点の復権

		1 2 3 4 5 6 7 8 9 10 11 12 13 14 15 16 17 18 19 20
言語性検査	1　一般的知識	
	2　一般的理解	
	3　算数問題	
	4　類似問題	
	5　単語問題	
	6　(数唱問題)	
動作性検査	7　絵画完成	
	8　絵画配列	
	9　積木模様	
	10　組み合わせ問題	
	11　符号問題	
	12　(迷路問題)	

―――――　CA 8:10,　VIQ 84,　PIQ 105,　FIQ 94
―・―・―　CA 10:3,　VIQ 78,　PIQ 92,　FIQ 83
―――　CA 12:6,　VIQ 83,　PIQ 74,　FIQ 76
--------　CA 15:4,　VIQ 78,　PIQ 90,　FIQ 76
━━━　CA 17:3,　VIQ 78

図29　K君のWISC知能検査結果プロフィール
(出所)　山上（1999）

化を必須条件として形成され，それが不十分な自閉症にとっては後の含意的言語使用の困難をきたす」のだと考えています。

(2) WISC知能検査の結果

　辞書的語義はたくさん知っているけれど体験的な意味理解ができないK君の傾向は，8歳10カ月から17歳3カ月までに5回実施された，WISC知能検査の結果（図29）にそのまま現れています。たとえば10歳3カ月時のWISC知能検査では，言語性IQ78，動作性IQ92，総IQ83でしたが，評価点は1から15までの開きがあり，言語性で低かったのが，一般的知識が1，一般的理解が1，類似問題が6であり，動作性で低かったのは絵画配列が3，符号問題が6でした。評価点が高かったのは，言語性の算数問題の10，数唱問題の15，動作性の積木模様の15でした。それらの結果は，辞書的知識の豊富さが一般的な知識や

理解の高さを意味しないことを端的に示していました。また絵画配列では，ストーリーの展開に添ってカードを配列する課題の意味が理解できず，絵の描線同士を繋ぎあわせようとして苦心するなど，特異な態度を示しました。

　小学5年生になったK君は，国語辞典の語義の反芻を卒業し，新たに英語のスペルとその辞書的意味のつながりに強く執着するようになります。同じ頃，学校でカレンダーをじっと眺めていて，ある曜日の列に7，14，21，28の数が並んでいるのを見て，「7の掛け算と一緒や」と掛け算のルールを発見しています。そうした発見は，「$5 \times 5 = \square = 5 + 5 + 5 + 5 + 5$」のような，□欄の答えが同じになるクイズを自分で作って遊ぶ態度にも発揮されました。算数的な力が高い一方，WISCのプロフィールは12歳6カ月時や15歳4カ月時にも基本的に変わらないままに経過し，視覚的な構成課題や記憶課題などの解決能力の高さと対照的に，象徴的含意的な意味がかかわってくる，ごく日常的な理解や知識力の低さが持続しました。岡本の指摘のように，存在論的意味層が主体の経験を通じて"育つ"意味世界であると考えるなら，K君の認知世界は主体の経験を通して育つ存在論的意味世界の育ちの脆弱性の上に豊富な記号論的意味層が乗っているという，きわめて頭でっかちな構造を形成しているということになります。

（3）高機能自閉症児・者の発達特性

　K君の例に限らず，高機能自閉症の子どもは，数式の理解や計算は得意だけれども，ことばの意味をたどって解決にいたらなければならない文章課題で躓く傾向が見られます。たとえば，割り算や掛け算などの数式の回答は容易なのに，「みかんが3つあります。そこへまた2つもらいました。全部で幾つありますか」や，「飴玉が6個あります。3人で分けると一人何個になりますか」のような，簡単な文章題の解決に躓きます。

　K君と同じような傾向は，高校生や大学生になった高機能自閉症の青年たちにも共通して認められます。高度な数学的な論理操作は認識の最終段階で獲得される力であると考えると，論理操作が可能なのに文章題で躓くのは一般的に

は奇妙ですが,ここでも,記号化された数式を手がかりにした抽象的論理操作は獲得しやすいのに,意味理解にかかわる思考に躓くという特徴が現われています。そのような特徴は,国語の読解問題や作文が苦手な傾向に通じる特徴であり,小・中学時代の作文や感想文,高校・大学時代の自分の考えを書くレポート・論文に苦労する現実に繋がっていきます。別の言い方をすれば,自閉症では,関係性に絡んだ意味的な知的機能と関係性に絡まない認知的機能の発達的ギャップが著しく,杉山(2011)の言ういわゆる「発達凸凹」の特徴が形成され,そうした特徴が外界とのかかわりや社会的適応を特徴づけているということができるのです。

6 関係性の視点からの発達支援

(1) 早期発見と早期療育の動向

　自閉症児の発達経過をたどると,中核障害である関係性に絡んだ発達領域が特異的に偏っている傾向が,幼児期から成人までを貫いて持続する傾向があります。そのような発達特性は固定的な能力の障害ではなく,関係性に絡んだ発達領域が特異的に遅れる「発達的なずれ」であると筆者は考えています。しかし,幼児期に症状化した発達特性は,生涯にわたって持続する傾向があるのも現実です。それらの発達特性に配慮し,彼らが苦手とする関係的なアプローチを迂回し,彼らが得意とする認知的アプローチを優先する TEACCH プログラム(内山, 2006)は,現在もっとも重視されている支援法です。

　これに対して,先天的問題を持って生まれ,他者との関係形成が通常の子育てによってはうまくいかない子どもに対して,むしろ関係性の障害に焦点を当て,相互的な関係性を育てるための支援を,より早期から提供しようとする援助技法も試みられています。近年注目されるようになったそれらの支援法は,相互的な関係性に問題を持つ兆候を早期に発見し,関係性を育てるための早期療育に繋ごうとする立場です。この立場に立つのが,たとえばガットステイン (Gutstein, 2000) による RDI (Relationship Development Intervention ; 対人関

係発達指導法）であり，グリーンスパンとウィーダー（Greenspan & Wieder, 2006）によるいわゆる「フロアタイムによる発達の促し」です。また，トレヴァールセンら（Trevarthen et al., 1998）は，間主観性の視点からのサポートの必要性を説いています。また，アクアロン（Acquarone, 2007）が紹介しているように，欧米では超早期に自閉症の兆候を発見し，母子関係の育ちを支援する援助が試行されています。わが国では，小林（2008, 2014）が，発達心理学の視点に基づいて自閉症を関係の視点から捉え直し，母子関係の発達を支援する「関係発達臨床」の重要性を提言しています。さらに，乳幼児健診の詳細な実証的データに基づき，共同注意行動を中軸にすえて，子どもの初期発達や症状発現のメカニズムの解明に迫り（大神，2004；大神・実藤，2006），生活モデル型の支援を構築しているのが，大神（2008）のいわゆる「糸島プロジェクト」の実践です。さらに黒川・米島（2006, 2007）によって，乳児期前半という超早期に相互的な母子関係が成立しにくい兆候を発見し，関係性の視点と発達的視点から療育に繋げる取り組みがすでに始まっています。

　それらの支援技法は，関係性の障害が中核にあり，関係性の障害が後の発達過程に広範な発達阻害をもたらすゆえに，むしろ関係性の障害が症状として固定化する前に，養育者との相互的関係の育ちに療育的介入を行い，関係性に依拠した発達領域の促進を目指しています。それは先に挙げた山上の自閉症の症状形成過程の図28で言えば，症状の兆候が見られる時期から症状の顕在化が進行する過程に介入し，症状の固定化を阻もうとする支援です。それらはまた，人間の発達における関係性の視点を，自閉症の発達特性の理解や，発達支援のターゲットとして組み入れない限り，障害の本質に迫る支援にはならないという見解に立った，早期発見・早期療育の試みとして広がっているものです。

　ところが，母子関係の育ちを支援することを通して症状の改善を目指すという主張は，子育てに責任を負わせる見解だという誤解が，長年にわたって流布してきました。しかし，母子の相互的な関係の発達や愛着形成の障害を重視する立場は，子育てに原因を求める心因論とはまったく別物です。社会的関係の中に生れ落ち，関係の中で育つように定められているヒトの発達において，愛

着形成は誕生後の発達における "社会的へその緒" の形成を意味します。それは乳児期後半における重要な発達課題であり，この発達課題の達成の上に，言語や認識の発達，社会的態度の獲得や文化の伝承が成り立っていくのです。

（2）適応スキルの獲得支援

　翻って関係性を迂回するかたちでの認知寄りの支援法は，「発達の支援」というより「適応スキルの獲得支援」の特徴を持つのですが，それは別府（2005）の言う「汎用学習ツール」によるスキルの獲得を，支援法として積極的に取り入れた技法だという言い方もできます。すなわち，彼らが抱える対人的な苦手さに配慮して，個別の課題状況や個別の生活場面毎に，"望ましい適応スキル"，すなわち "他者が行動するような一般的な行動モデル" に沿って行動する力を，学習によって獲得するように支援するものです。子どもの側からのコミュニケーションだけでなく大人から子どもへのコミュニケーションも，直接的で対人的な言語的かかわりを排し，言語による伝達の場合もできるだけシンプルにし，絵や写真や記号などの視覚教材を使ったカードで伝える工夫がされていきます。また，他者との関係を介して社会的態度の獲得を励ますのではなく，状況の中で取るべき行動を，絵，図，文字，スケジュール表，コミック会話，ソーシャルストーリーなどを介して学習することが励まされます。また，知覚過敏に配慮して，衝立の利用や空間の間仕切りによる構造化が工夫されています。対人面では他者の意図理解の困難さに配慮して，怒っている顔，笑っている顔，泣いている顔などの図を利用し，相手の気持ちを理解するスキルの獲得が励まされます。そして，図や絵を介して形成された，相手が "怒ってる" という認知は，"怒っている" 相手の感情認知とセットに，「ゴメンナサイ」と謝る適応スキルの獲得に繋がっていきます。しかし問題は，謝り謝られるという相互的な関係の場にこの謝罪が届かず，状況とセットになった記号的再生としての「ゴメンナサイ」は，"言えば終わり" になってしまうことです。自分のせいで，玩具をぶつけられた相手が痛がったり，怒ったりしていて，自分に責めがあるという理解や思い，そういう相互的な関係性の理解が本人の心

に届いていません。このために，同じことをしては機械的に「ゴメンナサイ」を繰り返すことになりがちです。また，いわば"正解がない"状況での臨機応変の態度，すなわち正解を記号化して学習することになじまないような適応的態度の獲得は難しいため，自由時間，グループ学習，集団遊びなどは苦手なままになっていきます。

（3）保育所という支援の場

　保育所は，自閉症の子どもが苦手とする対人刺激，経験，知覚刺激に満ちた場所です。しかし，赤木・岡村（2013）の提言にあるように，また筆者の保育所での巡回相談の体験でも，保育の場には保育の知恵が蓄積されています。すなわち保育者は経験的に，対人関係が苦手だということと対人的なかかわりを避けた方がいいということとは，別だということを知っています。たしかに自閉症の子どもたちは，他児のたてる騒音が苦手であったり，大勢の動きに脅かされたりもします。しかし，だから構造化の手法で集団から距離を置きさえすれば問題が解決するかと言えば，そうなのではありません。それらの苦手さは，集団参加の中身の工夫や，状況が見通せるような支援を取り入れるなど，保育者の配慮で越えていくことができます。大好きな先生がいて，大好きな友達ができ，興味を共有する仲間ができ，苦手だった行事で飛躍的な成長を遂げる，そうした経験の場であるところに，保育所が重要な発達支援の場として機能している証があるのです。

　山上（1997）はかつて，母子関係を基盤に基本的な対人関係の力が育ち始めた3歳3カ月の頃に保育所に入所し，3年間で大きな成長を遂げた伸哉君という事例を報告しました。保育士は，伸哉君が集団の場で脅威に曝されないように，また生活の見通しがもてるように配慮を重ねましたが，伸哉君自身も環境の変化に対処するかのように，身支度の準備，帰宅時の儀式など，日常生活の段取りをルール化する態度を取りました。当初はこだわり化したそれらの態度は，なれない環境に対する防具の役割を果たし，自ら生み出した構造化やスケジュール化などの方策であったと考えられます。それらの防具を利用しながら，

伸哉君は次第に他児との遊びに関心が育ち，仲間に入りたがるようになります。その過程では，遊びのルールが理解できないために，結果的に遊びを壊してしまうことも重なりました。みんなの中に入りたいけれどうまく入れない，そうした中で伸哉君が発見したのが，乳児室の子どもたちでした。せっせと乳児室に通っては，特定の女児を抱いて可愛がろうとしました。抱き加減が分からない伸哉君は，きつく抱きすぎて相手の女児を怖がらせてしまうのですが，相手が怖がって泣いていることの理解はできず，保育士がその子を救い出してやる必要がありました。相手の感情認知は，伸哉君が小学校中学年になってから獲得された力ですし，当時はまだ一方的な関係が目立ちました。しかし，同じ組の友達と一緒に過ごす時間は，伸哉君にとって，自分の苦手さと向き合いながらも，友達関係に磨かれる時間となりました。年長組時代にはあこがれる友達もでき，その子からもらった石ころを宝物のように大事にし，「Ｉ君にもらった」とうれしそうに人に見せるようになっています。

7　適応スキルと自己の空洞化——Ｆさんの問い

（1）自ら編み出した適応スキル

　自閉症児へのソーシャルスキル・トレーニングの問題点として，獲得された適応スキルが他の類似の状況へ般化しにくいという点がしばしば指摘されてきました。このため個別の状況毎に適応スキルの獲得が必要になりますし，臨機応変の態度形成が難しいことに配慮して，彼らの生活全体を社会的な規模で構造化し，変化を統制した環境を整える必要も出てきます。応用が効かないということは，状況ごとに細分化された適応スキルの獲得が必要になるということです。これが本人にとって著しい不全感をもたらす場合があることを示唆する例があります。

　大学生の男性のＦさんは，療育や教育の場での支援をまったく経験しないで成人しました。Ｆさん自身は，他児のように他者とうまくかかわれず，生活場面でも自然な振る舞いができないことを，幼少期から自分で気づいていました。

友達ができず，友達と遊べず，人間的な出会いの経験を積むことがうまくいかなかったFさんは，どうしたら自然な人間関係を結べるかを模索するようになります。そこで他者の態度や行動を観察し，他者がするような態度や行動をまねて身につけて，長い年月をかけて膨大な適応スキルを獲得し，それらを状況に応じて使いわける対処法も身につけました。振り返っても，「大きなミスはしなかった」と思うし，自分の困惑を「周囲に気づかれてはいないだろう」と思うとのことです。つまり，彼は誰に教えられたわけでもなく必要に迫られて，現実に適応するためのスキルを細部にわたって身につけ，理学部系の大学生にまで成長したのです。周囲に気づかれていないという本人の認識が，事実であったかどうかや，Fさんが第三者にどう見えていたのかは不明です。ばれないように常に緊張し，誰にも打ち明けられず，友人がなく孤立し，他者と心を交わし合う体験がないままにきたと語るFさんのことばのトーンや表情は硬く，杓子定規に見えました。そして，うまく対処してきたつもりではあるけれど，「果たして自分の態度や行動が本当に正しいのかどうか」の確信がもてないのだと，述べるのです。

　アスペルガー症候群の青年たちの心理的な困難に社会の関心が向くようになった頃，Fさんは自分の問題にも当てはまるのではないかと考えるようになります。医療機関でアスペルガー症候群の診断が確定した後，Fさんはそれまで抱いていた不安や緊張を訴えて，相談機関を訪れます。間違うまいと常に緊張しながら，正しい態度や行動を取ろうと努めてきたけれど，「自分なりの判断や思考，価値づけ」というものが何を意味するのかがよく分からないし，「自分というものが空っぽに感じられる」と訴えたのです。それはFさんが二十数年かけて育てた，「私は誰か？」という〈問い〉でもありました。

（2）適応スキルの蓄積と自己の空洞化

　Fさんが独自に編み出して蓄積した適応のためのスキルは，彼の中でソフト化され，日常生活を乗り切るための指針となって役立ってきたのだと言えます。しかし，それらは適応のための知識データであり，自分の体験を通して獲得さ

終　章　発達臨床における「関係性」の視点の復権

れたものではないために、ロボットの自己感にたとえられるような、正しく行動することはできるが、"自分がない"というような、空虚感をもたらしたのだと考えられます。Fさんの訴えに現れているように、適応スキルは、本人がそれを生きて、社会で他者と出会い、自分らしく生きる手立てになってはじめて意味をもちます。その意味では、Fさんは自分のコミュニケーションの苦手さを周囲に気づかれないように努めることで、苦手さを持ちながらも自分らしく生きる道から、自分を疎外してしまったともいえます。

　Fさんが自ら編み出して身につけたスキルは、彼が社会の中で生き残るための方策として必要不可欠だったように、自閉症の当事者が社会生活を送っていく上で、"他者のように振る舞う"という適応スキルの獲得は欠くことのできないものです。しかし問題は、その適応スキルを駆使して生き抜いてきたFさんが抱えることになった、私というものが"空洞化"しているという訴えにあります。自閉症の症状を抱えて生きている彼らが、生きやすいようなスキルの獲得とそれを励ますコミュニティの支援システムの必要性を認識しながらも、それらの支援が結局何をめざしているのかをあらためて問うなら、彼らが他者とともにある時間、他者と心を交わしあう経験の場を必要としていることも明らかです。そして、そうしたことを考えさせてくれる、もう一人のアスペルガー症候群の成人の例があります。

8　友達が欲しい──40代で診断が下りたNさんの〈問い〉

（1）Nさんの生い立ち

　Nさん（男性）の問題は、永らく集団不適応や不登校、摂食障害という範疇で捉えられ、その問題の中核に発達障害があるという認識は、40歳過ぎまで専門家によってすらなされないまま、時間が経過していました。40代の後半まで、唯一の身近な話し相手は母親だったのですが、その母親が突然亡くなった後、パニック状態に陥ったNさんは、葬儀の後まもなく、筆者の元へ「語れる場」を求めて来談し、以後、半生の振り返りと現実適応を課題とする面接が始まり

ました。

　Nさんの生い立ちには，乳児期から一貫した，発達上の困難が伴っていました。乳児期には哺乳がうまくいかず，激しい夜泣きがあり，聴覚過敏の傾向がありました。幼児期には，著しい小食や偏食，集団参加への抵抗や孤立傾向が目立ちました。2～3歳頃に，絶対口を開けようとしないNさんを診て，かかりつけの小児科医に自閉症の傾向があると言われたことがありましたが，それがどういうことなのかが家族には分からないまま時が経過しました。Nさん自身，保育所に通所していた3歳の頃から，他児のようにしゃべれず，他者一般とかかわる際に，どういう態度や言い方をしたらいいかが分からず，立ちすくんでいたという鮮烈な記憶が残っています。また，給食を食べることができず，食べるまでよく残されていました。保育所以来，集団では孤立していて，友達はまったく一人もできませんでした。幼少期の楽しかった思い出として浮かぶのは，唯一，窓の外に見えた電車でした。学童期に入っても常に孤立しており，みんながやっているように行動できないために，自分には能力がないと思っていました。小学校高学年の頃には，集団不適応，摂食障害，嘔吐恐怖，不登校などの問題を抱えた子どもとして理解されています。極度の不安や焦燥感に苛まれる中で，Nさんは画鋲で自分を傷つけるようになり，その痛覚を"気持ちいい"と感じていたそうです。まったく登校できなくなった中学2年生時に，情緒障害児短期治療施設に入所し，施設から普通高校に通学して，3年間で高校を卒業しています。

　施設入所には抵抗が強かったNさんですが，施設内で初めて友達を得，施設スタッフらと一緒に山登りなどを楽しむようになり，「あれが僕の青春だった」と振り返るような体験をします。18歳までの児童相談所における心理診断や精神科医による診察では，重症の神経症と理解されていましたが，薬の処方は行われていません。施設内の友人たちとは別の高校に進学した結果，高校では誰とも話さず，誰にも相手にされず，授業で使われることばが理解できずに，孤立して過ごしました。感想を聞かれる，自分の考えを表現する，レポートを書くなどが，「どうすることなのかが分からなかった」そうです。すなわちFさ

んと同じように，主体的な判断や考えが問われる状況で，困惑していたのです。しかし，高卒の資格は欲しいと考えて，ぎりぎりの登校日数で，「どうして卒業できたのか分からない」と言いつつ，高校を卒業しています。

　高卒後に一般企業に就職しましたが，対人的な適応に躓いてすぐに退職し，その後も多数の職を転々とする中で，一般企業での就労を断念するようになります。この間に，かつて所属していた施設の職員の励ましで，時間をかけて車の免許を取得できたことが，「これまでの人生で最高の経験」になっています。仕事としては，自分一人に任されたことはできましたが，人と一緒にする仕事が難しく，雑談の仕方が分からず，飲み会や社員旅行などの親睦会が極度に苦痛でした。本人は，市販の胃薬を自分で服用して，吐き気を抑えて耐えていました。やがて一般就労を諦めて障害者のための作業所で働くようになっていた40代の頃に，アスペルガー症候群についての理解が社会に広がり，本人が自分も当てはまるのではないかと考えて受診し，予想していた診断が下りました。診断が出た後，本人は「やっぱりそうだったのだ」と思い，家族もあらためて納得がいったそうです。また，発達障害に留意した薬が処方されるようになったことで，不安や緊張が軽減し，随分と生活しやすくなったと語っています。Ｎさんは，その後精神障害の手帳を取得して現在に至っています。また，アスペルガー症候群の人たちの余暇の過ごし方について情報を得，一人で楽しむ時間を工夫するようになっています。

（2）家族的背景と気づかれなかった問題

　ところで，幼少期から食の問題がＮさんの中核的問題だと誤解されてしまったのには，家族的な背景も絡んでいました。Ｎさんの幼少期，母親と姑の軋轢は著しく，すくすくと育つという様相からかけ離れていたＮさんの乳幼児期を，姑は母親の育児のまずさを責める口実にしていました。姑の攻撃をかわすために，母親はＮさんに食べさせて体重を増やすことに力を注ぎ，食べないＮさんを責め，怒る育児をしたようです。無口でおとなしい父親は，嫁姑の軋轢に距離をおき，一切介入しませんでした。対人場面での緊張，不安，戸惑いで，本

人がフリーズ状態にあったことに，家族の注意はまったく向いていなかったのです。家族関係に潜む深刻な葛藤が，Ｎさんの不登校や摂食障害に絡んでいると専門機関は考えており，そうした理解の上で指導が行われていたことも，Ｎさんの発達障害が気づかれないで経過した要因になっています。周囲の注意は幼少期から食の細い虚弱体質の改善に向いており，母親自身も長い年月，Ｎ児が食べて体重が増え，体力がつけば，問題は解決すると信じていました。

　過去を振り返る中でＮさんは，「友達の作り方が分からなかったけれど，友達が欲しかった」と訴え，話しかけることばが見つからなかった自分に，「ことばをかけてくれる人が欲しかった」とも語ります。もちろん現在までの半生で，Ｎさんを励まし，楽しい機会を共有することができた他者がまったく存在しなかったわけではありません。母親は後にＮさんのよき理解者となり，唯一の話し相手となり，Ｎさんの心理的支えになっていきました。したがって，その母親の突然の死は，Ｎさんにとって対話世界に開かれていた窓の喪失でもあったのです。

（3）対話が成立する"関係の場"の必要性

　週１回定期的に面接に訪れるＮさんは，自分では気づいていなかったようですが，ごく当初から，60分いっぱいをあふれるようにしゃべりました。1週間にあった出来事，職場の人間関係，過去のトラウマ体験，かなわなかった夢や今後の展望など，話題は多岐にわたり，話しながらよく笑います。誰ともどうかかわっていいのか分からない人とは，とても思えないような話し振りです。それを指摘すると，「そうかなあ？」と困惑を表します。「ここでは自由に話せるのに，どうして他の人や父親やきょうだいにさえ話せないのだろう？」と一緒に考えるなかで，Ｎさんが気づいていくのは，対話が成立するような"関係の場"が整えば，話すことができるということでした。

　心に残っているかつての施設職員，作業所でいい思い出を共有したスタッフ，いたわりや励ましの声をかけてくれた職場の同僚，精神的なサポートをしてくれる主治医など，Ｎさんの心の中には，ごく限られた人数ではありますが，確

かな他者が存在しています。それらの人たちとの間では、コミュニケーションに困るということはないのです。もちろん、他所ではことばが出てこないNさんであり、応答的関係に引き込んでくれる他者を必要としているとは自覚しています。しかし、Nさんが必要を感じているのはコミュニケーション・スキルではなく、他者とのかかわりが成立する"関係の場"なのだということです。その点で、コミュニケーション・スキルで防壁を築いて大人になったFさんとは様子が違います。自分を守る防御壁を持たなかった故に、自らを傷つけて痛みで気を紛らわすほどの傷を負い、苦悩してきたNさんですが、他者と生で出会う力を育ててきたのです。

長期にわたるNさんの苦痛を考慮すると、彼が抱えていた問題の中核に、発達障害が潜んでいたことがもっと早くに理解され、それに配慮した支援が提供されていたら、これほど長期にこれほど深刻な苦痛を味わうことはなかっただろうと思われます。その意味で、問題の実態を早期に明確にし（診断）、問題に焦点化した医療・教育・就労支援を提供する社会的なシステムの整備は緊急に必要です。その上で、Nさんの事例は"コミュニケーションのとり方が分からない"という問題は、"対人的な関係の場や経験が必要でない"ことを意味するのではないことを強く訴えています。幼少期にどのような支援が欲しかったかと質問したところ、「友達が欲しかったし、今も友達が欲しい」と即答しています。そして、保育所の頃から、みんなの中に入れずに、ずっと孤立していたのに、「なぜ誰も気づかず、声をかけてくれなかったのだろう？」と問いかけています。"社会的関係の中で生きること"、それこそNさんが半生をかけて求めてきたことなのです。

9　虐待的環境の中で育つ子どもの発達障害

（1）虐待における愛着形成の阻害

今日、被虐待の子どもたちが抱える発達阻害の実態を、第四の発達障害として捉える必要があるという見解（杉山，2007b）が示されています。社会的な依

存対象である親との間に，安定した愛着関係を築くことができない場合，子どもは重大な発達阻害をこうむり，その行動は発達障害の子どもの抱える症状に著しく似ていることも知られるようになっています（杉山，2011）。親への深い依存が子どもの生物学的自然であり，親との安定した愛着関係の形成が精神機能全体の発達を支える基盤であるからこそ，依存対象である親その人による虐待は，子どもの精神発達全般を土台部分で阻害することになるのです。

　虐待的養育環境によって，愛着形成が阻害される被虐待の子どもたちの場合，安全基地となる他者の不在によって基本的信頼感が育たず，攻撃的で加害的な養育者の存在が子どもの外界認知を歪め，世界を脅威に満ちたものとして体験する傾向を育て，社会的生活習慣や価値観の獲得を阻むなど，多様な発達阻害がもたらされます。虐待的養育環境によって，安定した愛着関係が成り立たないということは，情意的側面の問題としてだけ重要なのではありません。発達阻害は情意面に限らず，認知面にもおよび，他者の意図理解，他者との間主観的な交流，言語発達，生活習慣の獲得，社会的な価値観や態度の獲得にもおよびます。そうした虐待されて育った子どもがこうむる多様な発達阻害の様相を省みるとき，虐待が第四の発達障害をもたらしているという指摘や，そうした子どもたちへの支援の焦点が，新たな人間関係による安定した愛着関係の形成にあると指摘されていることの重要性と向き合う必要が出てきます。

　重ねて強調しますが，愛着は子どもと養育者との間に形成される，情意的関係面に限定されるものではありません。今日の脳の画像研究の成果は，従来から知られていた心理的なダメージだけでなく，虐待が脳というハード面を障害している事実も明らかにしています（Schore, 2001；杉山, 2007b；友田, 2011）。したがって，支援は広範囲に及ぶ必要がありますが，トラウマ体験に焦点を当てた心理的援助とあわせて，安定した生活環境，信頼関係を築くことができる関係の場は，必須と考えられています。

（2）自己形成の土壌としての関係の場

　本書で紹介された被虐待の子どもたちは，いかに外界を脅威に満ちた世界と

して体験しているかを，強ばった身体的構えを通して語っていました。また，特定の他者との個別的な関係を保つことを通して，その他者との間で信頼関係が形成され，信頼や愛着の関係を基盤として，自己を問う作業が行われる様子が見えました。さらには，私の親は誰かという問いと，この親を巡る問いと背中合わせの「私は誰か」という問いに，存在の根底から揺さぶられていた子どもが，他者との関係を新たに生き直す場が提供されたとき，新たな自己を心理的に誕生させる力を発揮する様も示されました。

　重要だったのは，子どもが誰に出会ったか，どのような出会いが実現し，どのような関係を生きたか，そしてこの関係の場を土壌にして，どのように子どもの自己は育ち，その育ちがどのような主体的な問いを育てたかということであったと考えられます。そして，子どもが育つということ，あるいは"自分というもの"を形成していくということは，他者との関係を生きることなのだということを，あらためて強く訴えていました。

　先天的であれ環境的であれ，どのような発達阻害の要因を抱えて育つことになるにしろ，子どもの発達は他者と出会い，他者からの情緒的応答性に支えられ，他者とのやりとり関係を豊かにしていく過程として展開していくことが示唆されていました。

10　おわりに──「発達」の原動力としての「関係性」

（1）発達障害を理解するためのモデル

　これまで主として自閉症児の例を軸にして，「発達」と発達における「関係性」の問題を検討してきました。すでに述べたように，「発達」は何かが「できるようになる」「分かるようになる」などの，課題解決能力の量的増大を単純に意味するのではありません。また，心の理論や共同注意の発達，愛着関係の形成，ことばの発達や思考など，どのような心理的機能の発達も，ある時期に一挙に獲得されるわけではなく，発達の異なる領域が関連しあい，以前の発達段階を基礎にして，誕生以降の経験を通じて高次化していく過程をたどりま

す。発達とは「時間的経過の中で，個々の行動が一定の連関をもちながら変化する過程である」(村井，1980) と言われるゆえんです。同様に発達障害も，現在の発達障害の様相は，ある時期に一挙に現われるのではなく，発達的に形成されたものとして理解することが必要になります。

ところで，発達過程における症状の形成過程や症状の固定化，二次障害を理解する枠組みとして，運動障害が一つのモデルとなると言えば，奇異に感じられるでしょうか。たとえば黒川 (1993) は，自閉症の治療可能性を考える際に，脳性マヒの治療の歴史が参考になると述べています。脳性マヒの治療は，かつては症状が固定してから診断を受け，リハビリテーションへ紹介されて，マヒ症状の改善が行われてきました。しかし，ボイタ (Vojta, 1978) が，人類の脳に生まれつき備わっている運動パターンである「反射性移動運動」を利用して，脳の可塑性が高い早期に脳損傷の早期兆候を診断し治療に繋ぐ方法（ボイタ法）を提唱し，脳性マヒの治療は劇的に改善されました。

脳性マヒは，主として周産期脳障害に起因する，永続的な，しかし変化しうる姿勢・運動機能の異常と理解されています。生後3〜8カ月の初期には，運動の障害を「中枢性協調障害」として診断し，治療に繋ぎ，生後7〜12カ月には運動学的に異常が見られない状態へと改善することが可能になっています。発見と治療が遅れて運動障害の症状が固定化すると，1歳半から2歳には「脳性マヒ」の診断を受けることになります。したがって，姿勢運動の特徴を観察・評価して兆候をいかに早期に発見し，いかに速やかに症状の固定化過程に治療的介入ができるかが課題となります。神経系の成熟過程が絡んで「脳性マヒ」へと固定化した姿勢運動障害は，その後のリハビリによって軽減されることはあっても，問題を白紙に戻すことはできません。さらに脳性マヒは，成長と共に頸椎や股関節などに重篤な二次障害をもたらし，日常生活に重大な支障をきたすため，二次障害への支援も不可欠になります。だからこそ早期発見によって早期リハビリに繋ぎ，症状の固定化や重篤化を防ぐ支援が必要なのです。

脳性マヒの場合と同じように，自閉症もなんらかの先天的な脳の障害が関与していると理解されており，主要症状が一旦顕在化すると，症状を白紙に戻す

ことはできません。自閉症は治らないと言われるのはこのためです。症状は誕生から幼児期までの期間をかけて，発達の諸領域の機能連関や発達的連関を経て形成され，固定化したものだからです。だからこそ脳性マヒの場合と同様に，症状がまだ形成途上にある兆候段階でいかに発見し，いかに支援につなげるかという，早期発見と早期療育が重要課題となるのです。また，早期療育のターゲットは，中核障害である関係性の発達支援に，向けられる必要があるのです（黒川・米島，2006，2007；山上，1997，1999）。

（2）関係的な支援と認知的な支援

ところで，早期発見・早期療育の領域で，関係性に焦点化した支援が重視されつつある現状の一方で，自閉症の「特異発達」に焦点をあて，個別的な発達特性に配慮した支援技法が，1980年代から療育や教育の現場で実践され，成果をあげています。主として診断が可能になる年齢以降を対象にした支援技法ですが，そうした立場の代表がTEACCHプログラムです。日本におけるTEACCHの現状は，本来のTEACCHプログラムの趣旨に添っているとは思えない（内山，2006）ことがあまりにも多く，杓子定規な視覚支援や構造化の手法が一人歩きしているように見えます。本来は，専門家が連携し，時間をかけてアセスメントを行い，個別的でゆったりとした育ちの支援が提供されるところに，TEACCHプログラムの精神があったはずですし，診断・評価に基づいたきめの細かい支援が大きな成果をあげているのも現実です。症状が顕在化した自閉症の子どもが，症状を抱えながらも，いかによく生きていくかに向けた支援は不可欠であり，それは脳性マヒによる二次障害の防止や症状の改善を目指す支援や治療，自立や適応を達成するための自助具の工夫などと，基本的には同じ意味を持つ支援であると筆者は考えます。

あらためて発達支援の課題を考えるとき，時間軸にそって過去・現在・未来が機能的に連続して高次化していく「発達」という現象にとって，「関係性」は時間軸を貫く原動力であり，これを除外して「発達」を考えることはできません。しかし，発達のある時期をいわば横断的に取り出すなら，現在の発達特

性に沿った適応を実現し，二次障害を防ぐための支援の方策として，認知寄りに支援を組み立てる，TEACCH の技法は欠くことができないと筆者は理解しています。今後，関係的な支援と認知寄りの支援を，援助の枠組みとしてどのように統合し相互乗り入れできるのか，あるいは両者は相容れない立場のままで終わるのか，大きな検討課題が残されていると筆者は考えています。最後に，先に紹介したK君のその後を取り上げて，発達特性に配慮しながらも関係の中で育つことの意義を，あらためて振り返りたいと思います。

（3）統合的支援をめざして——K君の例

　K君は，幼児期から学童期までのプレイセラピーと併せて，家族への子育て支援，学校の担任や職業訓練の施設などと連携を取りあった長期支援が行われていた例です。筆者がアセスメントに基づいて彼の発達特性を家族や関係者に伝え，関係者はそれぞれの立場で，彼の得意な面と苦手な面に留意したかかわりを工夫し，定期的に検討を繰り返すという連携がとられました。K君の周囲には，彼を理解し励ます両親，K君とともに育ったきょうだい，学校の担任と支援学級の友人たち，施設の仲間関係など，多様な人間関係がありました。そうした人間関係の場の豊かさを，K君は必ずしも喜んでおらず，家族からは「宇宙人ロボットのようだ」と言われながら，できれば一人で過ごしたいと思っている様子が見えていました。彼の持ち味を尊重しながらも，さりげなく寄り添って，他者とともに過ごす喜びを味わって欲しいというのが関係者の共通する思いだったと言えます。

　そのK君が17歳の頃，久しぶりの面接終了後に，帰ったとばかり思っていたK君が，玄関に一人で佇んでいるのを見かけます。筆者は一瞬「あれっ？」という表情をしたようです。K君はそんな筆者の様子に気づいて，とっさに「お母さんが手袋忘れたんや」と事情を説明してくれました。忘れ物に気づいて戻ってきた母親が，部屋に取りに行っている間，K君は一人で待っていたようです。筆者が驚いたのは，何も質問していないのに，筆者の怪訝な態度を問いかけと受け取り，それに答えてくれたことでした。生活場面で他者の無言の意図

に気づき，それに応えていく力を身につけたことに，K君の成長を実感した場面でした。同じ時期にK君は，周囲の人に関心を示すようになり，細かい点まで観察し，それを家族に話すようになっています。たとえば，外出先で周囲の人にじっと目を注いでいるK君に，母親が「何をしているの？」と尋ねたところ，「どんな人か見ていたんや」と答えています。他者との関係に苦手意識が強く，長年一人遊びに磨きをかけてきたK君でしたが，青年期に入って電話で祖母に生活の様子を報告し，人の前で歌いたがるようになり，一人で地域の集いに参加する機会を楽しむようになっています。「誰かすてきな女の子はいないの？」と筆者が冗談を言ったところ，「それは，ちょっと……言わんとくわ」と，ニヤニヤしながらはぐらかすそぶりを見せ，"人間くさくなった"と感じさせました。

　自閉症児・者もまた社会的存在であり，人との関係を生きることを通じて自己形成の過程を歩んでいる最中です。そう考えると，症状の解消を目的にすることはできないにしろ，発達特性を尊重した配慮や今ここでの適応スキルの獲得にむけた支援と併せて，対人関係を深め，相互性を育て，他者と共にあることを楽しむことができる場の提供が必要です。それは単なる余暇活動なのではありません。本書で紹介された事例における出会いの数々が物語るように，他者と共にある場は，他者と向き合い，自己意識が育ち，主体的な心理世界が育つ場です。またそれは，自己感や他者感，生活場面での他者の意図理解，具体的な他者との情意的な交流体験に基づいて，二次障害や心理的世界の硬直を予防する力が育つ場として重要になるのです。

〈引用・参考文献〉

Acquarone, S. 2007 *Signs of autism in infants : Recognition and early intervention.* Karnac.

赤木和重・岡村由紀子（編著）　2013　「気になる子」と言わない保育　ひとなる書房

Baron-Cohen, S. Allen, J., & Gillberg, C. 1992 Can autism be detected at 18 months? : The needle, the haystack, and the CHAT. *British Journal of Psychiatry,* **61**, 839-843.

Baron-Cohen, S., Leslie, A. M., & Frith, U. 1985 Does autistic child have a "theory of mind"? *Cognition,* **21**, 37-46.

別府哲　2005　障害児発達研究の新しいかたち――自閉症の共同注意を中心に　遠藤利彦（編著）　発達心理学の新しいかたち　誠信書房　第8章

別府哲　2007　障害をもつ子どもにおけるアタッチメント――視覚障害，聴覚障害，肢体不自由，ダウン症，自閉症　数井みゆき・遠藤利彦（編著）　アタッチメントと臨床領域　ミネルヴァ書房　第2章

Greenspan, S. I., & Wieder, S. 2006 *Engaging autism.* 広瀬宏之（訳）　2009　自閉症のDIR治療プログラム――フロアタイムによる発達の促し　創元社

Gutstein, S. E. 2000 *Autism/Aspergers : Solving the relationship puzzle.* 杉山登志郎・小野次朗（監修）足立佳美（監訳）坂本輝世（訳）　2006　RDI「対人関係発達指導法」――自閉症／アスペルガー症候群：対人関係のパズルを解く発達支援プログラム　クリエイツかもがわ

伊藤英夫　2000　自閉症児の指さし行動の発達過程　児童精神医学とその近接領域，**41**(1)，57-70.

伊藤英夫　2002　自閉症のアタッチメントの発達過程　児童精神医学とその近接領域，**43**(1)，1-18.

小林隆児　2008　よくわかる自閉症――「関係発達」からのアプローチ　法研

小林隆児　2014　「関係」からみる乳幼児期の自閉症スペクトラム――「甘え」のアンビヴァレンスに焦点を当てて　ミネルヴァ書房

熊谷高幸　2004　「心の理論」成立までの三項関係の発達に関する理論的考察――自閉症の諸症状と関連して　発達心理学研究，**15**(1)，77-88.

黒川新二　1993　自閉症の早期治療について　精神治療学，**8**(3)，343-345.

黒川新二・米島広明　2006　乳児期の自閉症の発見と援助　自閉症と発達障害研究の進歩，**10**，435-442.

黒川新二・米島広明　2007　ケースで見る自閉症ハイリスク乳児　発達，**112**，

56-65.
Moore, C., & Dunham, P. J. (Ed.) 1995 *Joint attention.* 大神英裕（監訳）1999 ジョイント・アテンション――心の起源とその発達を探る　ナカニシヤ書店
村井潤一　1980　乳児の行動発達連関　園原太郎（編）　認知の発達　培風館　第1章第4節
岡本夏木　1982　子どもとことば　岩波書店
岡本夏木　2009　言語使用の発達と教育――意味の成層化とストーリー化　発達心理学研究，**20**(1)，13-19.
岡本夏木・山上雅子（編）　2000　意味の形成と発達――生涯発達心理学序説　ミネルヴァ書房
大神英裕　2002　共同注意行動の発達的起源　九州大学心理学研究，**3**，29-39.
大神英裕　2004　共同注意と乳幼児健診　大藪泰・田中緑・伊藤英夫（編著）　共同注意行動の発達と臨床　川島書店　第11章
大神英裕　2008　発達障害の早期支援――研究と実践を紡ぐ新しい地域連携　ミネルヴァ書房
大神英裕・実藤和佳子　2006　共同注意――その発達と障害をめぐる諸問題　教育心理学年報，**45**，145-154.
大藪泰　2004a　共同注意――新生児から2歳6カ月までの発達過程　川島書店
大藪泰　2004b　共同注意の種類と発達　大藪泰・田中みどり・伊藤英夫（編著）　共同注意の発達と臨床　川島書店　第1章
大藪泰・田中みどり・伊藤英夫（編著）　2004　共同注意の発達と臨床――人間化の原点の究明　川島書店
Piaget, J. 1953 *The origin of intelligence in the child.* 谷村覚・浜田寿美男（訳）　1978　知能の誕生　ミネルヴァ書房
Schore, A. N. 2001 The effects of early relational trauma on right brain development, affect regulation, and infant mental health. *Infant Mental health Journal,* **22**(1-2), 201-269.
園原太郎（編）　1980　認知の発達　培風館
Stern, D. 1985 *The interpersonal world of the infant.* Basic Books. 小此木啓吾・丸太俊彦（監訳）　1991　乳児の対人世界　理論編・臨床編　岩崎学術出版社
杉山登志郎　2007a　発達障害の子どもたち　講談社現代新書
杉山登志郎　2007b　子ども虐待という第四の発達障害　学習研究社

杉山登志郎　2011　育ちの凸凹（発達障害）と育ちの不全（子ども虐待）　日本小児看護学会誌，**20**(3)，103-107．

友田明美　2011　子どもの脳に残る傷──癒されない傷　こころの科学，**159**，63-67．

Trevarthen, C., Aitken, K., Papoudi, D., & Robarts, J. 1998 *Children with autism : Diagnosis and intervention to meet their needs.* 中野茂・伊藤良子・近藤清美（監訳）　2005　自閉症の子どもたち──間主観性の発達心理学からのアプローチ　ミネルヴァ書房

内山登紀夫　2006　本当のTEACCH　学習研究社

ボイタ，V.　富雅夫・深瀬宏（訳）　1978　乳児の脳性運動障害　医歯薬出版

山上雅子　1997　物語を生きるこどもたち　創元社

山上雅子　1999　自閉症児の初期発達　ミネルヴァ書房

山上雅子・浜田寿美男（編著）　2003　ひととひとをつなぐもの　ミネルヴァ書房

本書の第1章〜第8章は，季刊誌『発達』の連載「人との関係に問題を持つ子どもたち」（《発達臨床》研究会）にて掲載された事例報告に加筆修正したものです。初出は以下の通りです。なお，各章末のコメント，各部のまとめと考察，および序章・終章は書き下ろしです。

- 第1章…『発達』第99号（連載第41回「周囲を巻き込むS君の二人一役ことば」），2004年
- 第2章…『発達』第106号（連載第48回「自閉的傾向のある子どもたちの自我のはじまり：〈能動─受動〉のやりとりから見る」），2006年
- 第3章…『発達』第95号（連載第37回「ことば遊びが広がっていったIくんとのプレイセラピー」），2003年
- 第4章…『発達』第100号（連載第42回「高機能自閉症児Y君へのコミュニケーション援助について」），2004年
- 第5章…『発達』第138号（連載第80回「問いというあらたな関係の始まり：自閉症スペクトラム障害児Hくんの二年間の個別療育の経過について」），2014年
- 第6章…『発達』第122号（連載第64回「人と人とのつながりの「ここちよさ」を目指して：児童養護施設における『ふれあいたいそう』の試み」），2010年
- 第7章…『発達』第105号（連載第47回「ネグレクトを理由に施設入所した幼児への発達支援の取り組み」），2006年
- 第8章…『発達』第98号（連載第40回「Nちゃんにとっての「家」「母」「自己」」），2004年

《執筆者紹介》

山上雅子（やまがみ　まさこ）編者，終章
　　心理相談室「ハタオリドリ」

古田直樹（ふるた　なおき）編者，序章，第1章，第8章，第1～8章コメント，第Ⅰ部のまとめと考察，第Ⅲ部のまとめと考察
　　京都市児童福祉センター　児童心理司

松尾友久（まつお　ともひさ）編者，第4章，第5章，第Ⅱ部のまとめと考察
　　京都市児童福祉センター　言語聴覚士

佐野優美（さの　ゆみ）第1章
　　社会医療法人明和会医療福祉センター　精神保健福祉士

北野享子（きたの　たかこ）第2章
　　社会福祉法人ポポロの会里の風　臨床発達心理士

立花尚美（たちばな　なおみ）第3章，第7章
　　社会福祉法人四ツ葉会杉の子保育園　臨床心理士

峯　優子（みね　ゆうこ）第6章
　　児童養護施設愛染寮　心理相談員

本　明子（もと　あきこ）第8章
　　京都市改進保育所　保育士

《編著者紹介》

山上雅子（やまがみ・まさこ）
　京都大学大学院教育学研究科修士課程修了　京都大学博士（教育学）
　現　在　心理相談室「ハタオリドリ」
　主　著　『物語を生きる子どもたち』創元社，1997年
　　　　　『自閉症児の初期発達』ミネルヴァ書房，1999年
　　　　　『ひととひとをつなぐもの』（共編著）ミネルヴァ書房，2003年

古田直樹（ふるた・なおき）
　大阪教育大学修士課程修了
　現　在　京都市児童福祉センター心理司
　主　著　『発達支援　発達援助――療育現場からの報告』ミネルヴァ書房，2006年

松尾友久（まつお・ともひさ）
　国立身体障害者リハビリテーションセンター学院聴能言語養成課程卒業
　現　在　京都市児童福祉センター発達相談所診療療育課療育部門担当係長（言語聴覚士）
　　　　　京都言語障害研究会副会長

　　　　　　　　　関係性の発達臨床
　　　　　　　　　――子どもの〈問い〉の育ち――

2014年9月10日　初版第1刷発行　　　　　〈検印省略〉

　　　　　　　　　　　　　　　　定価はカバーに
　　　　　　　　　　　　　　　　表示しています

　　　　　　　　　　山　上　雅　子
　　　編著者　　　古　田　直　樹
　　　　　　　　　松　尾　友　久
　　　発行者　　　杉　田　啓　三
　　　印刷者　　　田　中　雅　博

　　　発行所　　株式会社　ミネルヴァ書房
　　　　　607-8494　京都市山科区日ノ岡堤谷町1
　　　　　　　　　電話代表　（075）581-5191
　　　　　　　　　振替口座　01020-0-8076

　　©山上・古田・松尾ほか，2014　　創栄図書印刷・藤沢製本

ISBN978-4-623-07139-5
Printed in Japan

発達支援　発達援助――療育現場からの報告 古田直樹／著	Ａ５判／208頁 本体　2200円
からだとことばをつなぐもの 麻生　武・浜田寿美男／編著	Ａ５判／248頁 本体　2200円
よくわかる臨床発達心理学　第4版 麻生　武・浜田寿美男／編	Ｂ５判／264頁 本体　2800円
私と他者と語りの世界――精神の生態学へ向けて 浜田寿美男／著	Ａ５判／276頁 本体　2500円
「関係」からみる乳幼児期の自閉症スペクトラム 　　――「甘え」のアンビヴァレンスに焦点を当てて 小林隆児／著	Ａ５判／260頁 本体　3200円
発達障害の早期支援 　　――研究と実践を紡ぐ新しい地域連携 大神英裕／著	Ａ５判／218頁 本体　2500円
発達相談と援助 　　――新版Ｋ式発達検査2001を用いた心理臨床 川畑　隆・菅野道英・大島　剛・宮井研治・笹川宏樹・ 梁川　惠・伏見真里子・衣斐哲臣／著	Ａ５判／216頁 本体　2400円
自閉症の子どもたち 　　――間主観性の発達心理学からのアプローチ Ｃ. トレヴァーセン・Ｋ. エイケン・Ｄ. パプーディ・Ｊ. ロ バーツ／著　中野　茂・伊藤良子・近藤清美／監訳	Ａ５判／448頁 本体　5500円
知能の誕生 Ｊ. ピアジェ／著　谷村　覚・浜田寿美男／訳	Ａ５判／560頁 本体　6000円
アタッチメントと臨床領域 数井みゆき・遠藤利彦／編著	Ａ５判／320頁 本体　3500円

季刊誌　発達
1・4・7・10月　各25日発売
Ｂ５判／120頁　本体　1500円
乳幼児期の子どもの発達や，それを支える営みについて，幅広い視点から最新の知見をお届け！
「人との関係に問題をもつ子どもたち」《発達臨床》研究会），「育つということ――発達臨床のフィールドから」（山上雅子）ほか，好評連載中。

ミネルヴァ書房

http://www.minervashobo.co.jp/